Politisches Grundwissen

in Frage und Antwort

Helmut Nuding
Oliver Kirchner
Daniela Eisele

3., neu bearbeitete Auflage

Best.-Nr. 1185
Holland + Josenhans Verlag Stuttgart

Hinweise:

Das Buch „Politisches Grundwissen in Frage und Antwort" eignet sich zur Unterrichtsbegleitung, zur Unterrichtsergänzung und zur Prüfungsvorbereitung. Ein ausführliches Sachwortverzeichnis macht es zum Nachschlagewerk.
Für manche Fragen oder Aufgaben ist eine umfangreiche Lösung erforderlich. Hier lässt es sich nicht immer vermeiden, dass ein Teil der Lösung auf der folgenden Buchseite fortgesetzt wird. Solche Lösungen erkennen Sie daran, dass die Seite mit einem Hinweispfeil (→) endet. Auf der folgenden Buchseite finden Sie dann den Vermerk „▷ *Fortsetzung der Antwort* ▷".
Bei der Beantwortung der Fragen ist es sinnvoll, die Lösungsspalte zunächst abzudecken. Bei vielen Fragen sind die Antworten umfangreicher als bei der Fragestellung verlangt. Dieses Verfahren wurde gewählt, um den Leser gründlicher zu informieren.

Zur Verwendung der Begriffe EU und EG:

Ein Sonderproblem entsteht mit der Verwendung der Begriffe Europäische Union (EU) und Europäische Gemeinschaft (EG), da beide oft nebeneinander verwendet werden. Seit dem Vertrag über die Europäische Union (EU) aus dem Jahre 1992 stützt sich die EU auf drei Säulen.
– Die bisherige Europäische Gemeinschaft (EG), die u. a. das Ziel einer Wirtschafts- und Währungsunion verfolgt oder Fragen des Binnenmarktes. Der Begriff EG wird in internationalen Verträgen auch weiterhin verwendet;
– die gemeinsame Außen- und Sicherheitspolitik und
– die Zusammenarbeit in der Innen- und Rechtspolitik.
Der Begriff EU wird gebraucht, wenn es sich auf das ganze Gebäude bezieht.

Quellennachweis:

Umschlagfoto: Peter Widmann, Tutzing

Sofern nicht unmittelbar im Text angegeben, stammen die Abbildungen aus folgenden Quellen: Bundesrat und Bundestag, Öffentlichkeitsarbeit; Hans-Hermann Kropf, Syrgenstein; BITmap, Mannheim, S. 214, 226, 227; dpa-Bildarchiv, Stuttgart, S. 172 (1. Foto v. l.), 182, 194; Angelika Kramer, Stuttgart, S. 79, 84–86; Sigel GmbH, Mertingen, S. 94–95; Ullstein, Berlin, S. 157, 161, 164, 167, 172 (2. u. 3. Foto v. l.), 186 l.; Ullstein-ADN/ZB, Berlin, S. 186 r.

Dieses Buch ist auf Papier gedruckt, das aus 100 % chlorfrei gebleichten Faserstoffen hergestellt wurde. Es folgt den neuen deutschen Rechtschreibung und Zeichensetzung.

3., neu bearbeitete Auflage 2002

© Holland + Josenhans GmbH & Co., Postfach 10 23 52, 70019 Stuttgart, 2002,
Tel.: 07 11 / 6 14 39 20, Fax: 07 11 / 6 14 39 22, E-Mail: verlag@huj.03.net,
Internet: www.holland-josenhans.de

Satz und Druck: Oertel + Spörer GmbH + Co., 72764 Reutlingen

Verarbeitung: Industrie- und Verlagsbuchbinderei Dollinger GmbH, 72555 Metzingen

ISBN 3-7782-1185-4

Inhaltsverzeichnis

Jugendliche in der Gesellschaft der Bundesrepublik Deutschland

Demokratische Regierungsform am Beispiel der Bundesrepublik Deutschland

Die Rechtsordnung der Bundesrepublik Deutschland

Die wirtschaftlichen Rahmenbedingungen der Bundesrepublik Deutschland

Die historische Entwicklung der Bundesrepublik Deutschland

Globalisierung und Friedenssicherung

Jugendliche in der Gesellschaft der Bundesrepublik Deutschland

1 Jugendliche in der Familie

1 Der Mensch ist ein soziales Wesen.

Überlegen Sie drei Argumente, die diese Behauptung bestätigen.

a) Nach der Geburt ist der Mensch ohne Hilfe seiner Mitmenschen (**Mutter**) nicht lebensfähig.

b) Der Mensch hat ein ausgeprägtes Mitteilungsbedürfnis (**Sprache**) gegenüber seinen Mitmenschen.

c) Die materiellen Bedürfnisse des Menschen (**Güter**) sind nur noch mithilfe der Mitmenschen zu befriedigen.

d) Zur geistigen, seelischen und sittlichen Entwicklung braucht der Mensch seine Mitmenschen.

■ Soziale Gruppen

2 Der Mensch gehört verschiedenen Gruppen an. Man kann einteilen in

a) formelle und
b) informelle Gruppen.

Erklären Sie diese Begriffe und nennen Sie jeweils ein Beispiel.

a) **Formelle Gruppen** sind Gruppen, deren Ziele und Regeln des Zusammenlebens eindeutig (z. B. in einer Satzung, einer Betriebsordnung, durch Gesetze usw.) festgelegt sind. Beispiele:
  – eingetragene Vereine
  – Aktiengesellschaften

b) **Informelle Gruppen** sind Gruppen, deren Ziele und Regeln des Zusammenlebens **nicht** eindeutig festgelegt sind. Beispiele:
  – die Stammtischrunde eines Lokals
  – eine Gruppe Dauerläufer

3 Wodurch unterscheiden sich

a) Großgruppen und
b) Kleingruppen?

Nennen Sie jeweils zwei Beispiele.

a) **Großgruppen** sind Gruppen, deren Mitglieder sich nicht alle kennen, zum Beispiel:
  – Belegschaften von Großbetrieben
  – Mitglieder eines Automobilclubs
  – Mitglieder von Parteien   →

▷ *Fortsetzung der Antwort* ▷

b) **Kleingruppen** sind Gruppen, deren Mitglieder sich kennen, zum Beispiel:
  – Belegschaften von Kleinbetrieben
  – Freundeskreis
  – Schulklasse

4 Nennen Sie drei soziale Gruppen, denen Sie angehören.

a) Familie
b) Schulklasse
c) Betrieb
d) Freundeskreis
e) Sportverein

5 Als Mitglied verschiedener sozialer Gruppen müssen Sie verschiedene Rollen übernehmen. Welche Rollen füllen Sie selbst aus?
Nennen Sie drei Beispiele.

a) Sohn/Tochter
b) Torwart
c) Auszubildender/Auszubildende
d) Freund/Freundin

6 Die Mitgliedschaft in verschiedenen Gruppen kann zu Rollenkonflikten führen.
Welche Konfliktsituation könnte bei Ihnen auftreten?

Beispiel:
Der Erfolg im Sportverein setzt häufiges Training voraus. Das kann dazu führen, dass andere Gruppen benachteiligt werden (beispielsweise Familie, Freundeskreis, Schule, Ausbildungsbetrieb usw.). Das kann zu Spannungen führen.

7 Wie können Rollenkonflikte gelöst werden?
Nennen Sie drei Lösungsmöglichkeiten.

a) Kompromiss
b) Anpassung
c) Diskussion
d) Überprüfung der Notwendigkeit einzelner Gruppenzugehörigkeiten und gegebenenfalls Aufgaben einer Rolle

8 Welches Verhalten wird von den Mitgliedern gesellschaftlicher Gruppen erwartet?

Von jedem Mitglied einer gesellschaftlichen Gruppe wird erwartet, dass es seine soziale Rolle, d. h. die Einhaltung bestimmter Verhaltensregeln (Normen), erfüllt.
Zum Beispiel muss sich ein Schüler an die Schulordnung halten, ein Arbeitnehmer muss die Betriebsordnung beachten.

9 Wie werden Gruppenmitglieder behandelt, welche die Normen ihrer Gruppe

a) nicht oder
b) besonders gut einhalten?

a) **Nichteinhaltung von Normen** wird mit Tadel oder Missachtung bestraft.
b) **Besonders gutes Einhalten von Normen** wird mit Anerkennung bzw. Auszeichnung belohnt.

10 Der soziale Status eines Bürgers ist Bestandteil der Wertvorstellungen unserer Gesellschaft.
Wodurch wird der soziale Status erkennbar?
Nennen Sie drei Beispiele.

a) Bildungsstand
b) berufliche Stellung
c) soziale Herkunft
d) Einkommen
e) Vermögen

11 Viele Menschen haben das Bedürfnis, ihren sozialen Status durch „Statussymbole" zu zeigen.
Nennen Sie zwei Statussymbole.

Statussymbole sind Modetrends unterworfen; als Statussymbole gelten z. B.:
a) Luxusvillen
b) große Autos
c) Mitgliedschaft in exklusiven Klubs
d) teure Wohnungseinrichtungen
e) bestimmte Kleidungsstücke

12 Erklären Sie den Begriff „soziale Schicht".

Zu einer **sozialen Schicht** werden Angehörige einer Gesellschaft zusammengefasst, die gleiche oder annähernd gleiche soziale Kennzeichen aufweisen, wie z.B. gleiches Einkommen, gleicher Bildungsstand.

13 Welche sozialen Schichten können unterschieden werden?

a) Oberschicht
b) Mittelschicht
c) Unterschicht

14 Die Zugehörigkeit zu einer sozialen Schicht ist nicht für immer festgelegt.
Wodurch wird ein Aufstieg in höhere soziale Schichten erleichtert?

Ein möglichst hoher Bildungsstand erleichtert den Aufstieg in höhere soziale Schichten.

■ Familie als Lebensgemeinschaft

15 Im Verlauf der Geschichte hat sich die Zahl der Personen, die zusammen in einer Familie leben, stark verringert. Warum gibt es heute fast nur noch Kleinfamilien?

Vor der industriellen Revolution lebten mehr als 80 % der Bevölkerung auf dem Land in Großfamilien, die oft mehrere Generationen umfassten. Nach der industriellen Revolution nahm die Verstädterung zu und mit ihr der Trend zu kleineren Familien. **Wachsender Wohlstand** und ein gut ausgebautes **soziales Netz** führten zu unserer heutigen Kleinfamilie. Die meisten Familien in Deutschland bestehen aus vier Familienangehörigen, also zwei Kindern, gefolgt von der 1-Kind-Familie, deren Anzahl weiter zunimmt.

16 Die wichtigste soziale Gruppe ist die Familie. Welche Aufgaben hat sie zu erfüllen?

Nennen Sie zwei Aufgaben.

a) Erziehungsaufgabe
b) Versorgungsaufgabe
c) Schutzaufgabe

17 Laut Art. 6 GG (Grundgesetz) steht die Familie unter dem besonderen Schutz der staatlichen Ordnung.
Auf welche Weise schützt bzw. unterstützt der Staat die Familie?

Nennen Sie drei Beispiele.

a) Kindergeld
b) Steuererleichterungen
c) Kindergärten
d) Mutterschutzgesetz
e) Ausbildungsförderung
f) Elternzeit

18 Nennen Sie drei Gesetze, mit denen der Staat zum Wohle der Jugendlichen in die Erziehung eingreift.

a) das Jugendschutzgesetz
b) das Jugendarbeitsschutzgesetz
c) die Schulgesetze der Länder
d) das Berufsbildungsgesetz
e) das Jugendwohlfahrtsgesetz
f) das Jugendgerichtsgesetz

19 Erklären Sie den Begriff Verlöbnis (Verlobung).

Die Verlobung ist ein gegenseitiges Eheversprechen.

20 Welche Rechtsfolgen hat eine Verlobung für die Verlobten?

- Zeugnis- und Aussageverweigerungsrecht in einem Gerichtsverfahren gegen den/die Verlobte
- Schadensersatzpflicht bei Auflösung der Verlobung **ohne wichtigen Grund**
- Die Eingehung der Ehe kann jedoch **nicht** eingeklagt werden.

21 Unter welchen Voraussetzungen kann ein Verlobter (eine Verlobte) eine Verlobung auflösen?

Die Verlobung kann bei Vorliegen eines **wichtigen Grundes** aufgelöst werden. Wichtige Gründe sind:
a) unheilbare, schwere Krankheit
b) Untreue.

22 Mit welchem Alter ist man ehemündig?

Ehemündig ist man mit Vollendung des 18. Lebensjahres (Volljährigkeit).

23 Claudia ist 16 Jahre alt und möchte ihren Freund Philipp (19 Jahre alt) heiraten. Ist das möglich?

Ja, wenn ein Partner volljährig und der andere mindestens 16 Jahre alt ist. Der minderjährige Heiratskandidat benötigt jedoch die Zustimmung des Familiengerichts. Widersprechen die gesetzlichen Vertreter (Eltern), muss dies aus „triftigem Grund" (z. B. fehlende Reife oder wirtschaftliche Grundlage) geschehen, sonst kann das Gericht die Ehe trotzdem erlauben.

24 Nennen Sie zwei Gründe für ein Eheverbot.

a) **Bigamie**
Wer bereits verheiratet ist, darf erst dann wieder heiraten, wenn die erste Ehe rechtskräftig geschieden ist.
b) **Inzest**
Zwischen Verwandten ersten Grades bzw. in gerader Linie (Vater – Tochter, Bruder – Schwester) dürfen keine Ehen geschlossen werden.

25 Muss es immer einen gemeinsamen Familiennamen geben?

Nein. Früher mussten sich die Ehepartner auf einen gemeinsamen Familiennamen einigen; heute ist dies nur noch eine Soll-Vorschrift, d. h. die Heiratenden können auch jeder ihren jeweiligen Geburtsnamen behalten.

26 Petra Huber und Hans Bauer wollen heiraten.
a) Welche Familiennamen sind möglich?
b) Angenommen, der Familienname sei Bauer. Welchen Nachnamen kann Petra Huber wählen?
c) Welche Lösung gibt es, wenn man sich nicht auf einen gemeinsamen Familiennamen einigen kann?

a) Bauer **oder** Huber (der Familienname ist entweder der Name des Mannes oder der Geburtsname der Frau).
b) Bauer, Bauer-Huber **oder** Huber-Bauer (der Ehegatte, dessen Name nicht Familienname wird, kann seinen voranstellen oder anfügen).
c) Petra Huber und Hans Bauer (Ein gemeinsamer Familienname ist nicht mehr Pflicht.)

27 Welchen Nachnamen erhält ein eheliches Kind?

Das eheliche Kind erhält den Ehenamen (gemeinsamer Familienname) der Eltern als Geburtsnamen.
Wenn die Eltern keinen gemeinsamen Familiennamen führen, bestimmen sie durch eine öffentlich beglaubigte Erklärung gegenüber dem Standesbeamten den Namen des Vaters oder der Mutter zum Geburtsnamen des Kindes.
Die Namenswahl der Eltern für das erste Kind gilt auch für ihre weiteren Kinder.

28 In der Ehe sind die Ehepartner gleichberechtigt, d. h., sie haben beide die gleichen Rechte und Pflichten. Nennen Sie jeweils ein Beispiel.

a) **Rechte:**
   – Sorgerecht für Kinder
   – Recht auf Erwerbstätigkeit
   – Recht auf Unterhalt
b) **Pflichten:**
   – Pflicht zur ehelichen Lebensgemeinschaft
   – Pflicht zur Haushaltsführung
   – gegenseitige Unterhaltspflicht

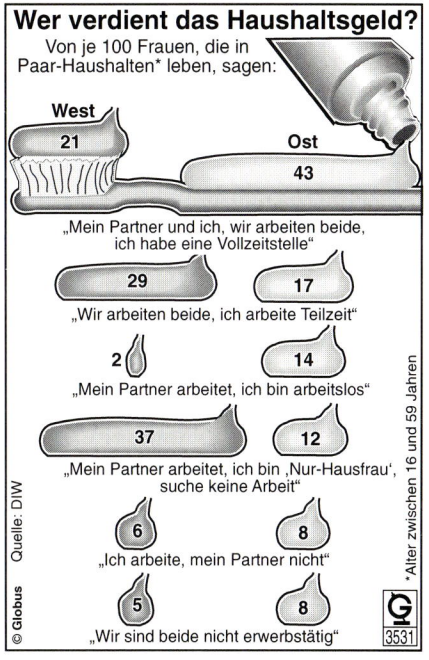

Wer verdient das Haushaltsgeld?

Von je 100 Frauen, die in Paar-Haushalten* leben, sagen:

	West	Ost
	21	43
„Mein Partner und ich, wir arbeiten beide, ich habe eine Vollzeitstelle"	29	17
„Wir arbeiten beide, ich arbeite Teilzeit"	2	14
„Mein Partner arbeitet, ich bin arbeitslos"	37	12
„Mein Partner arbeitet, ich bin ‚Nur-Hausfrau', suche keine Arbeit"	6	8
„Ich arbeite, mein Partner nicht"	5	8
„Wir sind beide nicht erwerbstätig"		

Quelle: DIW

© Globus 3531

*Alter zwischen 16 und 59 Jahren

29 Erklären Sie den Begriff „elterliche Sorge".

Elterliche Sorge
(BGB § 1626 Absatz 1):
Der Vater und die Mutter haben die Pflicht und das Recht, für das minderjährige Kind zu sorgen. Die elterliche Sorge umfasst die Sorge für die Person des Kindes (**Personensorge**) und das Vermögen des Kindes (**Vermögenssorge**).

30 Worauf müssen die Eltern bei der Ausübung der elterlichen Sorge achten?

Die Eltern üben die elterliche Sorge gleichberechtigt zum Wohle des Kindes aus. Bei Meinungsverschiedenheiten müssen sie versuchen, sich zu einigen, andernfalls kann das Vormundschaftsgericht angerufen werden, das dann einem Elternteil die Entscheidung überträgt.

31 Womit müssen Eltern rechnen, die das körperliche, geistige oder seelische Wohl ihrer Kinder bei der Erziehung vernachlässigen?

Das Vormundschaftsgericht kann den Eltern das Recht auf Ausübung der elterlichen Sorge entziehen.

32 Die 14-jährige Anita hat bei einem Verkehrsunfall ihre Eltern verloren.
Wer übt jetzt das Sorgerecht aus?

Das Vormundschaftsgericht bestellt einen **Vormund.**

33 Wer hat die elterliche Sorge bei einem nicht ehelich geborenen Kind?

Für ein nicht eheliches Kind übt **allein** die Mutter die elterliche Sorge aus. Außer:
– die Eltern heiraten nach der Geburt
– die Eltern geben eine gemeinsame Sorgerechtserklärung ab

34 Wer hat nach einer Trennung der Eltern das Sorgerecht für ein in der Ehe geborenes Kind?

In der Regel **beide** Eltern gemeinsam, es sei denn das Kindeswohl erfordert etwas anderes oder ein Elternteil stimmt dem alleinigen Sorgerecht des anderen Elternteils zu (bei Kindern über 14 Jahren ist auch die Zustimmung des Kindes erforderlich).

35 Haben ehelich geborene Kinder eine andere rechtliche Stellung wie nicht ehelich geborene Kinder?

Eheliche und nicht eheliche Kinder sind rechtlich gleichgestellt.

36 Beide Ehepartner besitzen die so genannte Schlüssel-gewalt.
Erläutern Sie diese Aussage.

Jeder Ehegatte kann Geschäfte zur De-ckung des Lebensbedarfs (nicht größere Anschaffungen wie Auto, Haus o. ä.), die den gemeinsamen Haushalt betreffen, **allein** abschließen. Beide Ehepartner werden dadurch verpflichtet.

37 Die <u>Vermögensverhältnisse</u> werden durch den <u>ehelichen</u> <u>Güterstand</u> geregelt.
Welche zwei Hauptarten werden dabei unterschieden?

a) **Gesetzlicher Güterstand:**
   = Zugewinngemeinschaft
b) **Vertraglicher Güterstand:**
   = Gütergemeinschaft oder
     Gütertrennung

38 Erklären Sie folgende Begriffe:

a) Zugewinngemeinschaft
b) Gütergemeinschaft
c) Gütertrennung

a) **Zugewinngemeinschaft:**
   Jedem Ehegatten gehört das in die Ehe eingebrachte Vermögen allein. Der in der Ehe erworbene Zugewinn wird im Fall der Ehescheidung mit dem anderen Ehegatten geteilt. Erbschaften und Schenkungen, die ein Ehepartner erhält, gelten nicht als Zugewinn. Sie werden deshalb dem Anfangsvermögen zugeschlagen.
b) **Gütergemeinschaft:**
   Die Einzelvermögen der Ehegatten werden gemeinschaftliches Vermögen des Ehepaares.
   Bei Ehescheidung erhält jeder Ehegatte die Hälfte des Vermögens.
c) **Gütertrennung:**
   Jeder Ehegatte nutzt und verwaltet sein Vermögen allein.
   Der andere Ehegatte hat kein Einspruchsrecht.
   Bei Ehescheidung findet ein Ausgleich des Vermögenszugewinns **nicht** statt.

39 Hans Huber und Ehefrau Petra lassen sich scheiden. Führen Sie den Vermögensausgleich für ihre Zugewinngemeinschaft durch. Folgende Zahlen sind zu berücksichtigen:

Vermögen des Mannes:
bei Beginn der Ehe 50 000,– €, am Ende der Ehe 100 000,– €

Vermögen der Frau:
Bei Beginn der Ehe 100 000,– €, am Ende der Ehe 120 000,– €.

	Vermögen bei Beginn der Ehe	Vermögen am Ende der Ehe	Zugewinn	Zugewinn gesamt	Zugewinn-ausgleich
Mann	50 000,–	100 000,–	50 000,–	70 000,–	35 000,–
Frau	100 000,–	120 000,–	20 000,–		35 000,–

Endvermögen

Mann: 85 000,– €, Frau: 135 000,– €

Das Endvermögen ist der Betrag, der jedem Ehepartner bei der Scheidung zusteht. D. h. hier müsste der Mann von seinem aktuellen Vermögen (100 000,– €) 15 000,– € an die Frau zahlen, damit jeder den Betrag hat, der ihm zusteht.

40 Wie wird ein vertraglicher Güterstand begründet?

Ein **vertraglicher** Güterstand entsteht durch einen Ehevertrag, der notariell beurkundet werden muss.

41 Welche Voraussetzung muss gegeben sein, damit eine Ehe geschieden werden kann?

Es gilt das **Zerrüttungsprinzip.** Eine Ehe gilt als gescheitert, wenn die eheliche Gemeinschaft mindestens **ein Jahr** nicht bestand und beide Ehepartner mit der Scheidung einverstanden sind.
Wenn die Ehepartner noch nicht ein Jahr getrennt leben, kann die Ehe nur in Ausnahmefällen sofort geschieden werden (wenn die Fortsetzung der Ehe für den Scheidungswilligen eine unzumutbare Härte darstellen würde).
Die vorgeschriebene Trennungszeit wird auf **drei Jahre** erhöht, wenn ein Ehepartner sich nicht scheiden lassen will.
In besonderen Fällen kann die vorgeschriebene Trennungszeit bis zu **fünf** →

▷ *Fortsetzung der Antwort* ▷ | **Jahren** betragen. Das ist der Fall, wenn die Scheidungsfolgen für einen Ehepartner außergewöhnlich hart sind oder wenn sie schwer wiegende wirtschaftliche Folgen für ihn und die Kinder hätten.

42 **Welches Gericht ist für Ehescheidungen zuständig?**

Familiengericht

43 **Wie wird bei geschiedenen Ehegatten die Unterhaltsfrage geregelt?**

Der finanziell „Stärkere" ist gegenüber dem finanziell „Schwächeren" unterhaltspflichtig.

44 **Wie wird bei geschiedenen Ehegatten die Altersversorgung geregelt?**

Es wird ein Versorgungsausgleich durchgeführt, d. h., es wird festgestellt, welcher Ehegatte während der Ehe die höheren Anwartschaften für die Altersversorgung erworben hat. Die Hälfte dieser Differenz steht dem ausgleichsberechtigten Ehepartner zu.

■ **Erbrecht**

45 **Der Eigentümer kann über den Tod hinaus über sein Eigentum verfügen.**
Welche zwei Möglichkeiten werden hierbei grundsätzlich unterschieden?

a) Die gesetzliche **Erbfolge** tritt ein, wenn der Erblasser keine besondere Regelung trifft. Das Eigentum des Verstorbenen geht an die gesetzlichen Erben.
b) Durch seinen **letzten Willen** kann ein Erblasser von der gesetzlichen Erbfolge abweichen.

46 **Auf welche Weise kann man seinen letzten Willen festlegen?**

a) durch ein Testament
b) durch einen Erbvertrag

47 **Erläutern Sie folgende Begriffe:**
a) eigenhändiges Testament
b) öffentliches Testament

a) Ein **eigenhändiges Testament** muss von eigener Hand, also handschriftlich, geschrieben und unterschrieben sein. Ort und Datum der Errichtung müssen ebenfalls angegeben sein.
b) Ein **öffentliches Testament** erfolgt vor einem Notar, indem der Erblasser mündlich seinen letzten Willen →

▷ *Fortsetzung der Antwort* ▷

erklärt oder ein Schriftstück übergibt, das ihn enthält.

48 Kann ein Minderjähriger ein rechtswirksames Testament verfassen?

Nein, ein Minderjähriger kann kein eigenhändiges Testament errichten. Nach Vollendung des 16. Lebensjahres kann er jedoch vor einem Notar ein Testament erstellen.

49 Ein Erblasser kann eine Person beauftragen, die Erbauseinandersetzung zu regeln. Wie wird diese Person genannt?

Testamentsvollstrecker

50 Ein Erbe kann beim Nachlassgericht eine Bescheinigung beantragen, die nachweist, dass er tatsächlich „Erbe" ist. Wie wird diese Bescheinigung genannt?

Erbschein

51 Muss eine Erbschaft angenommen werden?

Nein, es gibt die Möglichkeit die Erbschaft auszuschlagen (z. B. wenn nur Schulden hinterlassen werden).

52 Erläutern Sie, was man unter einer Erbengemeinschaft versteht.

Eine **Erbengemeinschaft** entsteht, wenn mehrere Erben gemeinschaftlich eine Erbschaft erhalten.

53 Wenn ein Erblasser durch ein Testament seinen Ehegatten, seine Kinder oder seine Eltern von der Erbfolge ausschließt, dann können diese Erben den Pflichtteil beantragen. Woraus besteht dieser Pflichtteil?

Der **Pflichtteil** besteht aus einer Geldforderung an die Erben. Ihre Höhe beträgt die Hälfte des gesetzlichen Erbteils.

54 Erklären Sie, was man unter einem Vermächtnis versteht.

Ein **Vermächtnis** liegt vor, wenn jemand nur einen bestimmten Anspruch aus einer Erbschaft erhält (z. B. Gegenstände, Geldforderungen). Die Erben sind verpflichtet, ein Vermächtnis zu erfüllen.

55 Erläutern Sie die nachfolgende Abbildung über die gesetzliche Erbfolge.

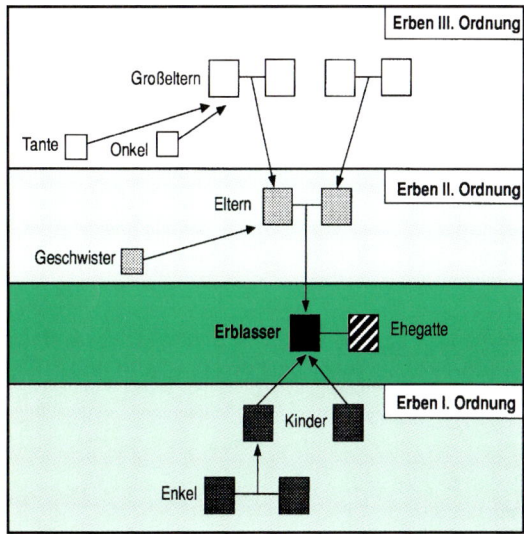

*Grundsätzlich gilt: Ist nur ein einziger Verwandter noch am Leben, der mit dem Verstorbenen näher verwandt ist, dann schließt er alle möglichen Erben einer ferneren Ordnung aus.
Neben den Verwandten erbt immer der Ehegatte. Sind alle möglichen Erben tot, dann erbt der Staat.*

Wer von den Verwandten erbt, richtet sich nach **drei Ordnungen.**
Erben I. Ordnung sind die Kinder und Enkel des Erblassers.
Erben II. Ordnung sind die Eltern des Verstorbenen, deren Kinder und Kindeskinder.
Erben III. Ordnung sind die Großeltern und deren Nachkommen.

56 Wie viel erbt der Ehegatte?

Der Ehegatte erhält
a) neben Verwandten der I. Ordnung **ein Viertel,**
b) neben Verwandten der II. Ordnung oder neben den Großeltern die **Hälfte,**

→

▷ *Fortsetzung der Antwort* ▷

c) die ganze Erbschaft, wenn weder Verwandte der I. Ordnung, der II. Ordnung noch Großeltern vorhanden sind.

Lebten die Ehegatten in der Zugewinngemeinschaft, dann erhöht sich der gesetzliche Anteil des Ehegatten um ein Viertel. Außerdem erhält er die Haushaltsgegenstände.

57 **Ein Erblasser hinterlässt eine Frau und drei Kinder.**

Wie viel erhält jeder Erbe, wenn die Ehegatten in der Zugewinngemeinschaft lebten?

Die Ehefrau erhält die Hälfte, jedes der drei Kinder ein Sechstel.

Anmerkung: Da die Kinder die nächsten Verwandten sind, schließen sie die Erben der nächsten Ordnung (Eltern, Geschwister) aus.

58 **Wie wird der Nachlass des Erblassers verteilt, wenn die Ehe kinderlos blieb?**

Der Ehegatte erbt drei Viertel, die Erben II. Ordnung (Eltern, Geschwister) ein Viertel.

2 Jugendliche in der Arbeitswelt

■ **Erwartungen der Jugendlichen, des Betriebs und der Schule**

1 **In welchem Gesetz wird jedem Deutschen das Recht garantiert, Beruf, Arbeitsplatz und Ausbildungsstätte frei zu wählen?**

Grundgesetz, Artikel 12

2 **Durch welche zwei Gesetze soll sichergestellt werden, dass**
a) **die Jugendlichen in ihrer Gesundheit und körperlichen Entwicklung nicht beeinträchtigt werden und**
b) **die betriebliche Ausbildung planmäßig und nach einheitlichen Richtlinien erfolgt?**

a) Jugendarbeitsschutzgesetz
b) Berufsbildungsgesetz

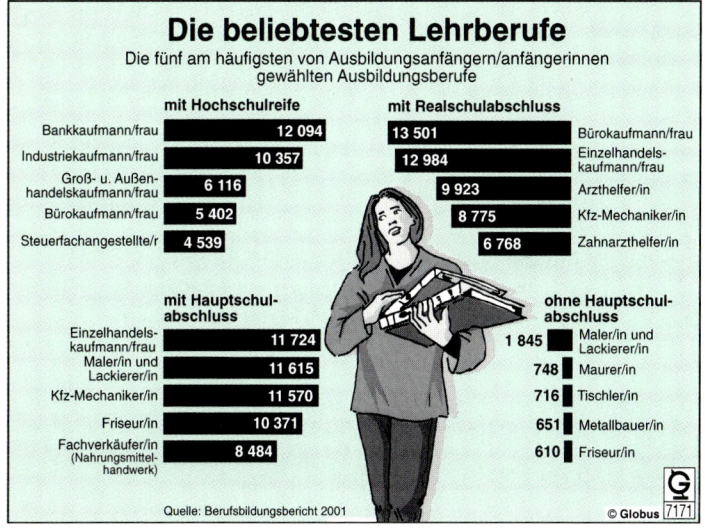

Die beliebtesten Lehrberufe

Die fünf am häufigsten von Ausbildungsanfängern/anfängerinnen
gewählten Ausbildungsberufe

mit Hochschulreife

Bankkaufmann/frau	12 094	
Industriekaufmann/frau	10 357	
Groß- u. Außen-handelskaufmann/frau	6 116	
Bürokaufmann/frau	5 402	
Steuerfachangestellte/r	4 539	

mit Realschulabschluss

13 501	Bürokaufmann/frau
12 984	Einzelhandels-kaufmann/frau
9 923	Arzthelfer/in
8 775	Kfz-Mechaniker/in
6 768	Zahnarzthelfer/in

mit Hauptschul-abschluss

Einzelhandels-kaufmann/frau	11 724
Maler/in und Lackierer/in	11 615
Kfz-Mechaniker/in	11 570
Friseur/in	10 371
Fachverkäufer/in (Nahrungsmittel-handwerk)	8 484

ohne Hauptschul-abschluss

1 845	Maler/in und Lackierer/in
748	Maurer/in
716	Tischler/in
651	Metallbauer/in
610	Friseur/in

Quelle: Berufsbildungsbericht 2001

© Globus 7171

---

3 Welches Rollenverhalten wird

a) von einem Ausbildenden
b) von einem Auszubildenden
erwartet?
Nennen Sie je zwei Beispiele.

a) **Ausbilder:**
Er sollte
– Vorbild sein
– gerecht sein
– für eine gute Ausbildung sorgen
b) **Auszubildender:**
Er sollte
– lerneifrig sein
– hilfsbereit sein
– ihm übertragene Aufgaben gewissenhaft ausführen

4 Teilen Sie die folgenden Personen in eine betriebliche Rangordnung ein.

– Auszubildender
– Unternehmer
– Meister
– Abteilungsleiter
– Geselle

a) Unternehmer
b) Abteilungsleiter
c) Meister
d) Geselle
e) Auszubildender

5 **Wodurch wird das Betriebsklima günstig beeinflusst?**
Nennen Sie drei Gründe.

a) Moderne Ausstattung des Betriebs
b) nette, hilfsbereite Kollegen
c) angemessene Bezahlung
d) höflicher Umgang miteinander

■ **Eintritt in das Berufsleben**

6 **Durch welche Faktoren kann die Berufswahl beeinflusst werden?**
Nennen Sie drei Faktoren.

a) Verdienstmöglichkeiten
b) Zukunftschancen
c) Eignung und Neigung
d) Einfluss von Verwandten
e) Ausbildungsplatzangebot

7 **Nennen Sie drei Gründe, die die Zufriedenheit im Beruf beeinflussen.**

a) Ansehen des Berufs
b) Verdiensthöhe
c) Verantwortungsspielraum
d) Betriebsklima

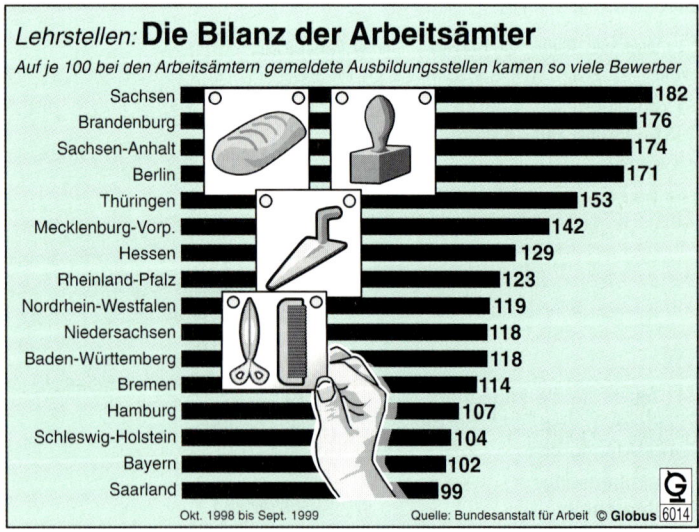

Lehrstellen: **Die Bilanz der Arbeitsämter**

Auf je 100 bei den Arbeitsämtern gemeldete Ausbildungsstellen kamen so viele Bewerber

Sachsen	182
Brandenburg	176
Sachsen-Anhalt	174
Berlin	171
Thüringen	153
Mecklenburg-Vorp.	142
Hessen	129
Rheinland-Pfalz	123
Nordrhein-Westfalen	119
Niedersachsen	118
Baden-Württemberg	118
Bremen	114
Hamburg	107
Schleswig-Holstein	104
Bayern	102
Saarland	99

Okt. 1998 bis Sept. 1999   Quelle: Bundesanstalt für Arbeit © Globus 6014

8 Nennen Sie wichtige Ausbildungsbereiche und geben Sie für jeden Ausbildungsbereich die zuständige Stelle an.

Ausbildungsbereich	zuständige Stelle
Handwerk	• Handwerkskammern
Gewerbebetriebe außerhalb des Handwerks	• Industrie- und Handelskammern
Landwirtschaft	• Landwirtschaftskammern
Hauswirtschaft	• Vom Bundesministerium für Arbeit und Sozialordnung bestimmte Stellen
Gesundheitsdienst: Arzt-, Zahnarzt-, Apothekenhelfer(innen)	• Ärztekammern • Zahnärztekammern • Apothekenkammern

9 Nach Artikel 12 GG hat jeder Bürger das Recht auf freie Berufswahl. Welche Gründe stehen diesem Recht entgegen?
Nennen Sie drei Gründe.

a) fehlende Ausbildungsplätze
b) Einfluss der Eltern
c) Einkommensverhältnisse des Elternhauses
d) Eignung und Fähigkeiten

10 In welchem Gesetz ist festgelegt, wer für die Berufsbildung zuständig ist?

Die zuständigen Stellen für die Berufsbildung sind im Berufsbildungsgesetz (BBiG) festgelegt.

11 Welche wichtigen Aufgaben hat der Gesetzgeber den zuständigen Stellen übertragen?

Wichtige Aufgaben sind:
a) Überwachung der Eignung von Ausbildern und Ausbildungsstätten

→

▷ *Fortsetzung der Antwort* ▷

b) Führung der Lehrlingsrolle
(= Verzeichnis der Berufsausbildungs-
verhältnisse)
c) Kürzung oder Verlängerung der
Ausbildungszeit auf Antrag des
Auszubildenden
d) Erlassen von Prüfungsordnungen
e) Prüfungsausschüsse bilden und
Prüfungen durchführen
f) Regelung der Berufsausbildung im Rahmen der gesetzlichen Bestimmungen
g) Überwachung der ordnungsgemäßen
Durchführung der Berufsausbildung
h) Beratung der Ausbildenden und der
Auszubildenden

---

12 In einem Berufsfeld
werden mehrere Ausbildungsberufe des gleichen Aus-
bildungsbereichs zusammengefasst.
Nennen Sie dreizehn Berufsfelder, denen die meisten
Ausbildungsberufe zugeord-
net werden können.

Berufsfelder:
① Wirtschaft und Verwaltung
② Metalltechnik
③ Elektrotechnik
④ Bautechnik
⑤ Holztechnik
⑥ Textiltechnik und Bekleidung
⑦ Chemie, Physik, Biologie
⑧ Drucktechnik
⑨ Farbtechnik und Raumgestaltung
⑩ Gesundheit
⑪ Körperpflege
⑫ Ernährung und Hauswirtschaft
⑬ Agrarwirtschaft

---

13 Wodurch unterscheiden
sich

a) anerkannte Ausbildungsberufe von
b) nicht anerkannten
Ausbildungsberufen?

a) **Anerkannte Ausbildungsberufe** sind
im „Verzeichnis der anerkannten
Ausbildungsberufe" aufgeführt, das
jährlich neu veröffentlicht wird.
Jugendliche unter 18 Jahren dürfen
nur in anerkannten Ausbildungsberufen ausgebildet werden.
b) **Nicht anerkannte Ausbildungsberufe** sind alle Ausbildungsberufe,
die nicht im „Verzeichnis der anerkannten Ausbildungsberufe" aufgeführt sind.

14 Wer ist für die Anerkennung von Ausbildungsberufen zuständig?

Das zuständige Bundesministerium

15 Jugendliche, die in einem Beruf tätig sind, für den keine systematische Ausbildung erforderlich ist, arbeiten als Jungarbeiter(in) in einem Arbeitsverhältnis.

Welche a) Vor- und b) Nachteile entstehen durch eine Tätigkeit als Jungarbeiter(in)?

a) **Vorteile bei einer Tätigkeit als Jungarbeiter(in):**
– kurze Anlernzeit
– zunächst relativ hohe Bezahlung
b) **Nachteile bei einer Tätigkeit als Jungarbeiter(in):**
– geringe Aufstiegschancen durch fehlende Qualifikation
– hohes Arbeitsplatzrisiko (überdurchschnittliche Arbeitslosenquote)

16 Nennen Sie zwei wesentliche Unterschiede zwischen einem Berufsausbildungsverhältnis und einem Arbeitsverhältnis.

Berufsausbildungsverhältnis:
a) Ausbildung steht im Vordergrund
b) Schriftform ist beim Berufsausbildungsvertrag vorgeschrieben
c) besonderer Kündigungsschutz für Auszubildende
d) Ausbildungsvergütung

Arbeitsverhältnis:
a) Arbeitsleistung steht im Vordergrund
b) formloser Vertragsabschluss
c) vereinbarte oder gesetzliche Kündigungsfrist
d) Lohn oder Gehalt

17 Die Berufsausbildung erfolgt im dualen System, d. h. im Betrieb und in der Berufsschule. Welche Aufgaben haben hierbei Berufsschule und Ausbildungsbetrieb zu erfüllen?

Nennen Sie jeweils die Hauptaufgabe.

Berufsschule:
Vermittlung von Allgemeinbildung, fachtheoretischer und fachpraktischer Kenntnisse
Betrieb:
Durchführung der fachpraktischen Ausbildung und Vermittlung fachtheoretischer Kenntnisse

18 Welche Vor- und Nachteile entstehen durch das duale Ausbildungssystem?

Nennen Sie je zwei Vor- und Nachteile.

Vorteile:
a) praxisnahe Ausbildung
b) Ergänzung von Theorie und Praxis

→

▷ *Fortsetzung der Antwort* ▷

Nachteile:
a) die Ausbildungsbetriebe sind oft zu spezialisiert
b) unterschiedliche Qualität der Ausbildungsbetriebe

19 **Nennen Sie Beispiele für berufliche Vollzeitschulen.**

Zu den beruflichen Vollzeitschulen gehören:
a) Berufsvorbereitungsjahr
b) Berufsgrundbildungsjahr
c) einjährige Berufsfachschule
d) zweijährige Berufsfachschule
e) dreijährige Berufsfachschule
f) Berufskolleg

20 **Welche der in Aufgabe 19 genannten beruflichen Vollzeitschulen bieten eine**
a) Berufsvorbereitung,
b) berufliche Grundbildung,
c) volle Berufsausbildung?

a) **Berufsvorbereitung:**
  ● Berufsvorbereitungsjahr
b) **berufliche Grundbildung**
  ● Berufsgrundbildungsjahr
  ● einjährige Berufsfachschule
  ● zweijährige Berufsfachschule
c) **volle Berufsausbildung:**
  ● dreijährige Berufsfachschule
  ● Berufskolleg

21 **Nennen Sie einige Rechtsvorschriften, die beim Abschluss eines Berufsausbildungsvertrages beachtet werden müssen.**

  ● Bürgerliches Gesetzbuch
  ● Berufsbildungsgesetz
  ● Handwerksordnung
  ● Jugendarbeitsschutzgesetz
  ● Gewerbeordnung
  ● Ausbildungsordnungen

22 **Welche Mindestinhalte muss eine Ausbildungsordnung enthalten?**

① die Bezeichnung des Ausbildungsberufes
② die Ausbildungsdauer
③ die Fertigkeiten und Kenntnisse, die Gegenstand der Berufsausbildung sind (**Ausbildungsberufsbild**)
④ eine Anleitung zur sachlichen und zeitlichen Gliederung der Fertigkeiten und Kenntnisse (**Ausbildungsrahmenplan**)
⑤ die Prüfungsanforderungen

23 Nennen Sie die acht Mindestangaben, die ein Berufsausbildungsvertrag enthalten muss.

Berufsausbildungsvertrag Mindestangaben

① Art, sachliche und zeitliche Gliederung sowie Ziel der Berufsausbildung (Ausbildungsberuf)
② Beginn und Dauer der Berufsausbildung
③ Ausbildungsmaßnahmen außerhalb der Ausbildungsstätte
④ Dauer der regelmäßigen täglichen Ausbildungszeit
⑤ Dauer der Probezeit
⑥ Zahlung und Höhe der Vergütung
⑦ Dauer des Urlaubs
⑧ Voraussetzungen, unter denen der Berufsausbildungsvertrag gekündigt werden kann

24 Welche Personen sind am Abschluss eines Berufsausbildungsvertrages beteiligt?

Der Berufsausbildungsvertrag wird zwischen dem **Ausbildenden** und dem **Auszubildenden** abgeschlossen. Bei minderjährigen Auszubildenden ist die Zustimmung des **gesetzlichen Vertreters** erforderlich.

25 Welche Formvorschrift gilt für den Abschluss des Berufsausbildungsvertrages?

Berufsausbildungsverträge müssen **schriftlich** abgeschlossen werden.

26 Um ausbilden zu können, muss man seine fachliche Eignung nachweisen.

Wann gilt im Handwerk die fachliche Eignung als nachgewiesen?

Ein Handwerker ist fachlich geeignet, wenn er in seinem Handwerk die Meisterprüfung bestanden und das 24. Lebensjahr vollendet hat.

27 Auszubildende dürfen nur eingestellt werden, wenn eine geeignete Ausbildungsstätte vorhanden ist.

Was versteht man unter einer geeigneten Ausbildungsstätte?

- Die Ausbildungsstätte muss nach Art und Einrichtung für den entsprechenden Ausbildungsberuf geeignet sein.
- Die Zahl der Ausbildungsplätze muss in angemessenem Verhältnis zur

→

▷ *Fortsetzung der Antwort* ▷

Zahl der beschäftigten Fachkräfte stehen.
Von dieser Vorschrift kann abgewichen werden, wenn dadurch die Berufsausbildung nicht gefährdet wird.

28 Im Berufsbildungsgesetz sind Rechte und Pflichten des Auszubildenden festgelegt.

Nennen Sie drei Rechte und drei Pflichten des Auszubildenden.

Rechte:
a) Recht auf Ausbildung
b) Recht auf Ausbildungsvergütung
c) Recht auf Fürsorge
d) Recht auf Ausstellung eines Zeugnisses
Pflichten:
a) Pflicht zur Arbeitsleistung
b) Berufsschulpflicht
c) Sorgfaltspflicht
d) Treuepflicht

29 Nach dem Berufsbildungsgesetz ist beim Abschluss des Berufsausbildungsvertrages eine Probezeit vorgesehen. Wie lange muss die Probezeit mindestens und wie lange darf sie höchstens dauern?

Mindestdauer 1 Monat
Höchstdauer 3 Monate

30 Warum wird im Berufsausbildungsvertrag eine Probezeit festgelegt?

Damit beide, Ausbildender und Auszubildender, feststellen können, ob der Auszubildende für diese Tätigkeit geeignet ist und ob sie ihm gefällt.

31 Welche Gründe berechtigen auch nach der Probezeit zur Kündigung des Berufsausbildungsvertrages?

Nennen Sie drei Gründe und geben Sie für jeden Grund die entsprechende Kündigungsfrist an.

a) beide Vertragspartner aus **wichtigem** Grund, z. B.: Betrug, Diebstahl, Tätlichkeiten
   Kündigungsfrist: fristlos
b) bei **Berufsaufgabe** und
c) bei **Berufswechsel** durch den Auszubildenden
   Kündigungsfrist: vier Wochen

32 Welche drei Bereiche werden durch den Begriff „Berufsbildung" nach dem Berufsbildungsgesetz umschrieben?

a) Ausbildung
b) Fortbildung
c) Umschulung

33 Wer ist für die Überwachung der Berufsausbildung im Rahmen des Berufsausbildungsvertrages zuständig?

Die Berufsausbildung wird von den **zuständigen Stellen,** das sind meistens die **Kammern,** überwacht. Die zuständigen Stellen können zu diesem Zweck **Ausbildungsberater** entsenden. Sie überprüfen die Ausbildungsstätten sowie die Ausbildenden bzw. die Ausbilder und achten darauf, dass eine ordnungsgemäße Berufsausbildung gewährleistet ist.

34 Zählen Sie fünf Möglichkeiten der beruflichen und der allgemeinen Fortbildung auf.

a) Meisterschulen
b) Fachschulen
c) Fortbildungslehrgänge einzelner Verbände
d) Telekollegs
e) Abendrealschulen
f) Abendgymnasien
g) Volkshochschulen

35 Nennen Sie drei Gründe, warum eine ständige berufliche Fortbildung für jeden Arbeitnehmer empfehlenswert ist.

a) Anpassung an den technischen Fortschritt bzw. an die Änderung von Berufsinhalten
b) persönlicher Beitrag zur Sicherung des Arbeitsplatzes
c) berufliche Fortbildung ist oft Grundlage für den beruflichen Aufstieg

36 In welchen Fällen kann für den Arbeitnehmer eine berufliche Umschulung nötig werden?

Nennen Sie drei Fälle.

a) lang anhaltende Arbeitslosigkeit
b) Aussterben des seither ausgeübten Berufs
c) Krankheit oder Unfall
d) durch Umschulungsmaßnahmen wird die berufliche Mobilität erhöht

37 Die Förderung der Berufs-
bildung ist gesetzlich geregelt.
Nennen Sie entsprechende
Gesetze.

a) Sozialgesetzbuch III (SGB III)
b) Bundesausbildungsförderungsgesetz
   (BAföG)
c) Aufstiegsfortbildungsförderungsgesetz
   (AFBG), sog. „Meister-BAföG"

38 Für welche Bildungsmaß-
nahmen kann der Bildungs-
willige finanzielle Hilfen nach
dem Bundesausbildungsförderungsgesetz (BAföG) erhalten?

Für **schulische** Fortbildungsmaßnahmen,
z. B. Erwerb der Fachschul- oder Hochschulreife, für den Besuch von Fachschulen und für das Studium an Fachhoch-
schulen und Hochschulen kann **BAföG**
gewährt werden.

39 Für welche Bildungsmaß-
nahmen kann der Bildungswil-
lige finanzielle Hilfe nach dem
Arbeitsförderungsgesetz erhalten?

Das Arbeitsförderungsgesetz fördert
die berufliche Ausbildung in einem
anerkannten Ausbildungsberuf sowie
gerechtfertigte Fortbildungs- und
Umschulungsmaßnahmen.

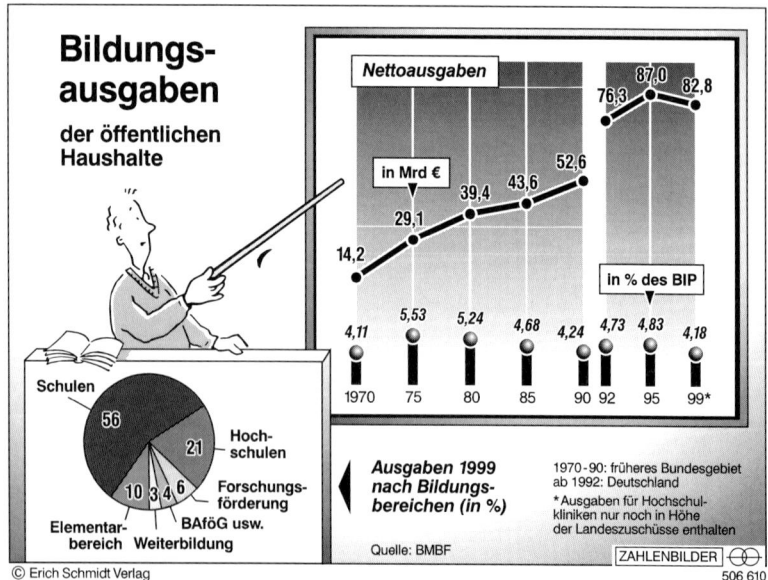

© Erich Schmidt Verlag

506 610

3 Jugendliche in der Freizeit

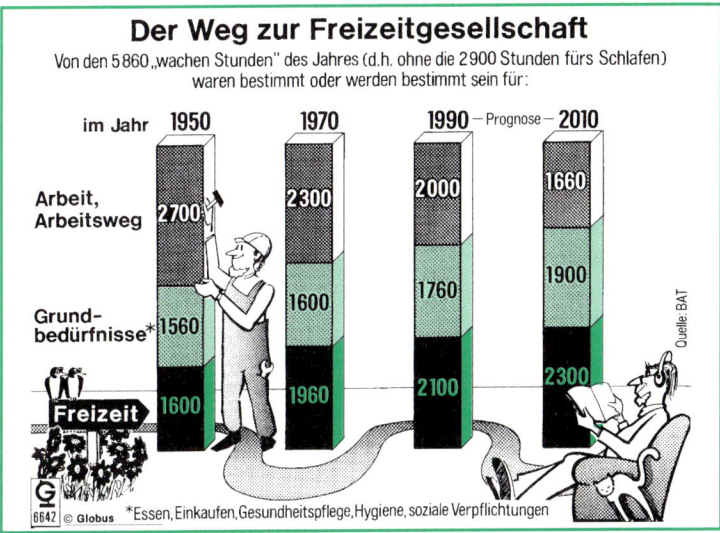

Der Weg zur Freizeitgesellschaft

Von den 5 860 „wachen Stunden" des Jahres (d.h. ohne die 2 900 Stunden fürs Schlafen) waren bestimmt oder werden bestimmt sein für:

im Jahr **1950** **1970** **1990** — Prognose — **2010**

Arbeit, Arbeitsweg

Grundbedürfnisse*

Freizeit

Quelle: BAT

	1950	1970	1990	2010
Arbeit, Arbeitsweg	2700	2300	2000	1660
Grundbedürfnisse*	1560	1600	1760	1900
Freizeit	1600	1960	2100	2300

6642 © Globus *Essen, Einkaufen, Gesundheitspflege, Hygiene, soziale Verpflichtungen

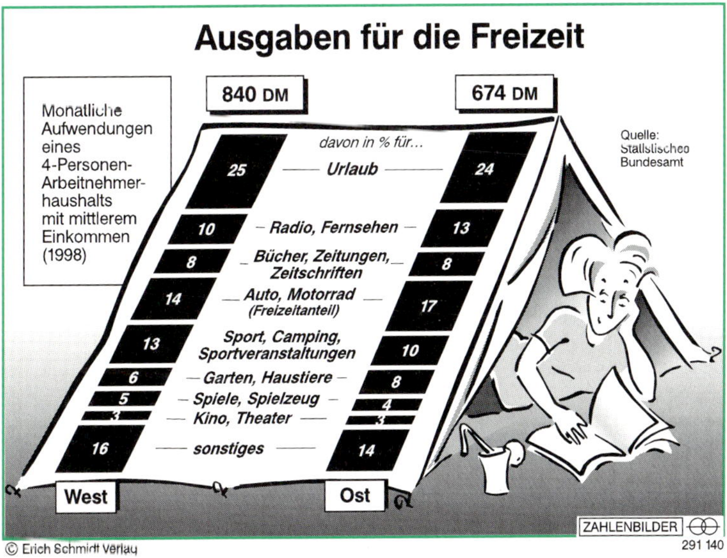

Ausgaben für die Freizeit

Monatliche Aufwendungen eines 4-Personen-Arbeitnehmerhaushalts mit mittlerem Einkommen (1998)

840 DM **674 DM**

davon in % für...

Quelle: Statistisches Bundesamt

West		Ost
25	Urlaub	24
10	Radio, Fernsehen	13
8	Bücher, Zeitungen, Zeitschriften	8
14	Auto, Motorrad (Freizeitanteil)	17
13	Sport, Camping, Sportveranstaltungen	10
6	Garten, Haustiere	8
5	Spiele, Spielzeug	4
	Kino, Theater	
16	sonstiges	14

West **Ost**

ZAHLENBILDER

© Erich Schmidt Verlag

291 140

■ **Möglichkeiten sinnvoller Freizeitgestaltung**

1 Welche wichtigen Aufgaben sollten durch die Freizeit erfüllt werden?

Die Freizeit dient:
a) der Wiederherstellung der Arbeitskraft
b) der Entfaltung der eigenen Persönlichkeit

2 Welche Möglichkeiten der Freizeitgestaltung sind Ihrer Meinung nach sinnvoll?

Nennen Sie drei Möglichkeiten.

a) **Kulturelle Betätigung:**
Zum Beispiel:
Besuch von Theatervorstellungen, Konzerten, Museen, Ausstellungen usw.
b) **Sportliche Betätigung:**
Zum Beispiel:
Jogging, Fitness-Studio, Wandern, Skilaufen, Bergsteigen, Schwimmen, Radfahren, Drachenfliegen usw.
c) **Hobbys:**
Zum Beispiel:
Lesen, Fotografieren, Malen, Handarbeiten, Basteln, Musik hören, Briefmarken- oder andere Dinge sammeln usw.

■ **Gefährdung durch falsches Freizeitverhalten**

3 Durch verkürzte Arbeitszeit nimmt die Freizeit von Arbeitnehmern zu. Besonders bei Jugendlichen entsteht oft das Problem der „Langeweile". Welche Gefahren können dadurch entstehen?

Nennen Sie drei Beispiele.

a) Alkoholmissbrauch
b) Drogenkonsum
c) übermäßiger Nikotingenuss
d) Aufenthalt in Spielhallen
e) aggressives Verhalten (Gewalt gegen Personen und/oder Sachen)
f) Kriminalität

4 In unserer Gesellschaft gibt es
a) erlaubte (legale) und
b) verbotene (illegale) Drogen.

Nennen Sie jeweils zwei Beispiele.

a) **Erlaubte (legale) Drogen:**
– Alkohol
– Nikotin
b) **Verbotene (illegale) Drogen:**
– Haschisch   – LSD
– Heroin   – Ecstasy
– Kokain

5 Die illegalen Drogen kann man in

a) Halluzinogene (= Drogen, die eine seelische Abhängigkeit erzeugen) und

b) Opiate (= Drogen, die körperliche und seelische Abhängigkeit erzeugen)

einteilen.

Nennen Sie für jede Drogenart zwei Beispiele.

a) **Halluzinogene:**
   – Kokain   – Haschisch
   – LSD   – Ecstasy

b) **Opiate:**
   – Heroin
   – Opium
   – Morphium

6 Was kann man gegen den Konsum von legalen und illegalen Drogen tun?

Nennen Sie zwei Möglichkeiten.

a) frühzeitige Information über die schädlichen Folgen des Drogenkonsums

b) Bereitschaft zur Aufgabe bereits bestehender Abhängigkeit, z. B. Aufgabe des Rauchens, Hilfsangebote nutzen, um vom Konsum illegaler Drogen wegzukommen (Drogenberatungsstelle u. a.)

c) Bereitschaft zur Therapie bzw. Entziehungskur

7 Viele Jugendliche nehmen Drogen, um Probleme zu verdrängen.

Begründen Sie, weshalb Drogen niemals diesen Zweck erfüllen können.

a) Jede Droge wirkt nur eine begrenzte Zeit. Danach sind die Probleme wieder vorhanden.

b) Der Drogenkonsument wird von der Droge abhängig. Je nach Art der Droge können seelische Schäden, körperliche Schäden oder gar der Tod die Folge sein.

c) Der Besitz von illegalen Drogen ist strafbar. Viele Drogensüchtige verüben Straftaten, damit sie die teuren illegalen Drogen finanzieren können.

d) Drogenkonsum führt zu neuen Problemen, z. B. bei der Arbeit oder in der Schule.

8 Nennen Sie drei Ursachen der Jugendkriminalität.

a) Langeweile
b) familiäre Probleme
c) gestörtes Selbstbewusstsein
d) Arbeitslosigkeit
e) Alkoholmissbrauch
f) Drogenkonsum

9 Wie könnten Ihrer Meinung nach die folgenden Gruppen dazu beitragen, die Jugendkriminalität zu bekämpfen bzw. ganz zu verhindern?

a) Familien
b) Jugendliche
c) Öffentlichkeit
d) Politik
e) Justiz

a) **Familie:**
   gute Erziehung und ausreichende Wahrnehmung der Vorbildfunktion; sich um die Jugendlichen kümmern
b) **Jugendliche:**
   sinnvolle Freizeitgestaltung; Bedenken der Folgen von kriminellen Handlungen; soziale Kontrolle von Freunden
c) **Öffentlichkeit:**
   keine Verharmlosung der Kriminalität
d) **Politik:**
   Perspektiven für Jugendliche schaffen (Ausbildung und Arbeit); Angebote zur sinnvollen Freizeitgestaltung
e) **Justiz:**
   schnelle Bestrafung und Hilfsangebote

10 Welche Personengruppen werden im Strafrecht unterschieden?

Ordnen Sie den einzelnen Gruppen die entsprechenden Altersstufen zu.

a) **Kinder** – bis 14 Jahre
b) **Jugendliche** – 14–18 Jahre
c) **Heranwachsende** – 18–21 Jahre
d) **Erwachsene** – über 21 Jahre

11 Welches Gericht ist für die Verurteilung von Straftätern zuständig, die noch nicht erwachsen (21 Jahre) sind?

Jugendgericht

12 Wann werden Heranwachsende nach dem Jugendstrafrecht verurteilt?

a) Wenn sie eine typische „Jugendtorheit", begangen haben.
b) Wenn ihr Entwicklungsstand eher dem von Jugendlichen entspricht.

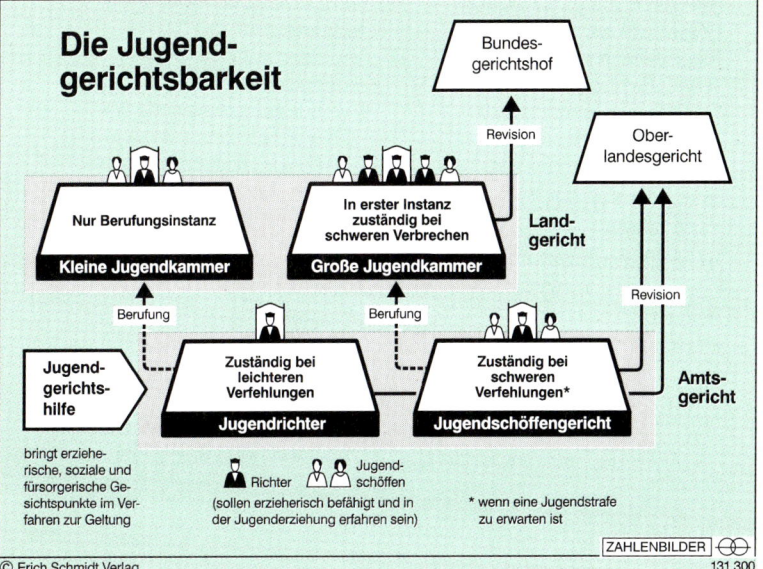

Die Jugend-gerichtsbarkeit

Bundes-gerichtshof

Revision

Ober-landesgericht

Nur Berufungsinstanz

Kleine Jugendkammer

In erster Instanz zuständig bei schweren Verbrechen

Große Jugendkammer

Land-gericht

Revision

Berufung

Berufung

Jugend-gerichts-hilfe

bringt erziehe-rische, soziale und fürsorgerische Ge-sichtspunkte im Ver-fahren zur Geltung

Zuständig bei leichteren Verfehlungen

Jugendrichter

Zuständig bei schweren Verfehlungen*

Jugendschöffengericht

Amts-gericht

Richter

Jugend-schöffen

(sollen erzieherisch befähigt und in der Jugenderziehung erfahren sein)

* wenn eine Jugendstrafe zu erwarten ist

ZAHLENBILDER

© Erich Schmidt Verlag

131 300

13 Der Jugendrichter kann

a) Erziehungsmaßregeln
b) Zuchtmittel
c) Jugendstrafen

verhängen.

Nennen Sie jeweils ein Beispiel.

a) **Erziehungsmaßregeln:**
   – Verbot des Umgangs mit bestimmten Personen
   – Einweisung in ein Heim
   – Teilnahme an einem Verkehrs-unterricht
   – Aufsicht und Betreuung durch einen Betreuungshelfer

b) **Zuchtmittel:**
   – Verwarnung
   – Auflagen (meistens soziale Hilfs-dienste)
   – Jugendarrest (kurze Zeit)

c) **Jugendstrafen:**
   – Freiheitsentzug
     Einweisung in eine Jugendstraf-anstalt (Dauer der Jugendstrafe: mindestens 6 Monate und höchs-tens 5 Jahre)

14 Durch das Jugendschutzgesetz will der Staat die
Jugendlichen vor der „Ge-
schäftstüchtigkeit" mancher
Erwachsener und vor sich
selbst schützen.

Nennen Sie zwei Verbote, die

a) nur für Jugendliche unter
   16 Jahren,

b) für Jugendliche unter
   18 Jahre

gelten.

a) **Verbot für Jugendliche unter
   16 Jahren:**
   – Verbot des Rauchens in der
     Öffentlichkeit
   – Verbot der Anwesenheit bei
     öffentlichen Tanzveranstaltungen
   – Verbot der Abgabe von alkoho-
     lischen Getränken

b) **Verbote für Jugendliche unter
   18 Jahren:**
   – Verbot des Aufenthalts an jugend-
     gefährdenden Orten („zweifelhafte"
     Lokale etc.)
   – Abgabe- und Genussverbot von
     Branntwein und branntweinhaltigen
     Getränken
   – Verbot des Besuchs von Kabarett-
     und Revueveranstaltungen

Demokratische Regierungsform am Beispiel der Bundesrepublik Deutschland

1 Grundrechte

1 Welche zwei Hauptaufgaben hat jede Verfassung?

Hauptaufgaben von Verfassungen:
a) Aufstellung von **Grundrechten**, sie sind unveräußerliche **Schutzrechte** des einzelnen Bürgers gegenüber dem Staat, um ihn vor staatlichen Übergriffen zu schützen.
b) Aufstellung von Regeln (Normen) für die Organisation dieses Staates.

2 In welchem Gesetz ist die staatliche Grundordnung für die Bundesrepublik Deutschland festgelegt?

Die staatliche Grundordnung für die Bundesrepublik Deutschland ist im **Grundgesetz** festgelegt.

3 Wann und von wem wurde das Grundgesetz für die Bundesrepublik Deutschland verabschiedet und wann trat es in Kraft?

Unser Grundgesetz wurde am 8. Mai 1949 vom Parlamentarischen Rat verabschiedet und trat am 23. Mai 1949 in Kraft.

4 Welche Werte stehen im GG, der Verfassung der Bundesrepublik Deutschland, an erster Stelle?

a) Menschenwürde
b) Menschenrechte
c) Frieden
d) Gerechtigkeit

Parlamentarischer Rat: Die mit „Ja" stimmenden Abgeordneten nach der Annahme des Grundgesetzes am 8. Mai 1949.

5 **Welche Grundsätze unserer Demokratie sind in den Artikeln 1, Absatz 1 und 20 GG niedergelegt?**

a) **Art. 1 GG**
   – Die *Würde des Menschen* ist unantastbar.
b) **Art. 20 GG**
   – Die Bundesrepublik Deutschland ist ein demokratischer und sozialer *Bundesstaat.*
   – Alle *Staatsgewalt geht vom Volke* aus.
   – Alle *Staatsgewalten* (gesetzgebende Gewalt, vollziehende Gewalt und Rechtsprechung) sind an das *Gesetz gebunden.*
   – Zur Verteidigung des Grundgesetzes hat jeder Bürger das *Recht zum Widerstand.*

6 Erklären Sie die Bedeutung folgender Aussage:

„Die Grundrechte unserer Verfassung sind unantastbar und unveräußerlich."

Im Artikel 79 Absatz 3 GG wird eine Änderung der in den Artikeln 1 und 20 niedergelegten Verfassungsgrundsätze für unzulässig erklärt. Damit können selbst verfassungsändernde Mehrheiten im Bundestag und Bundesrat die Grundrechte in ihrem Wesensgehalt nicht antasten (so genannte „Ewigkeitsgarantie").

7 Welche Mehrheit ist erforderlich, um das Grundgesetz zu ändern?

Soweit das Grundgesetz überhaupt geändert werden darf (siehe Frage 6), ist für eine Änderung des GG im Bundestag und im Bundesrat eine Zweidrittelmehrheit erforderlich.

8 Nennen Sie die Grundrechte im Einzelnen nach dem Grundgesetz der Bundesrepublik Deutschland.

Art. 1	= Schutz der Menschenwürde
Art. 2	= Freiheit der Person. Freie Entfaltung der Persönlichkeit, Recht auf Leben und körperliche Unversehrtheit.
Art. 3	= Gleichheit vor dem Gesetz
Art. 4	= Glaubens-, Gewissens- und Bekenntnisfreiheit, Kriegsdienstverweigerungsrecht
Art. 5	= Meinungsfreiheit
Art. 6	= Schutz von Ehe und Familie
Art. 7	= Recht auf Schule (Schulwesen)
Art. 8	= Versammlungsfreiheit
Art. 9	= Vereinigungsfreiheit
Art. 10	= Brief-, Post- und Fernmeldegeheimnis
Art. 11	= Recht auf Freizügigkeit
Art. 12	= Recht der freien Berufswahl, Verbot der Zwangsarbeit
Art. 12 a	= Dienstverpflichtungen (Wehr- und Ersatzdienst)
Art. 13	= Unverletzlichkeit der Wohnung →

▷ *Fortsetzung der Antwort* ▷

Art. 14	= Garantie des Eigentums; Erbrecht, Enteignung
Art. 15	= Überführung in Gemeineigentum (Sozialisierung)
Art. 16	= Staatsangehörigkeit, Auslieferung
Art. 16a	= Asylrecht
Art. 17	= Petitionsrecht
Art. 18	= Verwirkung von Grundrechten
Art. 19	= Einschränkung von Grundrechten
Art. 33	= Gleicher Zugang zu öffentlichen Ämtern
Art. 101	= Anspruch auf den gesetzlichen Richter; Verbot von Ausnahmegerichten
Art. 103	= Anspruch auf rechtliches Gehör vor Gericht, Verbot rückwirkender Strafgesetze und der Doppelbestrafung
Art. 104	= Schutz vor willkürlicher Verhaftung

9 **Wie kann man die Grundrechte einteilen?**

a) **Gleichheitsrechte,**
z. B. Gleichheit vor dem Gesetz
b) **Schutzrechte,** z. B.
– Brief-, Post-, Telefongeheimnis
– Asylrecht
– Unverletzlichkeit der Wohnung
c) **Freiheitsrechte,** z. B.
– freie Meinungsäußerung
– freie Berufswahl
– Versammlungsfreiheit
– Pressefreiheit

10 **Für welchen Personenkreis können die Grundrechte eingeschränkt werden?**

Artikel 17a GG sieht vor, dass für Wehr- und Ersatzdienstleistende bestimmte Grundrechte durch ein besonderes Gesetz eingeschränkt werden können.

11 Welche Aufgabe hat der „Wehrbeauftragte" des Deutschen Bundestages?

Der **Wehrbeauftragte** soll darüber wachen, dass die Grundrechte gegenüber den dienenden Soldaten eingehalten werden.

12 Welchen Personen kann ein Teil der Grundrechte <u>entzogen</u> werden?

Wer die Freiheiten der Grundrechte zum Kampf gegen die freiheitliche demokratische Grundordnung missbraucht, hat die Grundrechte verwirkt. Die Verwirkung von Grundrechten wird durch das Bundesverfassungsgericht ausgesprochen (Art. 18 GG).

13 Zeigen Sie an einem Beispiel, dass der Anspruch der Verfassung (Verfassungsnorm) in der Wirklichkeit oft beeinträchtigt ist.

Nach dem GG herrscht zwischen Mann und Frau Gleichberechtigung. Dieser Anspruch kann auf Schwierigkeiten stoßen.
Beispiel:
– Manchmal werden Frauen trotz gleicher Tätigkeit schlechter bezahlt als Männer.
– Nur Männer unterliegen der Wehrpflicht.

2 Politische Willensbildung

1 Die Bundesrepublik Deutschland ist ein pluralistischer Staat.
Nennen Sie drei Merkmale des Pluralismus.

a) Verschiedene **Parteien** bemühen sich um die Machtausübung (Regierungsverantwortung).
b) Entsprechend ihren Interessen bilden die Bürger **Verbände**, z. B. Innungen, Arbeitgeberverbände, Gewerkschaften, Automobilclubs u. a.
c) Die **Interessengruppen** versuchen, die Gestaltung von Gesetzen zu beeinflussen.
d) Zwischen einzelnen Interessengruppen kommt es oft zu **Konflikten**, die einen **Interessenausgleich** (Kompromiss) erforderlich machen, z. B. Lohnkonflikte zwischen Gewerkschaften und Arbeitgeberverbänden.

2 Nennen Sie drei Gründe für die Entstehung von Konflikten.

Konflikte entstehen durch:
a) unterschiedliche Interessen von Einzelpersonen, Gruppen oder Staaten
b) Vorurteile gegenüber anderen Menschen
c) unterschiedliche wirtschaftliche Interessen
d) den Aufbau von Feindbildern

3 Erklären Sie den Begriff „Vorurteil".

Vorurteile:
= **Einstellungen** gegenüber Menschen und Dingen, die nicht sachlich begründet und durch eigene Erfahrungen belegbar sind.

4 Nennen Sie Beispiele für Konflikte zwischen
a) Einzelpersonen,
b) gesellschaftlichen Gruppen.

a) **Konflikte zwischen Einzelpersonen,** z. B.
 – Konflikte zwischen Nachbarn
 – Vater-Sohn-Konflikt
 – Konflikte zwischen Arbeitgeber und Arbeitnehmer
b) **Konflikte zwischen gesellschaftlichen Gruppen,** z. B.
 – Konflikte zwischen Regierung und Opposition
 – Konflikte zwischen Gewerkschaften und Arbeitgeberverbänden
 – Konflikte zwischen Kernkraftbefürwortern und Kernkraftgegnern
 – Konflikte zwischen Bürgerinitiativen und staatlichen Verwaltungen

5 Wie sollten Konflikte **immer** gelöst werden?

Konflikte sollten **immer** friedlich gelöst werden.
Möglichkeiten der friedlichen Lösung sind:
a) der *Kompromiss*
 (= Einigung bei gegenseitigen Zugeständnissen)
b) der *Dialog* (= Gespräch)   →

▷ *Fortsetzung der Antwort* ▷

c) *Toleranz* (= Duldsamkeit) gegenüber anderen Einstellungen
d) *Abbau von Aggressionen* (= feindselige Haltung)

6 **Welcher Weg steht jedem Bürger oder jeder gesellschaftlichen Gruppe offen, um in einem Rechtsstaat strittige Fragen zu lösen?**

Kommt in einem Streit keine Einigung zustande, dann können die Beteiligten die zuständigen Gerichte anrufen.

7 **Erklären Sie den Begriff „Konfliktfähigkeit".**

Konfliktfähigkeit:
= Die Mitglieder einer pluralistischen Gesellschaft müssen folgende Grundregeln akzeptieren, damit gewaltfreie Lösungen von Konflikten möglich sind.

Sie müssen bereit sein:
a) mit Konflikten zu leben,
b) friedlich Kompromisse zu schließen und
c) rechtskräftige Gerichtsurteile anzuerkennen.

8 **Die Bundesrepublik Deutschland ist ein moderner Sozialstaat. Trotzdem gibt es Randgruppen und Minderheiten, die unter den Vorurteilen eines Teils der Mehrheit zu leiden haben.**

a) **Nennen Sie fünf Randgruppen bzw. Minderheiten.**

b) **Welche Nachteile entstehen durch diese Vorurteile für die betroffenen Menschen?**

Nennen Sie zwei Beispiele.

a) **Beispiele für Randgruppen bzw. Minderheiten:**
– Vorbestrafte
– Ausländer
– Behinderte
– Obdachlose
– allein erziehende Mütter
– Arbeitslose
– Suchtkranke
– Asylbewerber
– Sozialhilfeempfänger
– Homosexuelle

b) **Nachteile:**
– Sie bekommen nur sehr schwer Arbeitsplätze und Wohnungen.
– Sie werden in eine Außenseiterrolle gedrängt.
– Sie haben schlechtere Aufstiegschancen.

9 Welche Möglichkeiten haben Sie, Angehörigen von Randgruppen zu helfen?

Nennen Sie zwei Beispiele.

a) mehr Toleranz üben
b) mehr Informationen beschaffen
c) bereit sein, im konkreten Einzelfall aktiv zu helfen

10 Welche Möglichkeiten haben die Angehörigen von Randgruppen, um ihre Situation zu verbessern?

Nennen Sie zwei Möglichkeiten.

a) Gründung von Interessenverbänden
b) Bildung von örtlichen Unterstützungsgruppen (z. B. für Suchtkranke)
c) Demonstrationen
d) Petitionen
e) Klagen

11 Welche Auffassung vertritt das GG hinsichtlich der Regelung gesellschaftlicher Konflikte?

a) Gesellschaftliche Konflikte sind mit **friedlichen Mitteln** zu regeln.
b) Es dürfen **keine Feindbilder** aufgebaut werden.
c) Die **Achtung der Menschenwürde** ist auch bei Auseinandersetzungen wegen gesellschaftlicher Konflikte für alle Beteiligten oberstes Gebot.

■ Informationsmöglichkeiten und Meinungsbildung

12 Die Voraussetzung für begründete Meinungs- und Willensbildung ist umfassende Information.

Wie kann sich der Bürger in einer Demokratie informieren?

Nennen Sie fünf Möglichkeiten.

a) Zeitungen
b) Radio
c) Fernsehen
d) Diskussionsrunden
e) Parteiveranstaltungen
f) Vortragsabende
g) Internet

13 Welche wichtigen Massenmedien gibt es?

Nennen Sie drei Beispiele.

a) Radio
b) Fernsehen
c) Zeitungen
d) Zeitschriften
e) Internet

14 Das GG garantiert in Art. 5 die Meinungs- und Pressefreiheit.
Zählen Sie in diesem Zusammenhang die wichtigsten Aufgaben der Massenmedien auf.

a) umfassende Information der Bürger
b) Kontrolle von Regierung und Parlament
c) Bindeglied zwischen Bürger und Regierung bzw. Parlament
d) Veröffentlichung verschiedener Meinungen

15 Manchen Medien wird unterstellt, sie würden den Bürger einseitig informieren, also manipulieren.
Wie kann sich der Bürger vor Manipulation schützen?
Nennen Sie zwei Beispiele.

Der Bürger
a) muss kritisch sein,
b) muss sich durch mehrere Medien informieren,
c) kann Leserbriefe schreiben,
d) kann eine Gegendarstellung erwirken.

16 Erklären Sie folgende Begriffe:
a) Nachricht
b) Kommentar

a) **Nachricht:**
Hier handelt es sich um eine kurze, sachliche Darstellung von Tatsachen.
b) **Kommentar:**
Tatsachen werden mit einer persönlichen Wertung versehen (subjektive Darstellungsweise).

17 Erklären Sie den Begriff Pressezensur.

a) Der Staat kontrolliert und beeinflusst die Informationen, die an die Öffentlichkeit gelangen sollen.
b) Meinungen, die sich gegen die Regierungspolitik aussprechen, werden nicht veröffentlicht.
c) Durch die Zensur **lenkt** der Staat die öffentliche Meinung.

18 In welchen Staaten herrscht derzeit Pressezensur?
Nennen Sie zwei Staaten.

a) Kuba
b) Volksrepublik China
c) Irak u. a.

19 In der Bundesrepublik Deutschland ist eine zunehmende Pressekonzentration festzustellen.
Erklären Sie diesen Vorgang.

Bisher unabhängige Zeitungen werden durch einige wenige Zeitungsverlage aufgekauft.

■ Parteien

20 Es gibt verschiedene Parteiensysteme. Man kann einteilen in:
a) das Mehrparteiensystem,
b) das Zweiparteiensystem,
c) das Einparteiensystem.
Finden Sie für jedes Parteiensystem ein Land heraus und nennen Sie die Parteien, die in dem jeweiligen Land anzutreffen sind.

a) **Mehrparteiensystem:**
Land: Bundesrepublik Deutschland
Parteien: z. B. CDU, CSU, SPD, F.D.P., PDS, Bündnis 90/Die Grünen
b) **Zweiparteiensystem:**
Land: USA
Parteien: 1. Demokratische Partei
           2. Republikanische Partei
c) **Einparteiensystem:**
Land: China
Partei: Kommunistische Partei

21 Das politische Leben der Bundesrepublik Deutschland wird derzeit vor allem durch die im Bundestag vertretenen Parteien gestaltet.
Zählen Sie diese Parteien auf.

a) CDU
b) CSU (nur in Bayern)
c) SPD
d) F.D.P.
e) Bündnis 90/Die Grünen
f) PDS

22 Im Mehrparteiensystem der Bundesrepublik Deutschland lassen sich
a) Volksparteien und
b) Interessenparteien
unterscheiden.
Erklären Sie diese Begriffe und nennen Sie Beispiele.

a) **Volksparteien:**
Volksparteien sprechen mit ihren parteipolitischen Zielen große Teile der Bevölkerung an, da sie sehr viele, oft sehr unterschiedliche Interessen in sich vereinigen.
Beispiele: – CDU/CSU
             – SPD
b) **Interessenparteien:**
Interessenparteien beschränken sich bei ihrer Anhängerschaft und ihren Mitgliedern auf berufliche, wirtschaftliche oder kulturelle Zielsetzungen.
Beispiele: – Autofahrerpartei/APD
             – Frauenpartei
             – Partei Bibeltreuer Christen/PBC
             – Die Grauen

23 Welche Aufgaben haben Parteien?

Nennen Sie drei wichtige Aufgaben.

a) Parteien sind ein Bindeglied zwischen Bevölkerung und Regierung.
b) Parteien stellen Kandidaten für Wahlen auf.
c) Parteien wirken bei der politischen Meinungs- und Willensbildung mit.
d) Parteien geben Anregungen für die Gesetzgebung.
e) Parteien führen die junge Generation an die Politik heran.
f) Parteien werben Mitglieder.
g) Parteien stellen Programme auf.

24 Welches Gericht hat das Recht, Parteien zu verbieten?

Das **Bundesverfassungsgericht** in Karlsruhe

25 Welche Parteien können verboten werden?

Parteien können verboten werden, wenn sie sich gegen die Verfassung (GG) richten und wenn ihr Aufbau nicht demokratisch ist.

26 Erklären Sie kurz die folgenden politischen Grundrichtungen:

a) Konservatismus
b) Liberalismus
c) Sozialismus
d) Kommunismus
e) Nationalismus

a) **Konservatismus:**
   Es wird versucht, Bestehendes und Bewährtes mit dem Fortschritt zu vereinbaren.
b) **Liberalismus:**
   Es wird die größtmögliche Freiheit des Einzelmenschen angestrebt.
c) **Sozialismus:**
   Das Wohl der Gemeinschaft steht im Vordergrund.
d) **Kommunismus:**
   Nach Karl Marx ist der Kommunismus die auf den Sozialismus folgende Entwicklungsstufe, bei der alle Güter Eigentum der Gemeinschaft sind (= klassenlose Gesellschaft).
e) **Nationalismus:**
   Die eigene Nation wird gegenüber anderen Nationen überbewertet. Die Interessen des eigenen Volkes stehen immer an erster Stelle.

27 **Durch welche Geldquellen finanzieren die Parteien ihre Aufgaben?**
Nennen Sie drei Beispiele.

a) Spenden
b) Mitgliedsbeiträge
c) Staatsmittel (Wahlkampfkostenerstattung)
d) sonstige Einnahmen (z. B. Verkauf von Aufklebern)

28 **Wodurch können Sie die Politik einer Partei aktiv beeinflussen?**

– Durch Eintritt in diese Partei und aktive Mitarbeit in den entsprechenden Gremien dieser Partei.
– Besuch von Parteiveranstaltungen und Meinungsäußerung
– Briefe an Abgeordnete

■ **Verbände**

29 **An der Möglichkeit, Verbände bilden zu können, erkennt man eine pluralistische Gesellschaft.**
Nennen Sie drei Verbände.

a) **Gewerkschaften**
z. B. IG Metall, DAG
b) **Arbeitgeberverbände**
z. B. Bäckerinnung, Landeszahnärztekammern oder Arbeitgeberverband Gesamtmetall
c) **Bauernverband**
d) **Mieterbund**

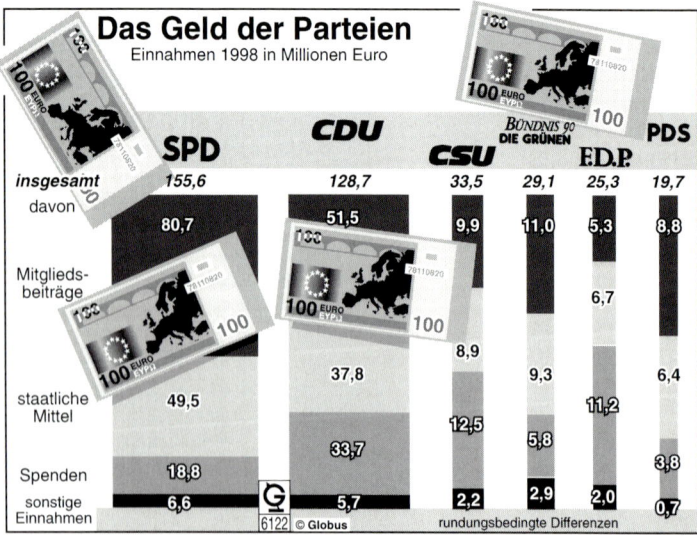

Das Geld der Parteien
Einnahmen 1998 in Millionen Euro

	SPD	CDU	CSU	BÜNDNIS 90 DIE GRÜNEN	F.D.P.	PDS
insgesamt	155,6	128,7	33,5	29,1	25,3	19,7
davon Mitgliedsbeiträge	80,7	51,5	9,9	11,0	5,3 / 6,7	8,8
staatliche Mittel	49,5	37,8	8,9 / 12,5	9,3 / 5,8	11,2	6,4
Spenden	18,8	33,7				3,8
sonstige Einnahmen	6,6	5,7	2,2	2,9	2,0	0,7

6122 © Globus   rundungsbedingte Differenzen

30 Erklären Sie den Unterschied zwischen Parteien und Verbänden.

a) **Parteien:** Sie haben ein <u>umfassendes Programm</u>, das alle politischen Bereiche abdeckt. Parteien streben nach der Regierungsverantwortung.

b) **Verbände:** Sie vertreten hauptsächlich die Interessen ihrer Mitglieder und versuchen, auf die Politik Einfluss zu nehmen. Verbände streben **keine** Regierungsverantwortung an.

31 Welche Möglichkeiten haben Verbände, um auf politische Entscheidungen Einfluss zu nehmen?

Nennen Sie drei Möglichkeiten.

a) **Wählerstimmen** der Mitglieder

b) **Öffentlichkeitsarbeit**
z. B. Flugblätter, Werbespots, Zeitungsanzeigen

c) **Lobbyismus*)**
Vertreter von Verbänden und Interessengruppen versuchen mit Argumenten auf Abgeordnete und Regierungsmitglieder in ihrem Sinne einzuwirken.

d) Übernahme von **Abgeordnetenmandaten** zur direkten Beeinflussung der Gesetzgebung.

*) vom englischen Wort „lobby"
  = Vorhalle eines Parlaments

■ **Wahlen**

32 Unterscheiden Sie
a) aktives und
b) passives Wahlrecht.

a) **Aktives Wahlrecht:**
= das Recht, zu wählen

b) **Passives Wahlrecht:**
= das Recht, gewählt zu werden

33 Welche Voraussetzungen muss ein Bürger erfüllen, damit er das aktive und passive Wahlrecht in Anspruch nehmen kann?

a) Er muss am Wahltag mindestens 18 Jahre alt sein.

b) Ihm darf das Wahlrecht nicht durch Richterspruch aberkannt worden sein.

c) Er muss die deutsche Staatsangehörigkeit besitzen (für **Kommunal**wahlen die eines EU-Mitgliedsstaates).

d) Er darf wegen geistiger Behinderung nicht entmündigt oder unter Pflegschaft gestellt sein.

e) Er muss seit mindestens 3 Monaten seinen Hauptwohnsitz im Wahlgebiet haben.

34 Ein demokratischer Staat ermöglicht seinen Bürgern demokratische Wahlen.

Nennen Sie die Grundsätze einer demokratischen Wahl.

Demokratische Wahlgrundsätze:

Demokratische Wahlen sind:

a) **Allgemein,** d. h., **jeder,** der das aktive Wahlrecht besitzt, kann wählen, und jeder der das passive Wahlrecht besitzt, kann gewählt werden. Das Wahlrecht darf nicht auf bestimmte Bevölkerungsgruppen beschränkt werden.

b) **Frei,** d. h., es darf kein Wahlzwang und keine sonstige unzulässige Beeinflussung der Wähler ausgeübt werden.

c) **Gleich,** d. h., jeder Wähler hat die gleiche Stimmenzahl.

d) **Geheim,** d. h., der Wahlvorgang muss so sein, dass er nicht von anderen beobachtet werden kann.

e) **Unmittelbar,** d. h., jeder Wähler wählt den Abgeordneten direkt und nicht über Wahlmänner.

35 Welche Mehrheiten können bei einer Wahl gefordert werden?

a) **Einfache oder relative Mehrheit:**
Gewählt ist, wer die meisten Stimmen erhalten hat.

b) **Absolute Mehrheit:**
Gewählt ist, wer mehr als 50 % der Stimmen erhalten hat.

c) **Qualifizierte Mehrheit:**
Gewählt ist, wer einen bestimmten Stimmenanteil, z. B. zwei Drittel oder drei Viertel, der Stimmen erhalten hat.

36 Erklären Sie folgende Wahlsysteme:

a) Mehrheitswahl
b) Verhältniswahl
c) Mischwahl

a) **Mehrheitswahl:**
Mehrere **Kandidaten** stehen zur Wahl. Gewählt ist, wer die meisten Stimmen erhält. Stimmen, die die Verlierer erhalten haben, zählen nicht.

b) **Verhältniswahl:**
Mehrere **Parteien** stehen über **Parteilisten** zur Wahl. Die Zahl der Abgeordneten einer Partei entspricht ihrem prozentualen Stimmenanteil. Jede Stimme zählt.   →

▷ *Fortsetzung der Antwort* ▷

c) **Mischwahl:**
Die Mischwahl ist eine Kombination aus Mehrheitswahl und Verhältniswahl.

37 Nennen Sie jeweils einen Vor- und Nachteil der Mehrheitswahl.

a) **Vorteile:**
– klare Mehrheitsbildung
– Persönlichkeitswahl
– keine Splitterparteien
b) **Nachteile:**
– Neue Parteien haben wenig Chancen.
– Auf Verlierer entfallene Stimmen zählen nicht.

38 Nennen Sie jeweils einen Vor- und Nachteil der Verhältniswahl.

a) **Vorteile:**
– Jede Stimme zählt.
– Große Auswahl an Parteien.
b) **Nachteile:**
– Splitterparteien sind möglich.
– Es werden keine Einzelpersonen, sondern Personengruppen über Parteilisten gewählt.

39 Wodurch wird in der Bundesrepublik Deutschland verhindert, dass Splitterparteien im Parlament vertreten sind?

Splitterparteien werden durch die 5-%-Hürde verhindert, d. h., Parteien müssen mindestens 5 % der Zweitstimmen erhalten oder drei Direktmandate erreichen.

40 Warum wird bei Bundestagswahlen nach dem Mischwahlsystem gewählt?

Der Bundestag wird mithilfe des Mischwahlsystems gewählt, um die Vorteile von Mehrheitswahl und Verhältniswahl miteinander zu verbinden und deren Nachteile auszuschließen.

41 Wie viele Stimmen hat ein Wähler bei der Bundestagswahl zur Verfügung?

Jeder Wähler hat zwei Stimmen.
a) **1 Erststimme** für den Direktkandidaten (Mehrheitswahl)
b) **1 Zweitstimme*)** für die Landesliste einer Partei (Verhältniswahl)

---

*) Entscheidend für die Sitzverteilung im Parlament ist die Zahl der Zweitstimmen, die auf eine Partei entfallen.

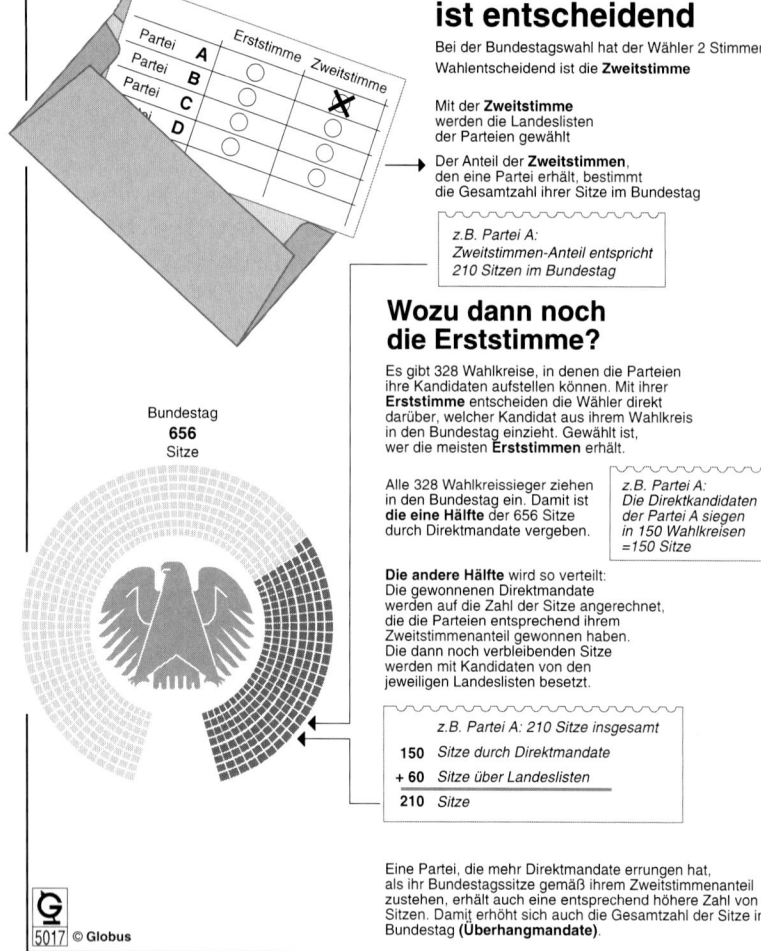

Die Zweitstimme ist entscheidend

Bei der Bundestagswahl hat der Wähler 2 Stimmen
Wahlentscheidend ist die **Zweitstimme**

Mit der **Zweitstimme**
werden die Landeslisten
der Parteien gewählt

Der Anteil der **Zweitstimmen**,
den eine Partei erhält, bestimmt
die Gesamtzahl ihrer Sitze im Bundestag

z.B. Partei A:
Zweitstimmen-Anteil entspricht
210 Sitzen im Bundestag

Wozu dann noch die Erststimme?

Es gibt 328 Wahlkreise, in denen die Parteien
ihre Kandidaten aufstellen können. Mit ihrer
Erststimme entscheiden die Wähler direkt
darüber, welcher Kandidat aus ihrem Wahlkreis
in den Bundestag einzieht. Gewählt ist,
wer die meisten **Erststimmen** erhält.

Alle 328 Wahlkreissieger ziehen
in den Bundestag ein. Damit ist
die eine Hälfte der 656 Sitze
durch Direktmandate vergeben.

z.B. Partei A:
Die Direktkandidaten
der Partei A siegen
in 150 Wahlkreisen
=150 Sitze

Die andere Hälfte wird so verteilt:
Die gewonnenen Direktmandate
werden auf die Zahl der Sitze angerechnet,
die die Parteien entsprechend ihrem
Zweitstimmenanteil gewonnen haben.
Die dann noch verbleibenden Sitze
werden mit Kandidaten von den
jeweiligen Landeslisten besetzt.

Bundestag
656
Sitze

z.B. Partei A: 210 Sitze insgesamt	
150	*Sitze durch Direktmandate*
+ 60	*Sitze über Landeslisten*
210	*Sitze*

Eine Partei, die mehr Direktmandate errungen hat,
als ihr Bundestagssitze gemäß ihrem Zweitstimmenanteil
zustehen, erhält auch eine entsprechend höhere Zahl von
Sitzen. Damit erhöht sich auch die Gesamtzahl der Sitze im
Bundestag **(Überhangmandate)**.

G
5017 © Globus

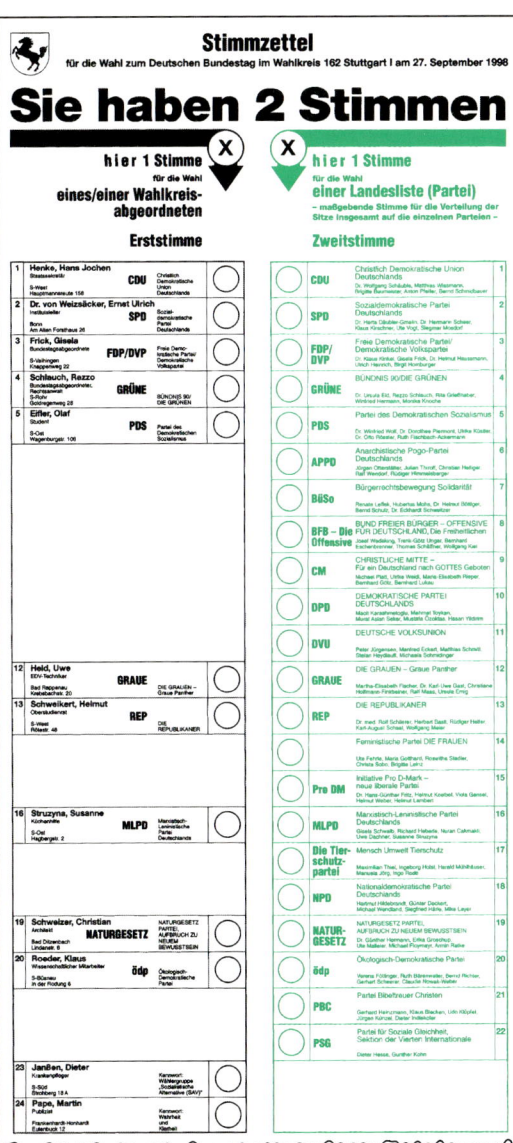

Stimmzettel
für die Wahl zum Deutschen Bundestag im Wahlkreis 162 Stuttgart I am 27. September 1998

Sie haben 2 Stimmen

hier 1 Stimme (X)
für die Wahl
eines/einer Wahlkreis-abgeordneten

(X) **hier 1 Stimme**
für die Wahl
einer Landesliste (Partei)
– maßgebende Stimme für die Verteilung der Sitze insgesamt auf die einzelnen Parteien –

Erststimme

Zweitstimme

■ Andere Möglichkeiten der Willensäußerung

42 Welche Vor- und Nachteile haben Bürgerinitiativen?
Nennen Sie jeweils zwei Beispiele.

a) **Vorteile:**
 – Direkte Mitwirkung am demokratischen Willensbildungs- und Entscheidungsprozess.
 – Staatliche Stellen werden kontrolliert.
 – Abbau von Vorurteilen durch die Zusammenarbeit mehrerer Schichten der Bevölkerung.
 – Keine dauerhafte Bindung (wie bei Parteien) nötig.

b) **Nachteile:**
 – Ziel ist oft nur das Wohl einer kleinen Gruppe und nicht das Gemeinwohl.
 – Manchmal sind Bürgerinitiativen ein Deckmantel für politische Extremisten, die staatliche Stellen diffamieren wollen.
 – Manche Bürgerinitiativen wollen bestimmte Projekte (z. B. Baumaßnahmen) nur verhindern, ohne Alternativen zu zeigen.

43 Welche Ziele werden mit der Durchführung von Demonstrationen verfolgt?

Die Aufmerksamkeit der Öffentlichkeit soll auf bestimmte politische Zustände gelenkt werden (oft mithilfe der Massenmedien). Dabei soll eine Änderung herbeigeführt werden.

44 Das Demonstrationsrecht wird durch das Grundgesetz garantiert. Dennoch müssen im Interesse der Allgemeinheit bestimmte Auflagen beachtet werden.
Nennen Sie drei solcher Auflagen.

a) Demonstrationen müssen 48 Stunden zuvor angemeldet werden.
b) Waffen sind verboten.
c) Vermummungen sind verboten.
d) Der Polizei ist Folge zu leisten.
e) Der Veranstalter muss genannt werden.

45 Was versteht man unter dem Petitionsrecht?

Petitionsrecht:
Nach Artikel 17 GG hat jeder Bürger das Recht, sich einzeln oder in der Gemeinschaft mit anderen schriftlich mit   →

▷ *Fortsetzung der Antwort* ▷

Bitten oder Beschwerden an die zuständigen Behörden und an die Volksvertretung zu wenden.

46 **Warum schreiben zahlreiche Bürger Leserbriefe an Tageszeitungen, Illustrierte und Nachrichtenmagazine?**

Leserbriefe:
Für viele Bürger ist der Leserbrief die einzige Möglichkeit, ihre Meinung zu aktuellen Fragen (Lob, Anregungen oder Kritik) einer breiten Öffentlichkeit mitzuteilen.

3 Gewaltenteilung im parlamentarischen System

1 **Nennen Sie fünf wichtige Merkmale des parlamentarischen Regierungssystems der Bundesrepublik Deutschland.**

a) Das Parlament, der Deutsche Bundestag, wird nach demokratischen Regeln gewählt.
b) Der Bundeskanzler wird vom Parlament gewählt.
c) Ohne absolute Parlamentsmehrheit ist eine Wahl des Bundeskanzlers nicht möglich.
(Ausnahme: Art. 63 Absatz 4 GG)
d) Die Auswahl der Minister erfolgt durch den Bundeskanzler.
e) Die Regierung (Exekutive) wird durch das Parlament (Legislative) kontrolliert.
f) An der Spitze der ausführenden Gewalt (Exekutive) stehen der Bundespräsident als Staatsoberhaupt und die Bundesregierung.
g) Die Bundesregierung muss sich vor dem Bundestag verantworten.

2 **Nennen Sie die Staatsorgane der Bundesrepublik Deutschland.**

Staatsorgane der Bundesrepublik Deutschland:
a) der Bundestag
b) der Bundesrat
c) der Bundespräsident
d) die Bundesregierung
e) das Bundesverfassungsgericht und die obersten Bundesgerichte
f) die Bundesversammlung

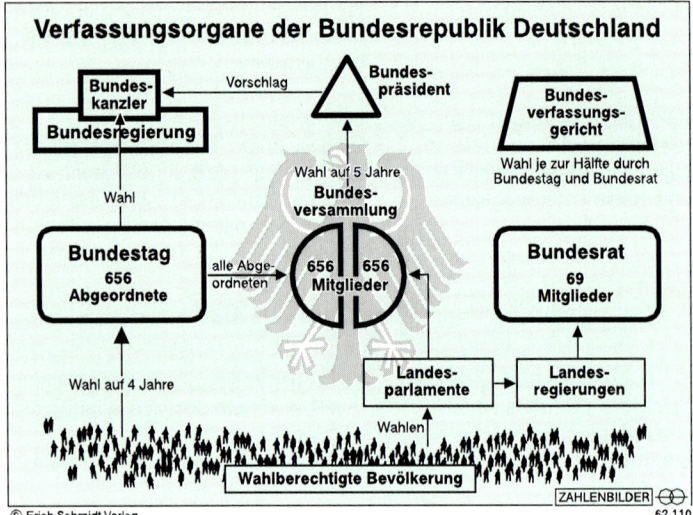

Verfassungsorgane der Bundesrepublik Deutschland

© Erich Schmidt Verlag

ZAHLENBILDER

62 110

---

3 Wie wird in der Bundesrepublik Deutschland die staatliche Macht kontrolliert?

a) **Gewaltenteilung**

b) **Herrschaft auf Zeit** (z. B. beträgt die Legislaturperiode des Bundestages 4 Jahre)

c) **Unabhängige Richter**, d. h., Richter unterliegen bei ihren Entscheidungen keinen Anweisungen, sie sind lediglich an Recht und Gesetz gebunden

d) **Verfassungsbeschwerden** beim Bundesverfassungsgericht sind durch jeden Bürger möglich

e) **Normenkontrollverfahren**, d. h., das Verfassungsgericht überprüft, auf Antrag der Bundesregierung, einer Landesregierung oder eines Drittels der Mitglieder des Bundestages, ob ein Gesetz gegen die Verfassung verstößt

f) **Rechtsstaatsprinzip**, d. h., alle Staatsorgane sind an Recht und Gesetz gebunden

4 In der Demokratie herrscht Gewaltenteilung.
Welche Gewalten werden unterschieden?

a) **Exekutive** = ausführende Gewalt
b) **Legislative** = gesetzgebende Gewalt
c) **Judikative** = rechtsprechende Gewalt

5 Durch welche Bundesorgane wird die Gewaltenteilung auf Bundesebene wahrgenommen?

a) **Exekutive:**
  – Bundespräsident
  – Bundesregierung (Bundeskanzler und Bundesminister)
  – Bundesverwaltung
b) **Legislative:**
  – Bundestag
  – Bundesrat
c) **Judikative:**
  – Bundesverfassungsgericht
  – Oberste Gerichtshöfe des Bundes
  – Bundesgerichte

6 Zeigen Sie am Beispiel des Bundestages, wie die gesetzgebende Gewalt die ausführende Gewalt kontrollieren kann.

Der Bundestag
a) kann Untersuchungsausschüsse einsetzen
b) kann durch ein konstruktives Misstrauensvotum einen anderen Bundeskanzler wählen
c) kann Anfragen an die Bundesregierung richten
d) beschließt den Haushalt und kontrolliert somit die Finanzen

7 Erklären Sie folgende Begriffe:
a) horizontale Gewaltenteilung
b) vertikale Gewaltenteilung

a) **Horizontale Gewaltenteilung:**
Die Staatsgewalt ist auf der gleichen Ebene geteilt.
Zum Beispiel:
  – Bundestag und Bundesrat (Legislative)
  – Bundesregierung und Bundespräsident (Exekutive)
  – Bundesverfassungsgericht (Judikative)
b) **Vertikale Gewaltenteilung:**
Die Staatsgewalt ist auf verschiedene Ebenen aufgeteilt.
Zum Beispiel:
  – Bundesregierung
  – Länderregierungen
  – Landkreise und Gemeinden

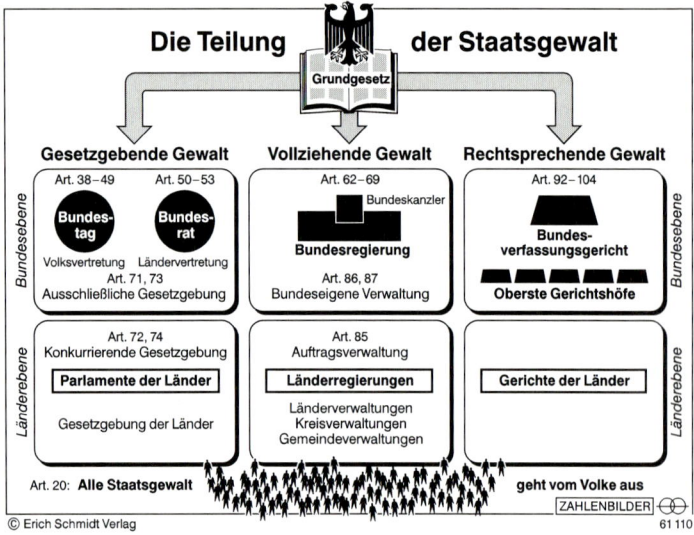

Die Teilung der Staatsgewalt

Grundgesetz

Gesetzgebende Gewalt | Vollziehende Gewalt | Rechtsprechende Gewalt

Art. 38–49 / Art. 50–53

Bundestag / **Bundesrat**

Volksvertretung / Ländervertretung
Ausschließliche Gesetzgebung

Art. 62–69

Bundeskanzler

Bundesregierung

Art. 86, 87
Bundeseigene Verwaltung

Art. 92–104

Bundes-verfassungsgericht

Oberste Gerichtshöfe

Bundesebene

Art. 72, 74
Konkurrierende Gesetzgebung

Parlamente der Länder

Gesetzgebung der Länder

Art. 85
Auftragsverwaltung

Länderregierungen

Länderverwaltungen
Kreisverwaltungen
Gemeindeverwaltungen

Gerichte der Länder

Länderebene

Art. 20: **Alle Staatsgewalt** ... **geht vom Volke aus**

ZAHLENBILDER

© Erich Schmidt Verlag

61 110

■ **Bundestag**
Schaubild (1)

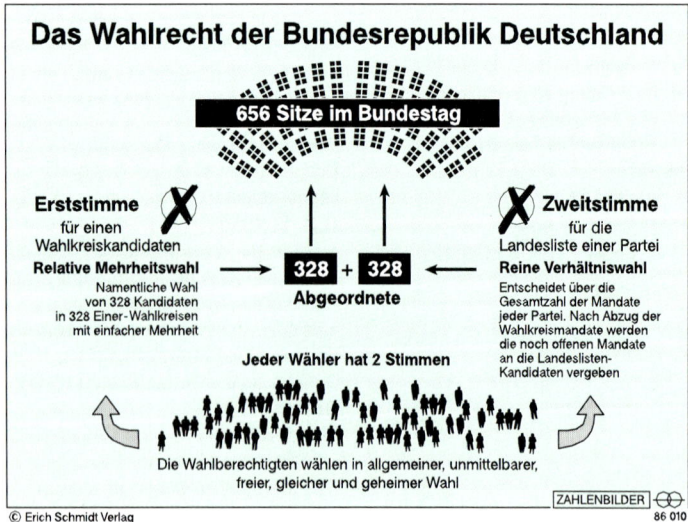

Das Wahlrecht der Bundesrepublik Deutschland

656 Sitze im Bundestag

Erststimme ✗
für einen
Wahlkreiskandidaten
Relative Mehrheitswahl
Namentliche Wahl
von 328 Kandidaten
in 328 Einer-Wahlkreisen
mit einfacher Mehrheit

328 + 328
Abgeordnete

✗ **Zweitstimme**
für die
Landesliste einer Partei
Reine Verhältniswahl
Entscheidet über die
Gesamtzahl der Mandate
jeder Partei. Nach Abzug der
Wahlkreismandate werden
die noch offenen Mandate
an die Landeslisten-
Kandidaten vergeben

Jeder Wähler hat 2 Stimmen

Die Wahlberechtigten wählen in allgemeiner, unmittelbarer,
freier, gleicher und geheimer Wahl

ZAHLENBILDER

© Erich Schmidt Verlag

86 010

Schaubild (2)

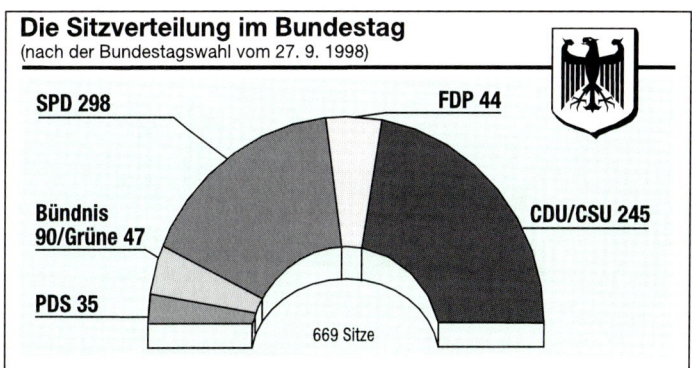

Die Sitzverteilung im Bundestag
(nach der Bundestagswahl vom 27. 9. 1998)

SPD 298   FDP 44

Bündnis
90/Grüne 47   CDU/CSU 245

PDS 35

669 Sitze

8 Vergleichen Sie die abgebildeten Schaubilder (1) (S. 58) und (2).
Nach Schaubild (1) hat der gesamtdeutsche Bundestag 656 Sitze.
Schaubild (2) zeigt, dass nach der Wahl vom 27. September 1998 669 Abgeordnete im Bundestag sitzen.
Wie kann der Unterschied von 13 Abgeordneten erklärt werden?

Bei der Sitzverteilung mussten sechzehn Überhangmandate berücksichtigt werden.

9 Erklären Sie folgende Begriffe:

a) Fraktion
b) Koalition
c) Opposition

a) **Fraktion:**
Die parlamentarische Vertretung einer Partei oder Parteiengemeinschaft nennt man Fraktion.

b) **Koalition:**
Den Zusammenschluss von zwei oder mehr Fraktionen zur Bildung einer regierungsfähigen Mehrheit im Parlament nennt man Koalition.

c) **Opposition:**
Die parlamentarische Opposition wird von den Abgeordneten gebildet, die nicht an der Regierungsbildung beteiligt sind.

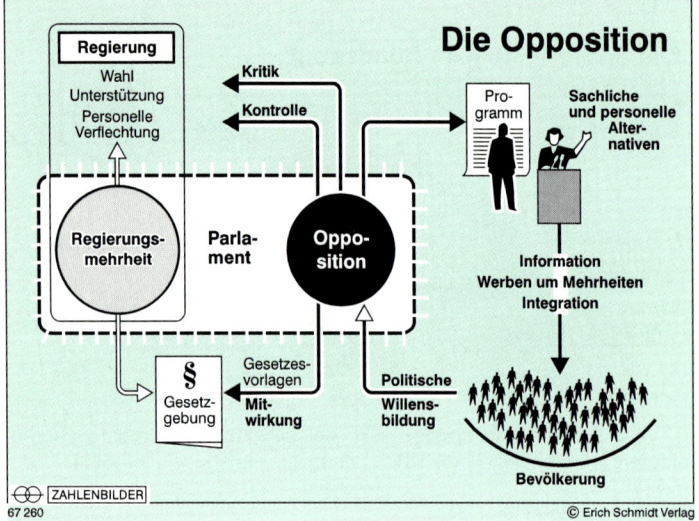

Die Opposition

Regierung

Wahl
Unterstützung
Personelle
Verflechtung

Kritik

Kontrolle

Pro-gramm

Sachliche
und personelle
Alter-nativen

Regierungs-mehrheit

Parla-ment

Oppo-sition

Information
Werben um Mehrheiten
Integration

§
Gesetz-gebung

Gesetzes-vorlagen
Mit-wirkung

Politische
Willens-bildung

Bevölkerung

ZAHLENBILDER

67 260

© Erich Schmidt Verlag

---

10 Die Opposition ist ein wichtiger Bestandteil der parlamentarischen Demokratie.

a) Welche Hauptaufgabe hat die Opposition?

b) Welche Mittel stehen der Opposition zur Erfüllung ihrer Aufgaben zur Verfügung?

Nennen Sie zwei Mittel.

a) Hauptaufgabe der Opposition ist die **Kontrolle der Regierung.**

b) **Mittel der Opposition:**
   – Rededuelle im Bundestag
   – Untersuchungsausschüsse
   – Verfassungsklage gegen Maßnahmen und Gesetze der Regierung
   – konstruktives Misstrauensvotum (= Abwahl des regierenden Bundeskanzlers bei gleichzeitiger Wahl eines neuen Bundeskanzlers)
   – große und kleine Anfragen
   – Anträge mit eigenen (alternativen) Gesetzesvorschlägen

---

11 Welche Aufgaben hat der Deutsche Bundestag?

Nennen Sie vier Aufgaben.

a) Wahl des Bundeskanzlers
b) Verabschiedung (Beschluss) des Bundeshaushalts
c) Verabschiedung (Beschluss) von Gesetzen   →

▷ *Fortsetzung der Antwort* ▷

d) Ratifizierung (Genehmigung) von völkerrechtlichen Verträgen mit anderen Staaten
e) Kontrolle der Regierung
f) Bildung von Untersuchungsausschüssen
g) Mitwirkung bei der Wahl der Bundesrichter
h) Mitwirkung bei der Wahl des Bundespräsidenten (der Deutsche Bundestag stellt 50 % der Mitglieder der Bundesversammlung)
i) Wahl des Bundestagspräsidenten

12 Welche Aufgaben hat der Bundestagspräsident?
Nennen Sie vier Aufgaben.

Der Bundestagspräsident:
a) ist Vorsitzender des deutschen Bundestages
b) leitet die Plenarsitzungen (gerecht und unparteiisch)
c) vertritt den Bundestag nach außen
d) übt das Hausrecht und die Polizeigewalt im Deutschen Bundestag aus (GG Art. 40 Abs. 2)
e) regelt die Geschäfte des Bundestages
f) kann einem Abgeordneten das Wort erteilen, das Wort entziehen und ihm eine Rüge erteilen (Ordnungsgewalt)
g) eröffnet, beendet und unterbricht Bundestagssitzungen

13 Damit der Deutsche Bundestag funktionsfähig und seine Abgeordneten unabhängig bleiben, sind im GG Sonderrechte für Abgeordnete verankert.
Welche Sonderrechte haben Abgeordnete?
Nennen Sie drei Beispiele.

a) **Immunität:**
= Schutz des Abgeordneten vor behördlicher Strafverfolgung (kann vom Parlament aufgehoben werden)
b) **Indemnität:**
= Straflosigkeit für Äußerungen eines Abgeordneten im Parlament (Ausnahme: verleumderische Beleidigungen)
c) **Zeugnisverweigerungsrecht:**
= Abgeordnete sind berechtigt, Aussagen über Personen zu verweigern, die ihnen in ihrer Eigenschaft als Abgeordnete Tatsachen anvertraut haben. →

▷ *Fortsetzung der Antwort* ▷

d) Ansprüche der Abgeordneten:
- Abgeordnete haben Anspruch auf Entschädigung für ihre Tätigkeit (Diäten).
- Abgeordnete haben das Recht auf freie Benutzung aller staatlichen Verkehrsmittel.
- Arbeitnehmer, die Abgeordnete werden wollen, haben Anspruch auf Urlaub zur Vorbereitung der Wahl.
- Einem Arbeitnehmer darf nicht gekündigt werden, weil er das Amt eines Abgeordneten übernehmen will.

14 **Um die Bundestags-abgeordneten über spezielle politische Aufgabenbereiche zu beraten und zu informieren, bildet der Deutsche Bundestag Ausschüsse.**

Nennen Sie vier ständige Ausschüsse.

a) Ausschuss für Wahlprüfung, Immunität und Geschäftsordnung
b) Petitionsausschuss
c) Auswärtiger Ausschuss
d) Innenausschuss
e) Sportausschuss
f) Rechtsausschuss
g) Finanzausschuss
h) Haushaltsausschuss
u. a.

15 **Wer bildet den Ältestenrat des deutschen Bundestages?**

a) der Bundestagspräsident
b) die Vizepräsidenten
c) die von den Fraktionen benannten Mitglieder

16 **Welche Aufgabe hat der Ältestenrat des Deutschen Bundestages?**

Der Ältestenrat soll den Bundestagspräsidenten bei der Führung der Geschäfte unterstützen (z. B. Festlegung der Sitzungstermine und Tagesordnungen).

17 **Erläutern Sie, was man unter einer kleinen Anfrage im Bundestag versteht.**

Kleine Anfragen:
a) werden an die Bundesregierung gerichtet, um Auskunft über bestimmte Tatsachen zu erhalten
b) bedürfen der Unterschrift von mindestens 15 Abgeordneten
c) beantwortet die Bundesregierung schriftlich

18 Erläutern Sie, was man unter einer großen Anfrage im Bundestag versteht.

Große Anfragen:

a) Sie werden schriftlich von einer Fraktion oder mindestens 33 Abgeordneten an die Bundesregierung gerichtet.

b) Sie verpflichten die Bundesregierung, mitzuteilen, ob und wann sie zu ihrer Beantwortung bereit ist.

c) Sie kommen auf Verlangen von mindestens 33 Abgeordneten auf die Tagesordnung der Bundestagssitzung, wenn die Bundesregierung keine Antwort erteilt.

d) Wenn 33 Abgeordnete es verlangen, schließt sich an die Antwort der Bundesregierung eine Aussprache an.

e) Im Rahmen der Aussprache können Anträge gestellt werden, wenn 33 Abgeordnete dies unterstützen.

f) Über die Anträge wird abgestimmt.

■ Bundesrat

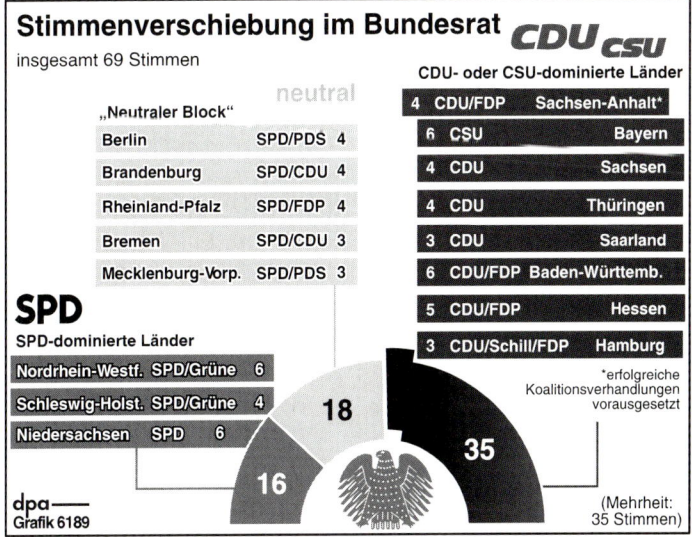

Stimmenverschiebung im Bundesrat

insgesamt 69 Stimmen

CDU CSU

„Neutraler Block"   *neutral*

Berlin	SPD/PDS	4
Brandenburg	SPD/CDU	4
Rheinland-Pfalz	SPD/FDP	4
Bremen	SPD/CDU	3
Mecklenburg-Vorp.	SPD/PDS	3

CDU- oder CSU-dominierte Länder

4	CDU/FDP	Sachsen-Anhalt*
6	CSU	Bayern
4	CDU	Sachsen
4	CDU	Thüringen
3	CDU	Saarland
6	CDU/FDP	Baden-Württemb.
5	CDU/FDP	Hessen
3	CDU/Schill/FDP	Hamburg

*erfolgreiche Koalitionsverhandlungen vorausgesetzt

SPD

SPD-dominierte Länder

Nordrhein-Westf.	SPD/Grüne	6
Schleswig-Holst.	SPD/Grüne	4
Niedersachsen	SPD	6

18

35

16

(Mehrheit: 35 Stimmen)

dpa——
Grafik 6189

19 Welche Aufgaben hat der Bundesrat?

Nennen Sie zwei Aufgaben.

a) Mitwirkung bei der Gesetzgebung (als wichtigste Aufgabe)
b) Mitwirkung bei der Verwaltung
c) Mitwirkung bei der Wahl der Mitglieder des Bundesverfassungsgerichts

20 Wer hat das Recht zur Gesetzesinitiative (Einbringung von Gesetzesvorschlägen) im Deutschen Bundestag?

a) Bundesrat
b) Bundesregierung
c) Bundestagsabgeordnete (jedoch nur in Fraktionsstärke)

21 Welche drei Arten von Gesetzen können unterschieden werden?

a) **Verfassungsändernde Gesetze:** Zu ihrer Verabschiedung ist eine Zweidrittelmehrheit in Bundesrat und Bundestag erforderlich.
b) **Nicht zustimmungspflichtige Gesetze:** Sie können auch nach Zurückweisung im Bundesrat durch erneuten Beschluss des Bundestages gültig werden.
c) **Zustimmungspflichtige Gesetze:** Bei einer endgültigen Ablehnung durch den Bundesrat sind diese Gesetze gescheitert.

22 Welche Hauptfunktion hat der Bundesrat?

Durch den **Bundesrat** wirken die Bundesländer bei der Gesetzgebung und Verwaltung des Bundes mit. Der Bundesrat bringt die Interessen der Länder im Bund zur Geltung.

23 Die Bundesratsmitglieder werden von den Landesregierungen entsandt.

Wovon hängt die Zahl der Bundesratsmitglieder ab, die auf ein Bundesland entfallen?

Die Zahl der Bundesratsmitglieder hängt von der jeweiligen Einwohnerzahl ab.

Artikel 51 Abs. 2 GG	
Einwohnerzahl	Stimmen im Bundesrat
mehr als 7 Millionen	6
mehr als 6 Millionen	5
mehr als 2 Millionen	4
weniger als 2 Mio.	3

Eine Übersicht aller Bundesländer mit Stimmzahl im Bundesrat finden Sie unter Frage 60 auf S. 80.

24 **Für welchen Zeitraum wählt der Bundesrat seinen Präsidenten?**

a) auf 1 Jahr (Art. 52 Abs. 1 GG)
b) Turnusmäßig wird jedes Jahr der Ministerpräsident eines anderen Bundeslandes zum Bundesratspräsidenten gewählt.

25 **Welche Aufgaben hat der Bundesratspräsident?**

Der Bundesratspräsident
a) ist befugt, den Bundesrat einzuberufen
b) leitet die Sitzungen des Bundesrats
c) vertritt den Bundespräsidenten

26 **Wie fasst der Bundesrat seine Beschlüsse?**

a) In Vollversammlungen, regelmäßig mit mindestens der Mehrheit seiner gesetzlichen Stimmenzahl.
b) Die Zustimmung zu verfassungsändernden Gesetzen erfordert die Mehrheit von $2/3$ der Mitglieder.

27 **Wie stimmen die Vertreter der Länder im Bundesrat ab?**

Einheitlich, d. h. die Stimmen eines Landes können nur zusammen abgegeben werden, entsprechend den Beschlüssen der jeweiligen Landesregierung.

28 **Wie entsteht ein Bundesgesetz?**

Lösung ▶
siehe Seite 66.

29 **Wie ist der Vermittlungsausschuss zusammengesetzt?**

Bundestag und Bundesrat entsenden je 16 Mitglieder in den **Vermittlungsausschuss**.

30 **Welche Aufgaben hat der Vermittlungsausschuss?**

Können sich Bundestag und Bundesrat nicht über den Inhalt eines Gesetzes einigen, dann versucht der Vermittlungsausschuss, einen Kompromiss zu finden.

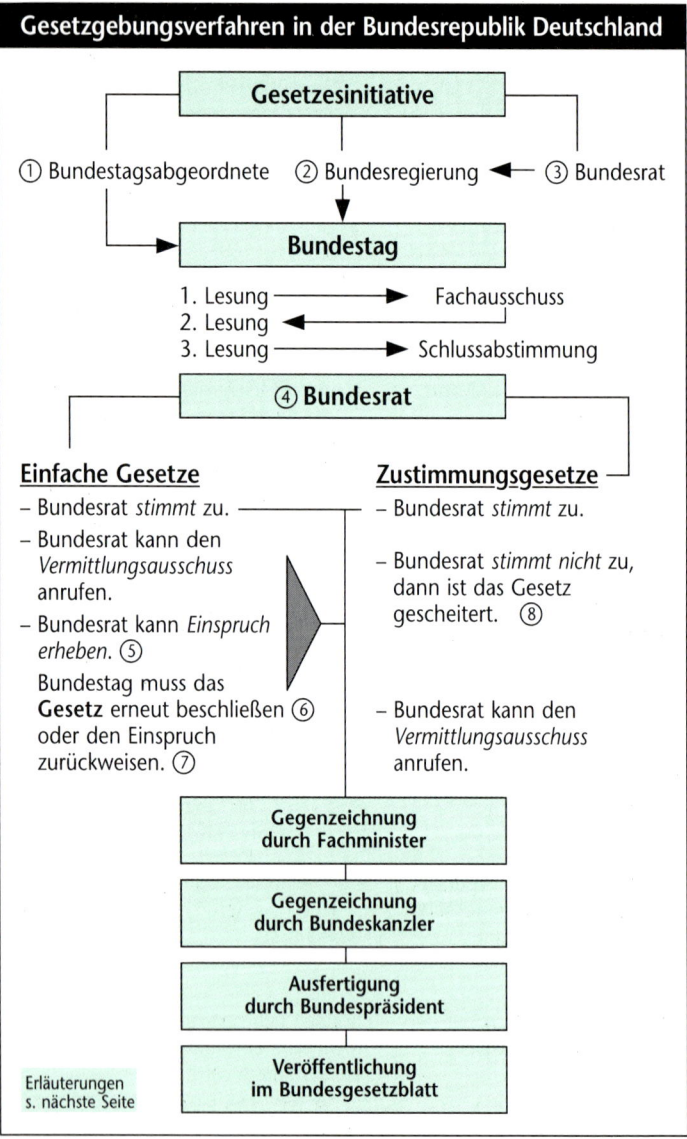

Gesetzgebungsverfahren in der Bundesrepublik Deutschland

Gesetzesinitiative

① Bundestagsabgeordnete   ② Bundesregierung ◄ ③ Bundesrat

Bundestag

1. Lesung ⟶ Fachausschuss
2. Lesung ◄
3. Lesung ⟶ Schlussabstimmung

④ Bundesrat

Einfache Gesetze

– Bundesrat *stimmt* zu.

– Bundesrat kann den *Vermittlungsausschuss* anrufen.

– Bundesrat kann *Einspruch erheben*. ⑤

 Bundestag muss das **Gesetz** erneut beschließen ⑥ oder den Einspruch zurückweisen. ⑦

Zustimmungsgesetze

– Bundesrat *stimmt* zu.

– Bundesrat *stimmt nicht* zu, dann ist das Gesetz gescheitert. ⑧

– Bundesrat kann den *Vermittlungsausschuss* anrufen.

Gegenzeichnung durch Fachminister

Gegenzeichnung durch Bundeskanzler

Ausfertigung durch Bundespräsident

Veröffentlichung im Bundesgesetzblatt

Erläuterungen s. nächste Seite

Erläuterungen zum Gesetzgebungsverfahren von S. 66

① Eine Gesetzesinitiative ist durch die Bundestagsabgeordneten nur in Fraktionsstärke oder von mindestens 5 % aller Abgeordneten (zurzeit 34) zu erwirken.

② Die Bundesregierung kann ein Gesetz erst nach erfolgter **Stellungnahme des Bundesrates** einbringen. Sie hat dabei das Recht auf Gegenäußerung.

③ Die Gesetzentwürfe des Bundesrates werden **über die Bundesregierung** eingebracht. Diese kann dazu eine Stellungnahme abgeben.

④ Nach Ausschussberatungen erfolgt Schlussabstimmung.

⑤ Sofern das Vermittlungsverfahren abgeschlossen ist.

⑥ Wenn der Vermittlungsausschuss eine Änderung oder Aufhebung des Gesetzes empfiehlt.

⑦ Ein Einspruch des Bundesrates kann vom Bundestag mit gleicher Stimmenmehrheit zurückgewiesen werden.

⑧ Sofern nicht Bundestag oder Bundesrat den Vermittlungsausschuss anrufen.

■ **Bundesregierung**

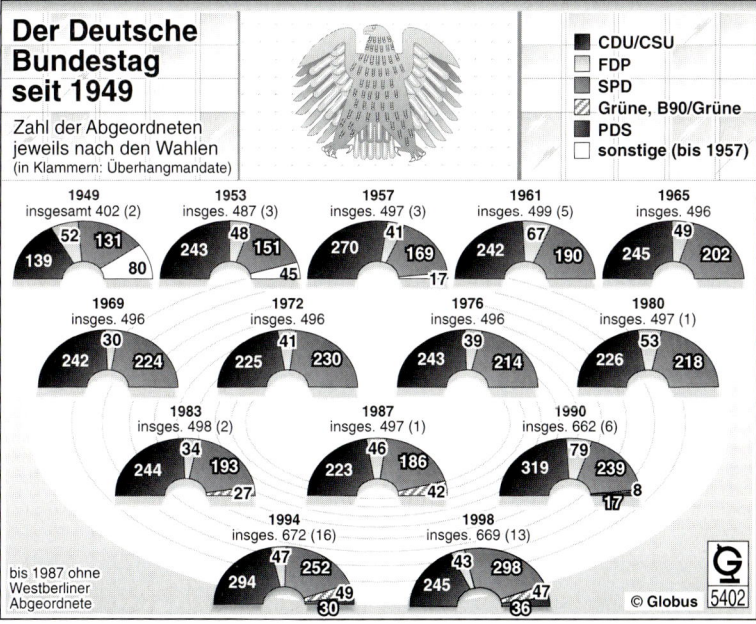

Der Deutsche Bundestag seit 1949

Zahl der Abgeordneten jeweils nach den Wahlen
(in Klammern: Überhangmandate)

■ CDU/CSU
□ FDP
▨ SPD
▨ Grüne, B90/Grüne
■ PDS
□ sonstige (bis 1957)

bis 1987 ohne Westberliner Abgeordnete

© Globus 5402

31 **Bundeskanzler Helmut Kohl wurde im Oktober 1982 mithilfe des konstruktiven Misstrauensvotums in sein Amt gewählt.**
Erklären Sie diesen Vorgang.

Der Deutsche Bundestag kann einen Bundeskanzler abwählen, indem er mit der Mehrheit seiner Mitglieder einen neuen Bundeskanzler wählt.

32 Die Abbildungen ① bis ⑦ auf der nebenstehenden Seite zeigen die Bundeskanzler der Bundesrepublik Deutschland von 1949 bis heute.

Nennen Sie a) den Namen, b) die Jahre der Kanzlerschaft und c) die Partei des jeweiligen Bundeskanzlers.

① a) Konrad Adenauer
   b) 1949–1963
   c) CDU
② a) Ludwig Ehrhard
   b) 1963–1966
   c) CDU
③ a) Kurt Georg Kiesinger
   b) 1966–1969
   c) CDU
④ a) Willy Brandt
   b) 1969–1974
   c) SPD
⑤ a) Helmut Schmidt
   b) 1974–1982
   c) SPD
⑥ a) Helmut Kohl
   b) 1982–1998
   c) CDU
⑦ a) Gerhard Schröder
   b) 1998 bis heute
   c) SPD

33 Die Bundesregierung besteht aus dem Bundeskanzler und den Bundesministern.

Nennen Sie fünf Bundesministerien.

a) Auswärtiges Amt
b) Bundesinnenministerium
c) Bundesfinanzministerium
d) Bundesjustizministerium
e) Bundesverteidigungsministerium
f) Bundesministerium für Arbeit und Sozialordnung
g) Bundesministerium für Bildung und Forschung
h) Bundesministerium für Verbraucherschutz, Ernährung und Landwirtschaft
i) Bundesministerium für Familie, Senioren, Frauen und Jugend
j) Bundesgesundheitsministerium
k) Bundesministerium für Umwelt, Naturschutz und Reaktorsicherheit
l) Bundesministerium für Verkehr, Bau- und Wohnungswesen
m) Bundesministerium für Wirtschaft und Technologie
n) Bundesministerium für wirtschaftliche Zusammenarbeit und Entwicklung

Die Bundeskanzler der Bundesrepublik Deutschland von 1949 bis heute

34 Wer leitet die Bundes-regierung?

der Bundeskanzler

35 Wie kommen die Bundes-minister ins Amt?

Sie werden vom Bundespräsidenten er-nannt, auf Vorschlag des Bundeskanzlers.

36 Müssen die Bundes-minister durch den Bundestag bestätigt werden?

Nein, auch ihre Entlassung wird auf Vorschlag des Bundeskanzlers vom Bundespräsidenten ausgesprochen (Art. 64 Abs. 1 GG).

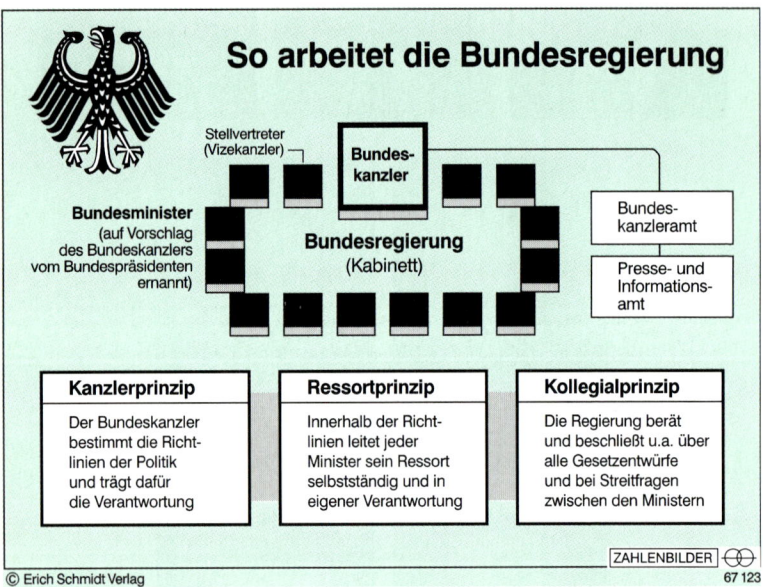

So arbeitet die Bundesregierung

Stellvertreter (Vizekanzler)

Bundes-kanzler

Bundesminister (auf Vorschlag des Bundeskanzlers vom Bundespräsidenten ernannt)

Bundesregierung (Kabinett)

Bundes-kanzleramt

Presse- und Informations-amt

Kanzlerprinzip	**Ressortprinzip**	**Kollegialprinzip**
Der Bundeskanzler bestimmt die Richt-linien der Politik und trägt dafür die Verantwortung	Innerhalb der Richt-linien leitet jeder Minister sein Ressort selbstständig und in eigener Verantwortung	Die Regierung berät und beschließt u.a. über alle Gesetzentwürfe und bei Streitfragen zwischen den Ministern

ZAHLENBILDER

© Erich Schmidt Verlag   67 123

37 Erläutern Sie, was man unter dem Kanzlerprinzip versteht.

a) Der Bundeskanzler bestimmt die Richtlinien der Politik (so genannte Richtlinienkompetenz) und ist dafür verantwortlich.
b) Der Bundeskanzler ist den Bundes-ministern übergeordnet.
c) Die Bundesminister müssen den Bundeskanzler ständig über Vorhaben und Maßnahmen innerhalb ihres Aufgabenbereichs informieren.

38 Wodurch ist die starke Position des Bundeskanzlers gekennzeichnet?

Der Bundeskanzler
a) hat die Richtlinienkompetenz
b) legt die Größe des Kabinetts fest
c) wählt die Bundesminister aus
d) muss einverstanden sein, wenn ein Bundesminister sein Amt verlieren soll
e) leitet die Geschäfte der Bundesregierung
f) hat im Verteidigungsfall den Oberbefehl über die Bundeswehr
g) kann während der Legislaturperiode nur durch ein konstruktives Misstrauensvotum gestürzt werden

■ Bundespräsident

39 Der Bundespräsident ist das Staatsoberhaupt der Bundesrepublik Deutschland.
a) Von welchem Bundesorgan wird der Bundespräsident gewählt?
b) Wie setzt sich dieses Bundesorgan zusammen?
c) Wie lange dauert die Amtszeit des Bundespräsidenten?

a) **Bundesversammlung**
b) Die Bundesversammlung besteht aus allen Mitgliedern des Deutschen Bundestages und einer gleichen Anzahl von Mitgliedern, die von den Volksvertretern der Länder nach den Grundsätzen der Verhältniswahl gewählt werden (Art. 54 Abs. 3 GG).
c) Der Bundespräsident wird für eine fünfjährige Amtszeit gewählt; einmalige Wiederwahl ist möglich.

40 Welche Aufgaben hat der Bundespräsident?
Nennen Sie drei Aufgaben.

a) völkerrechtliche Vertretung der Bundesrepublik Deutschland (im Einvernehmen mit dem Bundeskanzler)
b) Ernennung der Bundesminister
c) Ernennung und Entlassung der Bundesbeamten, Bundesrichter und Offiziere
d) Verkündigung des Verteidigungsfalles
e) Auflösung des Bundestages

Die Bundespräsidenten der Bundesrepublik Deutschland von 1949 bis heute

41 **Wer ist der Stellvertreter des Bundespräsidenten?**

Der Präsident des Bundesrates

42 **Die Abbildungen ① bis ⑧ auf der vorhergehenden Seite zeigen die Bundespräsidenten der Bundesrepublik Deutschland von 1949 bis heute.**

Nennen Sie a) den Namen und b) die Jahre der Präsidentschaft des jeweiligen Bundespräsidenten.

① a) Theodor Heuss
   b) 1949–1959
② a) Heinrich Lübke
   b) 1959–1969
③ a) Gustav Heinemann
   b) 1969–1974
④ a) Walter Scheel
   b) 1974–1979
⑤ a) Karl Carstens
   b) 1979–1984
⑥ a) Richard von Weizsäcker
   b) 1984–1994
⑦ a) Roman Herzog
   b) 1994–1999
⑧ a) Johannes Rau
   b) 1999 bis heute

■ **Bundesverfassungsgericht als Wahrer der Rechtsstaatlichkeit**

43 **Welche Stellung hat das Bundesverfassungsgericht in unserem Staat?**

§ 1 Abs. 1 BVerfGG*):
Das Bundesverfassungsgericht ist ein allen übrigen Verfassungsorganen gegenüber selbstständiger und unabhängiger Gerichtshof des Bundes.

44 **In welcher Stadt hat das Bundesverfassungsgericht seinen Sitz?**

in Karlsruhe

45 **Wie ist das Bundesverfassungsgericht aufgebaut?**

Das Bundesverfassungsgericht besteht aus **zwei Senaten** mit jeweils acht Richtern. An der Spitze des Bundesverfassungsgerichts stehen der **Präsident** und sein **Stellvertreter**. Sie sind zugleich jeweils Vorsitzende eines Senats.

---

*) Gesetz über das Bundesverfassungsgericht

Das Bundesverfassungsgericht

Präsident/in
zugleich Vorsitzende/r
eines Senats

Vizepräsident/in
zugleich Vorsitzende/r
eines Senats

Erster Senat

Zweiter Senat

wählt die Hälfte
der Richter
jedes Senats

Das Bundesverfassungsgericht
entscheidet unter anderem
- über Verfassungsbeschwerden
- über Streitigkeiten zwischen Bundes-
  organen oder zwischen Bund und Ländern
- über die Vereinbarkeit von Bundes-
  oder Landesrecht mit dem Grundgesetz
- über die Verfassungswidrigkeit von Parteien

wählt die Hälfte
der Richter
jedes Senats

*Wahlausschuss
des Deutschen
Bundestages*
12 Mitglieder

Bundesrat

ZAHLENBILDER

© Erich Schmidt Verlag   129 015

46 Wer wählt den Präsidenten des Bundesverfassungsgerichts und seinen Stellvertreter?

Der Präsident und sein Stellvertreter werden im Wechsel vom Bundestag*) und vom Bundesrat gewählt.

47 Wer wählt die übrigen Richter der zwei Senate des Bundesverfassungsgerichts?

Die übrigen Richter der zwei Senate werden jeweils zur Hälfte vom Bundestag*) und vom Bundesrat gewählt.

48 Von wem werden die gewählten Verfassungsrichter ernannt?

vom Bundespräsidenten

---

*) Der Bundestag wählt die von ihm zu berufenden Verfassungsrichter indirekt durch einen aus zwölf Bundestagsmitgliedern bestehenden Wahlmännerausschuss.

49 **Wofür ist das Bundes-verfassungsgericht zuständig?**

Nennen Sie fünf Zuständig-keiten.

Die Zuständigkeiten des Bundesverfassungsgerichts sind im GG festgelegt. Es entscheidet unter anderem über
a) die Verwirkung von Grundrechten
b) die Verfassungswidrigkeit von Parteien
c) Beschwerden gegen Entscheidungen des Bundestages
d) Anklagen des Bundestages oder Bundesrates gegen den Bundes-präsidenten
e) die Auslegung des GG
f) Verfassungsbeschwerden von jeder-mann wegen Verletzung der Grund-rechte durch die staatliche Gewalt

50 **Was versteht man unter Normenkontrolle?**

Normenkontrolle:
Das Bundesverfassungsgericht überprüft, ob Gesetze mit dem Grundgesetz über-einstimmen. Das Verfahren wird in Gang gesetzt durch die Vorlage eines Gerich-tes, des Bundestages, des Bundesrates, der Bundesregierung oder einer Landes-regierung.

51 **Woran erkennt man einen Rechtsstaat?**

Nennen Sie drei Merkmale.

a) Grundrechte
b) Gewaltenteilung
c) unabhängige Richter
d) Regierung und Verwaltung sind an Gesetze gebunden
e) die Machtausübung ist zeitlich begrenzt (Wahlen)
f) keine rückwirkenden Gesetze

52 **Erklären Sie folgende Begriffe:**
a) Petitionsrecht
b) Klagerecht

a) **Petitionsrecht:**
Art. 17 GG: Jedermann hat das Recht, sich einzeln oder in Gemeinschaft mit anderen schriftlich mit Bitten oder Beschwerden an die zuständigen Stellen und an die Volksvertretung zu wenden.   →

▷ *Fortsetzung der Antwort* ▷

b) Klagerecht:
Fühlt sich ein Bürger durch Entscheidungen einer Behörde nicht richtig behandelt, so kann er vor Gericht klagen.

53 **Was kann ein Bürger unternehmen, dessen Rechte durch den Staat verletzt werden?**

Jeder Bürger, der sich durch staatliche Maßnahmen oder Gesetze in einem seiner Grundrechte verletzt fühlt, kann sich direkt an das Bundesverfassungsgericht wenden und **Verfassungsbeschwerde** einlegen. Sie ist kostenlos und kann ohne Rechtsanwalt eingereicht werden. Allerdings muss vorher der Rechtsweg ausgeschöpft werden.
Artikel 19 Absatz 4 GG:
Wird jemand durch die öffentliche Gewalt in seinen Rechten verletzt, so steht ihm der Rechtsweg offen.

54 **Erläutern Sie, was man unter der Notstandsverfassung versteht.**

Die **Notstandsverfassung** tritt im *Verteidigungsfall* in Kraft, wenn der Bundestag nicht mehr in der Lage ist, in Berlin zusammenzutreten.
Die Aufgaben des Bundestages übernimmt in diesem Fall der *Gemeinsame Ausschuss.* Dieses „Notparlament" besteht zu zwei Dritteln aus Abgeordneten des Bundestags und zu einem Drittel aus Mitgliedern des Bundesrats. Jedes der 16 Bundesländer darf nur 1 Mitglied entsenden, der Bundestag 32. Insgesamt besteht der Gemeinsame Ausschuss aus 48 Mitgliedern.

■ **Föderalismus**

55 **Die Bundesrepublik Deutschland ist ein föderalistischer Staat.**
Erklären Sie diese Aussage.

Die Bundesrepublik Deutschland ist ein **Bundesstaat** und besteht aus **16 Bundesländern.**

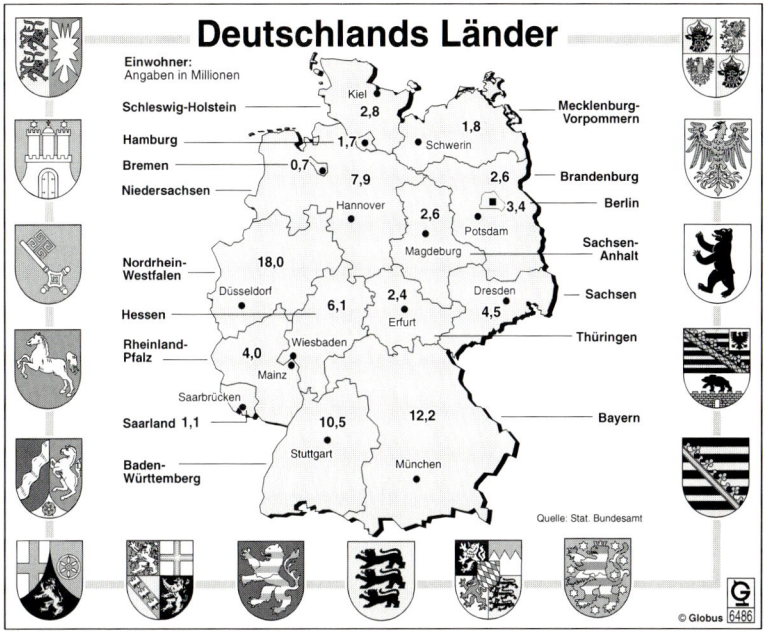

Deutschlands Länder

Einwohner:
Angaben in Millionen

Schleswig-Holstein — Kiel 2,8
Mecklenburg-Vorpommern — 1,8 • Schwerin
Hamburg — 1,7
Bremen — 0,7
Niedersachsen — 7,9 • Hannover
Brandenburg — 2,6
Berlin — 3,4 • Potsdam
2,6 • Magdeburg
Sachsen-Anhalt
Nordrhein-Westfalen — 18,0 • Düsseldorf
Sachsen — Dresden
Hessen — 6,1
2,4 • Erfurt 4,5
Thüringen
Rheinland-Pfalz — 4,0 Wiesbaden •
• Mainz
Saarbrücken
Saarland 1,1
Bayern — 12,2
10,5 • Stuttgart
München
Baden-Württemberg

Quelle: Stat. Bundesamt

© Globus 6486

56 Nennen Sie jeweils zwei Staaten, die
a) dem Föderalismus und
b) dem Zentralismus
zuzuordnen sind.

a) **Föderalismus (Bundesstaaten):**
  – Bundesrepublik Deutschland
  – Schweiz
  – Indien
  – USA

b) **Zentralismus (Zentralstaaten):**
  – Frankreich
  – Deutschland unter Hitler
  – frühere DDR

57 Nennen Sie je zwei Argumente, die
a) für einen föderalistischen Staat,
b) für einen zentralistischen Staat
sprechen.

a) **Vorteile*) des Föderalismus:**
  – Neben der horizontalen besteht auch eine vertikale Gewaltenteilung.
  – Es herrscht politischer Wettbewerb.
  – Machtmissbrauch wird verhindert.
  – Bei der Gesetzgebung können kulturelle und landsmannschaftliche Besonderheiten besser berücksichtigt werden.   →

▷ *Fortsetzung der Antwort* ▷

b) **Vorteile*) des Zentralismus:**
  - Es werden Kosten gespart, da keine Landesparlamente und Länderregierungen unterhalten werden müssen.
  - keine Unübersichtlichkeit durch verschiedene Machtzentren (z. B. verschiedene Schulabschlüsse durch Kulturhoheit der Bundesländer)
  - kein verlangsamter Entscheidungsprozess

58 **Für welche Staaten ist der Zentralismus typisch?**
Begründen Sie Ihre Antwort.

Der Zentralismus ist typisch für totalitäre Staaten (Diktaturen), weil so alle Macht besser in der Hand des Herrschenden (oder der Herrschenden) konzentriert werden kann. Es gibt aber auch Ausnahmen. Z.B. ist Frankreich eine Demokratie und trotzdem, aufgrund seiner geschichtlichen Entwicklung, ein Zentralstaat.

---

*) Anmerkung: Die Vorteile des Zentralstaates sind gleichzeitig die Nachteile des Föderalismus und umgekehrt.

59 Die nachfolgende Karte zeigt die Bundesländer der Bundesrepublik Deutschland.

a) Benennen Sie die mit den Zahlen ① bis ⑯ gekennzeichneten Bundesländer.

b) Nennen Sie bei den Flächenstaaten zusätzlich die Hauptstädte; sie sind jeweils durch einen farbigen Punkt (•) gekennzeichnet.

c) Nennen Sie die mit den Großbuchstaben Ⓐ bis Ⓘ gekennzeichneten Nachbarstaaten Deutschlands.

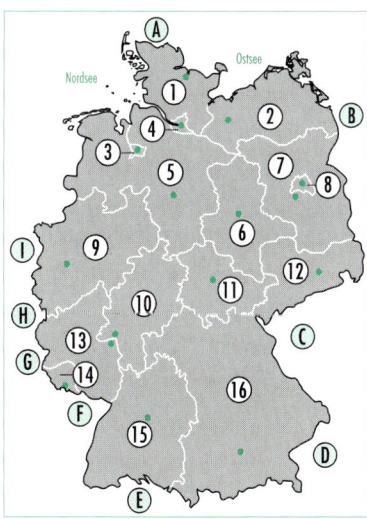

① a) *Schleswig-Holstein*
   b) Kiel
② a) *Mecklenburg-Vorpommern*
   b) Schwerin
③ a) *Bremen*
   b) Stadtstaat
④ a) *Hamburg*
   b) Stadtstaat
⑤ a) *Niedersachsen*
   b) Hannover
⑥ a) *Sachsen-Anhalt*
   b) Magdeburg
⑦ a) *Brandenburg*
   b) Potsdam
⑧ a) *Berlin*
   b) Stadtstaat
⑨ a) *Nordrhein-Westfalen*
   b) Düsseldorf
⑩ a) *Hessen*
   b) Wiesbaden
⑪ a) *Thüringen*
   b) Erfurt
⑫ a) *Sachsen*
   b) Dresden
⑬ a) *Rheinland-Pfalz*
   b) Mainz
⑭ a) *Saarland*
   b) Saarbrücken
⑮ a) *Baden-Württemberg*
   b) Stuttgart
⑯ a) *Bayern*
   b) München

c) **Nachbarstaaten:**
Ⓐ Dänemark
Ⓑ Polen
Ⓒ Tschechien
Ⓓ Österreich
Ⓔ Schweiz
Ⓕ Frankreich
Ⓖ Luxemburg
Ⓗ Belgien
Ⓘ Niederlande

60 a) Zählen Sie die Bundesländer der Bundesrepublik Deutschland in
der Reihenfolge auf, die der Bedeutung ihrer Einwohnerzahl entspricht
(das bevölkerungsreichste Bundesland an erster Stelle).

b) Ordnen Sie den Bundesländern die ihnen zustehenden Stimmen im
Bundesrat zu.

Rangfolge nach der Einwohner- zahl	Bundesland	Einwohner- zahl (in Millionen)	Zahl der Stimmen im Bundes- rat
1.	Nordrhein-Westfalen	18,01	6
2.	Bayern	12,21	6
3.	Baden-Württemberg	10,51	6
4.	Niedersachsen	7,92	6
5.	Hessen	6,06	5
6.	Sachsen	4,43	4
7.	Rheinland-Pfalz	4,03	4
8.	Berlin	3,38	4
9.	Schleswig-Holstein	2,79	4
10.	Sachsen-Anhalt	2,62	4
11.	Brandenburg	2,60	4
12.	Thüringen	2,44	4
13.	Mecklenburg-Vorpommern	1,78	3
14.	Hamburg	1,71	3
15.	Saarland	1,07	3
16.	Bremen	0,66	3
BUNDESREPUBLIK DEUTSCHLAND		82,22	69

Stand: 1. 1. 2001

61 Wie setzen sich die
Regierungen der Bundes-
länder zusammen?

a) Aus den Ministerpräsidenten und einer
je nach Bundesland unterschiedlichen
Anzahl von Landesministern

b) in den Bundesländern Hamburg
und Bremen aus einem Ersten
Bürgermeister und den Senatoren

c) in Berlin aus dem Regierenden
Bürgermeister und den Senatoren

62 Welche Aufgaben hat der Ministerpräsident?

Nennen Sie drei Aufgaben.

a) Er legt die Richtlinien der Landespolitik fest.
b) Er vertritt sein Bundesland nach außen (auch bei Staatsbesuchen im Ausland).
c) Er ernennt die Beamten und Richter des Landes.
d) Er übt das Gnadenrecht aus.

63 Welche Aufgaben haben die Landesparlamente der einzelnen Bundesländer?

Die Landesparlamente
a) beschließen Landesgesetze
b) kontrollieren die Landesregierung
c) wählen den Ministerpräsidenten (Senatspräsidenten in Bremen, Erster Bürgermeister in Hamburg, Regierender Bürgermeister in Berlin)
d) wählen den Landtagspräsidenten (je nach Bundesland sind andere Bezeichnungen in Gebrauch)
e) wählen den Verfassungsgerichtshof (Staatsgerichtshof)

64 a) In welchem Bereich haben ausschließlich die einzelnen Bundesländer das Recht zur Gesetzgebung?

b) Unterscheiden Sie zwischen der konkurrierenden Gesetzgebung und der Rahmengesetzgebung des Bundes.

a) Auf dem Gebiet von Wissenschaft, Kunst und Schulen haben die Länder die **ausschließliche Gesetzgebungsbefugnis.**

b) **Konkurrierende Gesetzgebung:** So lange der Bund keine Gesetze erlässt, haben die Länder in diesem Bereich das Recht zur Gesetzgebung. In fast allen Bereichen der konkurrierenden Gesetzgebung hat der Bund inzwischen von seinem Gesetzgebungsrecht Gebrauch gemacht.
Beispiele: Strafvollzug, Umweltschutz.

Rahmengesetzgebung des Bundes: Der Bund gibt den Rahmen vor, innerhalb dem die Länder ihre Gesetze erlassen können.
Beispiele: Presserecht, Jagdrecht.

■ **Gemeinden und Kreise**

65 **Wo stehen die Gemeinden im Staatsaufbau?**

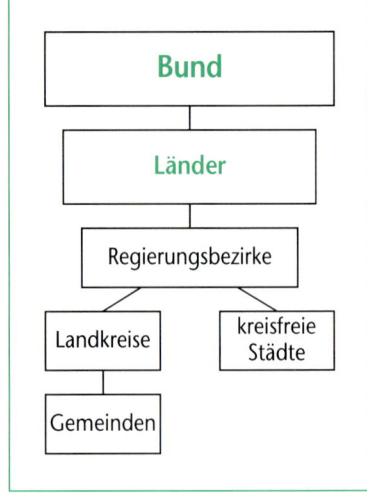

Die Bundesrepublik Deutschland gliedert sich in 16 Bundesländer. Die Länder sind in Regierungsbezirke unterteilt. Die nächste Ebene sind die Landkreise. Ihnen sind die größeren, so genannten kreisfreien Städte gleichgestellt. Die Landkreise wiederum bestehen aus unterschiedlich vielen Gemeinden.

66 **Zählen Sie mindestens fünf Gemeindeämter auf.**

a) Hauptamt
b) Ordnungsamt
c) Wirtschaftsamt
d) Stadtkasse
e) Bauamt
f) Kulturamt
g) Schul- und Sportamt
h) Einwohnermeldeamt
i) Standesamt
j) Jugendamt
k) Sozialamt

67 Welcher Unterschied besteht zwischen dem Einwohner einer Gemeinde und dem Bürger einer Gemeinde?

a) **Einwohner** ist jeder, der seinen Wohnsitz in der Gemeinde hat.
b) **Bürger** ist, wer folgende Voraussetzungen erfüllt:
   – Wohnsitz in der Gemeinde für eine bestimmte Zeit (in Baden-Württemberg z. B. 6 Monate)
   – Vollendung des 18. Lebensjahres
   – deutsche Staatsangehörigkeit oder die eines EU-Mitgliedsstaates

68 Nennen Sie je zwei Rechte und zwei Pflichten eines Gemeindebürgers.

a) **Rechte:**
   – Wahlrecht
   – Teilnahme an Bürgerversammlungen usw.
   – Teilnahme an Bürgerentscheiden usw.
b) **Pflichten:**
   – ehrenamtliche Tätigkeiten wie z. B. Wahlhelfer, Schöffe usw.
   – Bezahlung von kommunalen Steuern

69 Die Aufgaben der Gemeinden gliedern sich in

a) freiwillige Aufgaben
b) Pflichtaufgaben
c) Weisungsaufgaben

Geben Sie jeweils drei Beispiele an.

a) **Freiwillige Aufgaben:**
   – Bau und Unterhaltung von Turnhallen, Schwimmbädern usw.
   – Bau von Jugendhäusern, Theatern, Museen, Parkanlagen
   – Einrichten von Büchereien
   – Unterstützen von Vereinen
b) **Pflichtaufgaben:**
   – Schulhausbau
   – Feuerwehr
   – Abwasserbeseitigung
   – Friedhof
   – Bau und Unterhaltung von Gemeindestraßen
c) **Weisungsaufgaben:**
   – Ausstellung von Lohnsteuerkarten
   – Mithilfe bei Bundes- und Landtagswahlen
   – Führen des Standesamtes und des Einwohnermeldeamtes

70 Was versteht man unter dem Gemeindehaushalt?	Die Gegenüberstellung von Einnahmen und Ausgaben einer Gemeinde in einem Haushaltsplan wird als Gemeindehaushalt bezeichnet.

71 Über welche Einnahmequellen verfügen die Gemeinden?

a) Steuern
b) Gebühren und Beiträge
c) Gewinne aus Gemeindebetrieben
d) Zuschüsse des Landes und des Bundes

72 In den einzelnen Bundesländern bestehen unterschiedliche Gemeindeverfassungen.
Erläutern Sie die nachfolgenden Abbildungen und geben Sie jeweils 2 Bundesländer an, deren Gemeindeaufbau dem jeweiligen Schaubild entspricht.

a) Süddeutsche Ratsverfassung

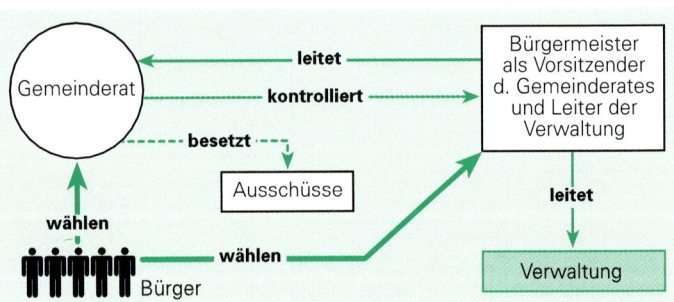

Die Bürger wählen bei Kommunalwahlen den Gemeinderat (Stadtrat) und an einem anderen Wahltermin den Bürgermeister (bzw. Oberbürgermeister). Nur bei diesem Modell wird der Bürgermeister direkt von der Bevölkerung gewählt. Dieser hat eine sehr starke Stellung. Er führt den Vorsitz im Stadtrat und hat dort auch ein Stimmrecht, ruft ihn ein und leitet die Sitzungen. Außerdem ist er der Chef der Gemeindeverwaltung.
Beispiele: Baden-Württemberg, Bayern.   →

b) Norddeutsche Ratsverfassung

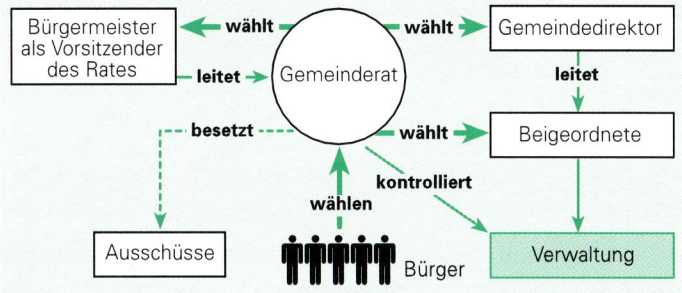

Hier wählen die Bürger den Gemeinderat (Stadtrat). Dieser wählt dann seinerseits einen Bürgermeister. Der Bürgermeister ist der Vorsitzende des Gemeinderats und repräsentiert die Gemeinde. Außerdem wählt der Gemeinderat einen Gemeindedirektor (Stadtdirektor), von dem die Verwaltung geleitet wird. Bei dieser Form hat der Gemeinderat eine sehr starke Stellung.
Beispiele: Nordrhein-Westfalen, Niedersachsen.

c) Bürgermeisterverfassung

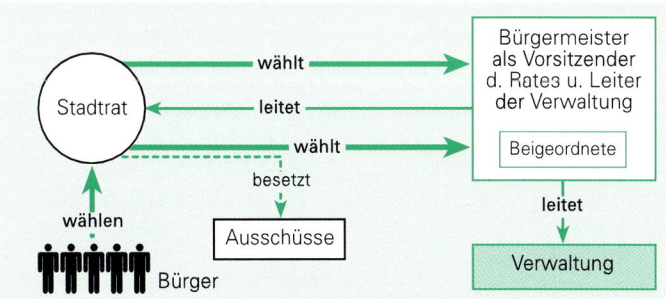

Die Bürger wählen den Stadtrat. Der wählt den Bürgermeister und die Beigeordneten. Die Beigeordneten kümmern sich um die einzelnen Verwaltungsbereiche, z. B. um Verkehrsangelegenheiten. Mit Unterstützung der Beigeordneten leitet der Bürgermeister die Verwaltung. Gleichzeitig ist der Bürgermeister auch der Vorsitzende des Gemeinderats.
Beispiele: Saarland, Rheinland-Pfalz.

→

▷ *Fortsetzung* ▷

d) Magistratsverfassung

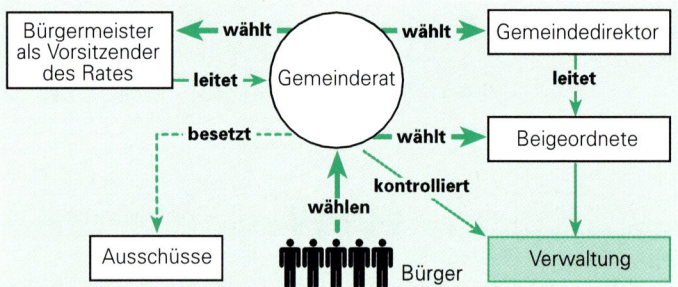

Die Bürger wählen eine Stadtverordnetenversammlung. Diese wählt den Magistrat. Der ist ein kollegiales Leitungsteam. Er besteht aus dem Bürgermeister und den Dezernenten. Die Dezernenten sind für bestimmte Bereiche der Verwaltung zuständig, z. B. Verkehrsangelegenheiten.
Bei diesem Typ sind Verwaltung und Volksvertretung am stärksten voneinander getrennt.
Beispiel: Schleswig-Holstein.

Quelle: Unsere Stadt, herausgegeben von der Bundeszentrale für Politische Bildung, Bonn.

73 **Erläutern Sie, was man unter einem Kreis versteht.**	Ein **Kreis** ist eine Gebietskörperschaft, die durch den Zusammenschluss von mehreren Gemeinden gebildet wird. Er hat die Aufgabe, Einrichtungen zu schaffen, die für den Bürger notwendig sind, die aber die Finanzkraft einer einzelnen Gemeinde übersteigen würden.
74 **Wie finanzieren die Kreise ihre Aufgaben?**	a) Durch die Kreisumlage. Sie wird von den einzelnen Kreisgemeinden aufgebracht. b) Durch Finanzzuweisungen des Landes.
75 **Welche Selbstverwaltungsaufgaben haben die Kreise?** **Zählen Sie vier Aufgaben auf.**	a) Bau und Unterhaltung von Berufsschulen b) Bau und Unterhaltung von Kreisstraßen c) Denkmalschutz d) Ausbildungsförderung e) Krankenhäuser, Altenheime

76 Als staatlicher Verwaltungsbezirk müssen die Kreise Weisungsaufgaben des Staates durchführen.

Nennen Sie hierzu drei Beispiele.

a) Ausweise und Reisepässe ausstellen
b) Führerscheine ausgeben
c) Baugenehmigungen erteilen
d) Kraftfahrzeugzulassungen
e) Aufsicht über die Gemeinden, z. B. bei der Haushaltsführung

77 Der Aufbau der Kreise hängt sehr von den Kreisordnungen der einzelnen Bundesländer ab.

Welche Gemeinsamkeit ist dennoch bei allen Kreisordnungen festzustellen?

Es herrscht Gewaltenteilung, indem es ein beschließendes Organ (z. B. Kreistag) und ein ausführendes Organ (z. B. Kreisausschüsse) gibt. Die einzelnen Organe werden demokratisch gewählt.

Die Rechtsordnung der Bundesrepublik Deutschland

1 Wichtige Grundbegriffe der deutschen Rechtsordnung

1 Nennen Sie die wichtigsten Grundsätze, die für die Rechtsordnung der Bundesrepublik Deutschland gelten.

a) Grundlage für alle staatlichen Maßnahmen sind Gesetze oder Verordnungen, die von Parlamenten oder Verwaltungsbehörden erlassen worden sind.

b) Gesetze dürfen nur von den Parlamenten beschlossen werden.

c) Es herrscht Gewaltenteilung, d.h., die Staatsgewalten sind getrennt und kontrollieren sich gegenseitig.

d) Durch Grundrechte ist der Bürger vor staatlicher Willkür geschützt. Grundrechte dürfen in ihrem Wesensgehalt nicht angetastet werden. In sie darf nur aufgrund eines Gesetzes eingegriffen werden.

e) Die Richter sind unabhängig. Sie sind in ihren Entscheidungen nur dem Gesetz unterworfen.

f) Jedermann hat Anspruch auf rechtliches Gehör.

g) Eine Strafe kann nur verhängt werden, wenn gegen ein Gesetz verstoßen wurde.

h) Rückwirkende Gesetze sind unzulässig.

i) Ausnahmegerichte sind verboten.

j) Niemand darf seinem gesetzlichen Richter entzogen werden.

2 Welcher Unterschied besteht zwischen öffentlichem Recht und Privatrecht?

a) Das **öffentliche Recht** regelt die Rechtsbeziehungen zwischen dem Einzelnen und den *übergeordneten Gewalten* (z. B. Staat, Gemeinde, öffentlich-rechtliche Körperschaften). Der Einzelne muss sich den Gesetzen und Verwaltungsakten *unterordnen.* →

▷ *Fortsetzung der Antwort* ▷

Zum öffentlichen Recht gehört z. B. das Verwaltungsrecht, das Steuerrecht, das Verfassungsrecht, das Strafrecht, das Prozessrecht.

b) Im Gegensatz zum öffentlichen Recht stehen sich beim **Privatrecht** die Beteiligten *gleichgeordnet* gegenüber. Beispiele: Bürgerliches Recht, Handelsrecht.

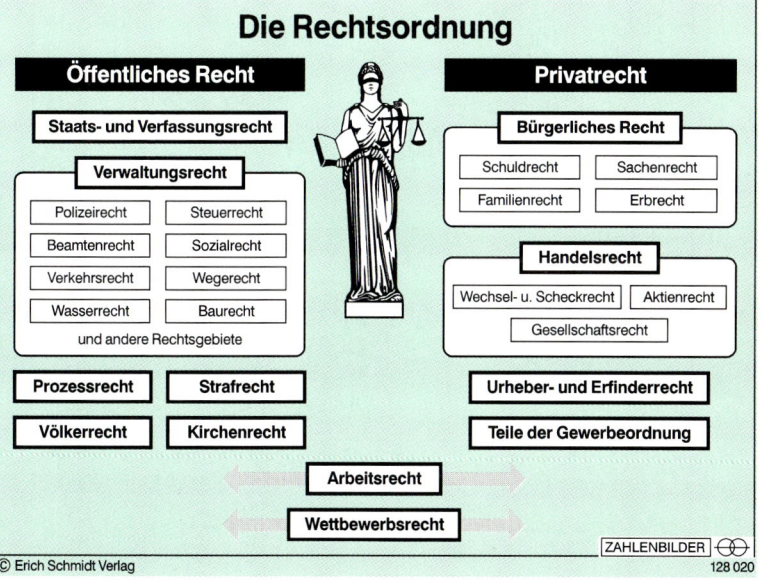

Die Rechtsordnung

Öffentliches Recht	Privatrecht

Öffentliches Recht

Staats- und Verfassungsrecht

Verwaltungsrecht

Polizeirecht	Steuerrecht
Beamtenrecht	Sozialrecht
Verkehrsrecht	Wegerecht
Wasserrecht	Baurecht

und andere Rechtsgebiete

Prozessrecht · Strafrecht
Völkerrecht · Kirchenrecht

Privatrecht

Bürgerliches Recht

Schuldrecht	Sachenrecht
Familienrecht	Erbrecht

Handelsrecht

Wechsel- u. Scheckrecht	Aktienrecht
Gesellschaftsrecht	

Urheber- und Erfinderrecht
Teile der Gewerbeordnung

Arbeitsrecht

Wettbewerbsrecht

© Erich Schmidt Verlag

ZAHLENBILDER
128 020

3 Nennen Sie die Bundesgerichte der Bundesrepublik und geben Sie an, in welcher Stadt sie ihren Sitz haben.

a) Bundesverfassungsgericht (Karlsruhe)
b) Bundesgerichtshof (Karlsruhe)
c) Bundesverwaltungsgericht (Berlin, künftig in Leipzig)
d) Bundesfinanzhof (München)
e) Bundesarbeitsgericht (Erfurt)
f) Bundessozialgericht (Kassel)

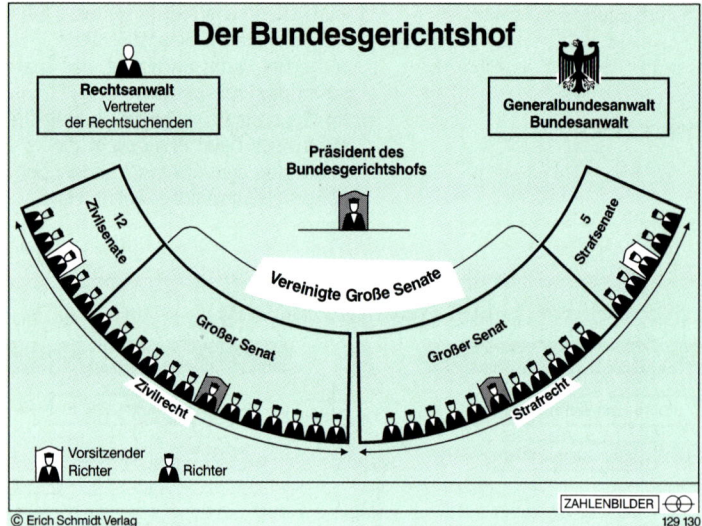

4 Unterscheiden Sie zwischen Berufung und Revision.

a) **Berufung:**
Bei einer Berufung wird das ganze Verfahren noch einmal bei einem übergeordneten Gericht durchgeführt. Neue Beweismittel können vorgelegt werden. Gegen Urteile des Amtsgerichtes kann beim Landgericht Berufung eingelegt werden. Berufungsgericht für erstinstanzliche Urteile des Landgerichts ist das Oberlandesgericht.

b) **Revision:**
Revision ist gegen Berufungsurteile möglich, z. T. kann Revision aber auch direkt ohne vorherige Berufung gegen ein Urteil eingelegt werden. Dabei wird das Verfahren nicht neu eröffnet, sondern lediglich überprüft, ob die Gesetze eventuell fehlerhaft angewendet wurden oder ob Verfahrensmängel vorgekommen sind.

5 Neben den ordentlichen Gerichten gibt es in der Bundesrepublik Deutschland besondere Gerichte.

Nennen Sie diese.

Besondere Gerichte			
Arbeits-gerichte	Verwaltungs-gerichte	Sozial-gerichte	Finanz-gerichte
zuständig für	zuständig für	zuständig für	zuständig für
Streit aus Arbeits-verhältnissen	Streit mit Behörden	Streit mit Sozialver-sicherungen	Streit mit Finanzämtern

6 Wofür sind ordentliche Gerichte zuständig?

Ordentliche Gerichte entscheiden
a) in allen Zivilsachen (Zivilgerichte)
b) ob ein Bürger gegen das Strafgesetz-buch verstoßen hat (Strafgerichte)

7 Welche Aufgabe haben die Verfassungsgerichtshöfe?

Sie entsprechen in ihrer Funktion dem Bundesverfassungsgericht, sind aber für den Bereich der jeweiligen Landes-verfassung zuständig.

2 Mahn- und Klageverfahren

1 Zahlt ein Schuldner nicht, so kann er auf Veranlassung des Gläubigers zur Zahlung aufgefordert werden.

Nennen Sie die genaue Be-zeichnung für diese gerichtli-che Zahlungsaufforderung.

Mahnbescheid

2 Bei welchem Gericht kann ein Mahnbescheid beantragt werden?

Bei dem Amtsgericht, das für den Gläubiger zuständig ist.

3 Wie kann der Gläubiger vorgehen, wenn der Mahn-bescheid vom Schuldner nicht beachtet wird?

Er kann einen **Vollstreckungsbescheid** beantragen.

4 Wie wird ein Gläubiger verfahren, wenn der Schuldner auf den Vollstreckungsbescheid nicht reagiert?

Er wird nach Ablauf der Einspruchsfrist (14 Tage) vom Gerichtsvollzieher die **Zwangsvollstreckung** durchführen lassen.

5 Wie wird die Zwangsvollstreckung durchgeführt?

Der Gerichtsvollzieher pfändet den pfändbaren Teil des Vermögens des Schuldners.

6 Wie werden die gepfändeten Gegenstände verwertet?

Die gepfändeten Gegenstände werden öffentlich versteigert, wobei der Schuldner mitsteigern darf. Den Erlös erhält bis zur Höhe seiner Forderung der Gläubiger. Eventuelle Mehrerlöse bekommt der Schuldner.

7 Welche Gegenstände sind unpfändbar?

Unpfändbar sind
a) Gegenstände, die zu einer einfachen Lebensführung erforderlich sind, wie z. B. Bett, Radio, Herd.
b) Gegenstände für die Berufsausübung, z. B. Trompete des Trompeters.
c) Teile des Einkommens.

8 Erläutern Sie folgende Begriffe:
a) Sachpfändung
b) Austauschpfändung

a) Bei einer **Sachpfändung** beschlagnahmt der Gerichtsvollzieher die zu pfändenden Gegenstände, indem er sie mitnimmt oder ein Pfandsiegel anbringt.
b) Eine **Austauschpfändung** liegt vor, wenn ein wertvoller Gegenstand gepfändet und durch einen geringwertigen ersetzt wird. Beispiel: eine teure Stereoanlage durch ein Radio.

9 Welche Wirkungen hat das Anbringen eines Pfandsiegels an einen Gegenstand durch den Gerichtsvollzieher?

1. Der Eigentümer darf nicht mehr über den Gegenstand verfügen und macht sich im Fall einer Zuwiderhandlung strafbar (Verstrickung).
2. Für den Gläubiger wird ein Pfandrecht an dem gepfändeten Gegenstand begründet (Pfändungspfandrecht).

10 Welche Möglichkeiten hat ein Gläubiger nach einer erfolglosen Zwangsvollstreckung?

Der Gläubiger kann verlangen, dass der Schuldner ein Vermögensverzeichnis aufstellt und darüber eine **eidesstattliche Versicherung** abgibt. (Eine falsche eidesstattliche Versicherung ist strafbar und kann mit einer Freiheitsstrafe geahndet werden.) Weigert sich der Schuldner, dann kann er eine **Beugehaft** beantragen.

11 Weshalb sollte jeder zugestellte Mahnbescheid vom Empfänger sehr genau überprüft werden?

Bei einem Mahnbescheid überprüft das Gericht den Antrag nur auf seine formale Richtigkeit. Ob der Anspruch des Antragstellers auch zu Recht besteht, wird nicht geprüft.

12 Wie kann ein Schuldner auf einen Mahnbescheid reagieren?

a) *Er zahlt* – das Verfahren ist beendet.
b) *Er erhebt Widerspruch* – auf Antrag wird eine Gerichtsverhandlung angesetzt.
c) *Er reagiert nicht* – der Gläubiger kann einen Vollstreckungsbescheid beantragen.

13 Welche Möglichkeiten hat ein Schuldner, um auf einen Vollstreckungsbescheid zu reagieren?

a) *Er zahlt* – das Verfahren ist beendet.
b) *Er erhebt Einspruch* – von Amts wegen wird eine Gerichtsverhandlung angesetzt.
c) *Er reagiert nicht* – der Gläubiger kann die Zwangsvollstreckung durchführen lassen.

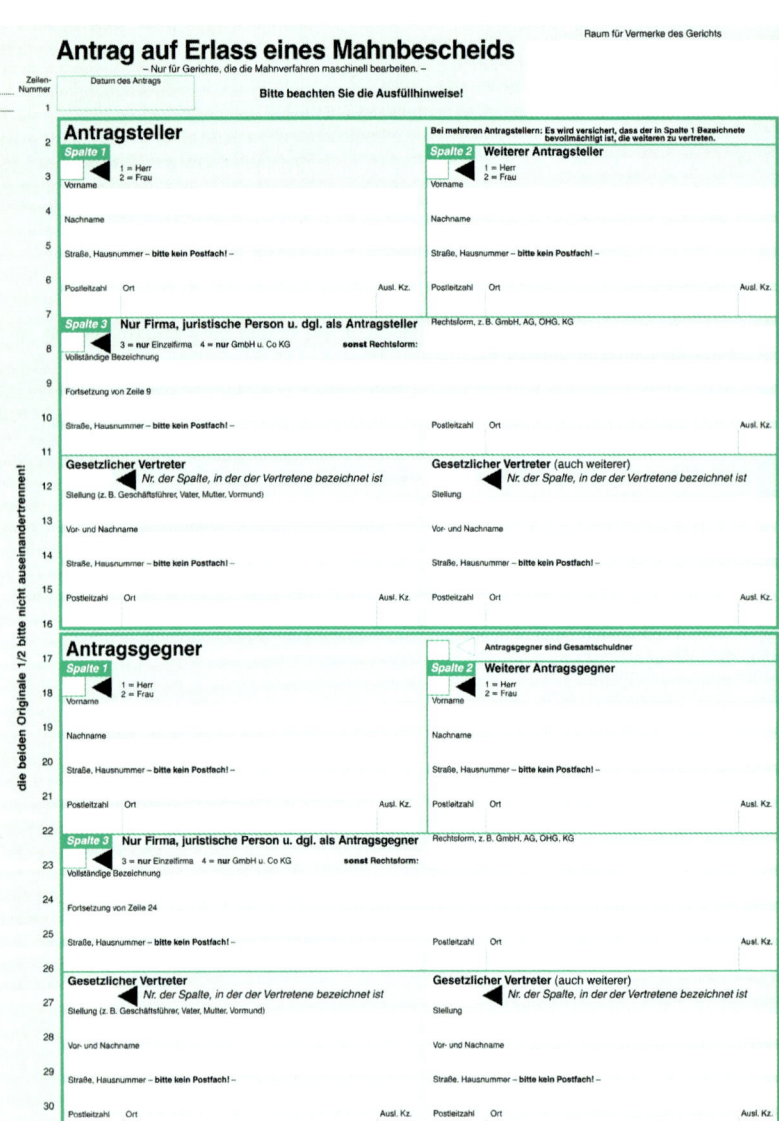

Antrag auf Erlass eines Mahnbescheids

– Nur für Gerichte, die die Mahnverfahren maschinell bearbeiten. –

Raum für Vermerke des Gerichts

Bitte beachten Sie die Ausfüllhinweise!

Zeilen-Nummer

Datum des Antrags

1

Antragsteller

Bei mehreren Antragstellern: Es wird versichert, dass der in Spalte 1 Bezeichnete bevollmächtigt ist, die weiteren zu vertreten.

Spalte 1

Spalte 2   Weiterer Antragsteller

1 = Herr
2 = Frau

Vorname

1 = Herr
2 = Frau

Vorname

Nachname

Nachname

Straße, Hausnummer – **bitte kein Postfach!** –

Straße, Hausnummer – **bitte kein Postfach!** –

Postleitzahl   Ort

Ausl. Kz.

Postleitzahl   Ort

Ausl. Kz.

Spalte 3   Nur Firma, juristische Person u. dgl. als Antragsteller

Rechtsform, z. B. GmbH, AG, OHG, KG

3 = **nur Einzelfirma**   4 = **nur GmbH u. Co KG**   **sonst Rechtsform:**

Vollständige Bezeichnung

Fortsetzung von Zeile 9

Straße, Hausnummer – **bitte kein Postfach!** –

Postleitzahl   Ort

Ausl. Kz.

Gesetzlicher Vertreter

Nr. der Spalte, in der der Vertretene bezeichnet ist

Gesetzlicher Vertreter (auch weiterer)

Nr. der Spalte, in der der Vertretene bezeichnet ist

Stellung (z. B. Geschäftsführer, Vater, Mutter, Vormund)

Stellung

Vor- und Nachname

Vor- und Nachname

Straße, Hausnummer – **bitte kein Postfach!** –

Straße, Hausnummer – **bitte kein Postfach!** –

Postleitzahl   Ort

Ausl. Kz.

Postleitzahl   Ort

Ausl. Kz.

Antragsgegner

Antragsgegner sind Gesamtschuldner

Spalte 1

Spalte 2   Weiterer Antragsgegner

1 = Herr
2 = Frau

Vorname

1 = Herr
2 = Frau

Vorname

Nachname

Nachname

Straße, Hausnummer – **bitte kein Postfach!** –

Straße, Hausnummer – **bitte kein Postfach!** –

Postleitzahl   Ort

Ausl. Kz.

Postleitzahl   Ort

Ausl. Kz.

Spalte 3   Nur Firma, juristische Person u. dgl. als Antragsgegner

Rechtsform, z. B. GmbH, AG, OHG, KG

3 = **nur Einzelfirma**   4 = **nur GmbH u. Co KG**   **sonst Rechtsform:**

Vollständige Bezeichnung

Fortsetzung von Zeile 24

Straße, Hausnummer – **bitte kein Postfach!** –

Postleitzahl   Ort

Ausl. Kz.

Gesetzlicher Vertreter

Nr. der Spalte, in der der Vertretene bezeichnet ist

Gesetzlicher Vertreter (auch weiterer)

Nr. der Spalte, in der der Vertretene bezeichnet ist

Stellung (z. B. Geschäftsführer, Vater, Mutter, Vormund)

Stellung

Vor- und Nachname

Vor- und Nachname

Straße, Hausnummer – **bitte kein Postfach!** –

Straße, Hausnummer – **bitte kein Postfach!** –

Postleitzahl   Ort

Ausl. Kz.

Postleitzahl   Ort

Ausl. Kz.

die beiden Originale 1/2 bitte nicht auseinandertrennen!

Bezeichnung des Anspruchs

I. Hauptforderung – siehe Katalog in den Hinweisen –

Katalog-Nr.	Rechnung/Aufstellung/Vertrag oder ähnliche Bezeichnung	Nr. der Rechng./des Kontos u. dgl.	Datum bzw. Zeitraum vom	bis	Betrag EUR

Zeilen-Nummer

32

33

34

Postleitzahl	Ort als Zusatz bei Katalog-Nr. 19, 20, 90	Ausl. Kz.	Vertragsart als Zusatz bei Katalog-Nr. 28	

35
-Vertrag

Sonstiger Anspruch – nur ausfüllen, wenn im Katalog nicht vorhanden – mit Vertrags-/Lieferdatum/Zeitraum vom ... bis ...

36

Fortsetzung von Zeile 36		vom	bis	Betrag EUR

37

Datum

Nur bei Abtretung oder Forderungsübergang:

38

Früherer Gläubiger – Vor- und Nachname, Firma (Kurzbezeichnung)	Postleitzahl	Ort	Seit diesem Datum ist die Forderung an den Antragsteller abgetreten/auf ihn übergegangen. Ausl. Kz.

39

IIa. Laufende Zinsen

Zeilen-Nr. der Hauptforderung	Zinssatz %	oder % über Basiszinssatz	1 = jährl. 2 = mtl. 3 = tägl.	Betrag EUR nur angeben, wenn abweichend vom Hauptforderungsbetrag.	Ab Zustellung des Mahnbescheids, wenn kein Datum angegeben. ab oder vom	bis

40

41

42

IIb. Ausgerechnete Zinsen

Gemäß dem Antragsgegner mitgeteilter Berechnung für die Zeit vom	bis	Betrag EUR

III. Auslagen des Antragstellers für dieses Verfahren

Vordruck/Porto Betrag EUR	Sonstige Auslagen Betrag EUR	Bezeichnung

43

IV. Andere Nebenforderungen

Mahnkosten Betrag EUR	Auskünfte Betrag EUR	Bankrücklastkosten Betrag EUR	Inkassokosten Betrag EUR	Sonstige Nebenforderung Betrag EUR	Bezeichnung

44

Ein streitiges Verfahren wäre durchzuführen vor dem

1 = Amtsgericht
2 = Landgericht
3 = Landgericht – KfH
6 = Amtsgericht – Familiengericht
8 = Sozialgericht

Postleitzahl Ort

in

Im Falle eines Widerspruchs beantrage ich die Durchführung des streitigen Verfahrens.

45

Prozessbevollmächtigter des Antragstellers

Ordnungsgemäße Bevollmächtigung versichere ich.

1 = Rechtsanwalt   4 = Herr, Frau
2 = Rechtsanwälte   5 = Rechtsanwältin
3 = Rechtsbeistand   6 = Rechtsanwältinnen

Vor- und Nachname

Betrag EUR

Bei Rechtsanwalt oder Rechtsbeistand. Anteile der Auslagenpauschale bzw. § 26 BRAGO werden die nebenstehenden Auslagen verlangt, deren Richtigkeit versichert wird.

Der Antragsteller ist nicht zum Vorsteuerabzug berechtigt.

46

Straße, Hausnummer – bitte kein Postfach! –

Postleitzahl Ort

Ausl. Kz.

47

Bankleitzahl   Konto-Nr.

bei der/dem

48

49

Von Kreditgebern (auch Zessionar) zusätzlich zu machende Angaben bei Anspruch aus Vertrag, für den das Verbraucherkreditgesetz oder die §§ 491 bis 504 BGB gelten:

Zeilen-Nr. der Hauptforderung	Vertragsdatum	Effektiver Jahreszins	Zeilen-Nr. der Hauptforderung	Vertragsdatum	Effektiver Jahreszins	Zeilen-Nr. der Hauptforderung	Vertragsdatum	Effektiver Jahreszins

50

Geschäftszeichen des Antragstellers/Prozessbevollmächtigten

51 .

An das Amtsgericht – Mahnabteilung –

Ich beantrage, einen Mahnbescheid zu erlassen und in diesen die Kosten des Verfahrens aufzunehmen.

Ich erkläre, dass der Anspruch von einer Gegenleistung

☐ abhängt, diese aber bereits erbracht ist.   ☐ nicht abhängt.

52

Unterschrift des Antragstellers/Vertreters/Prozessbevollmächtigten

53 Postleitzahl, Ort

die beiden Originale 1/2 bitte nicht auseinandertrennen!

© Holland + Josenhans

3 Zivilprozess

1 Wo ist der Ablauf eines Zivilprozesses geregelt?

in der Zivilprozessordnung (ZPO)

2 Wie werden die Parteien im Zivilprozess genannt?

Die Parteien im Zivilprozess sind der Kläger und der Beklagte.

3 Wodurch beginnt ein Zivilprozess?

Ein Zivilprozess beginnt mit der Klageerhebung durch den Kläger.

4 An welchem Gericht muss bei einem Zivilprozess die Klage erhoben werden?

a) Die **sachliche Zuständigkeit** ist abhängig vom Streitwert
  – bis 5 000 € beim Amtsgericht
  – über 5 000 € beim Landgericht
b) Die **örtliche Zuständigkeit** hängt ab vom Gerichtsstand. Sofern kein vertraglicher Gerichtsstand vereinbart wurde, gilt der gesetzliche Gerichtsstand. Dies ist in der Regel der Wohnsitz des Beklagten.

5 Wie kann in einem Zivilprozess Klage erhoben werden?

a) Der Kläger reicht die **Klageschrift** bei Gericht ein.
b) Der Kläger gibt die Klage bei Gericht **mündlich zu Protokoll** (nur beim Amtsgericht möglich).

6 Nach der Klageerhebung wird vom Gericht ein Termin für eine mündliche Verhandlung angesetzt.

Welche Beweismittel können hier von den Parteien vorgebracht werden?

a) Urkunden, z. B. Kaufvertrag
b) Zeugen
c) Sachverständigengutachten
d) Aussagen der Parteien
e) Augenschein
  (z. B.: Besichtigung vor Ort)

7 Ein Zivilprozess kann auf verschiedene Arten beendet werden.

Nennen Sie drei Möglichkeiten.

a) durch einen **Vergleich**, wenn sich die Parteien während der Verhandlung einigen

→

▷ *Fortsetzung der Antwort* ▷

b) durch **Klagerücknahme**, wenn der Kläger sieht, dass seine Klage keinen Erfolg haben wird

c) durch **Urteil**, wenn keine Partei nachgibt

8 Was versteht man unter einem Versäumnisurteil?

Wenn eine der Parteien nicht zur Verhandlung erscheint, ergeht das Urteil gegen sie.

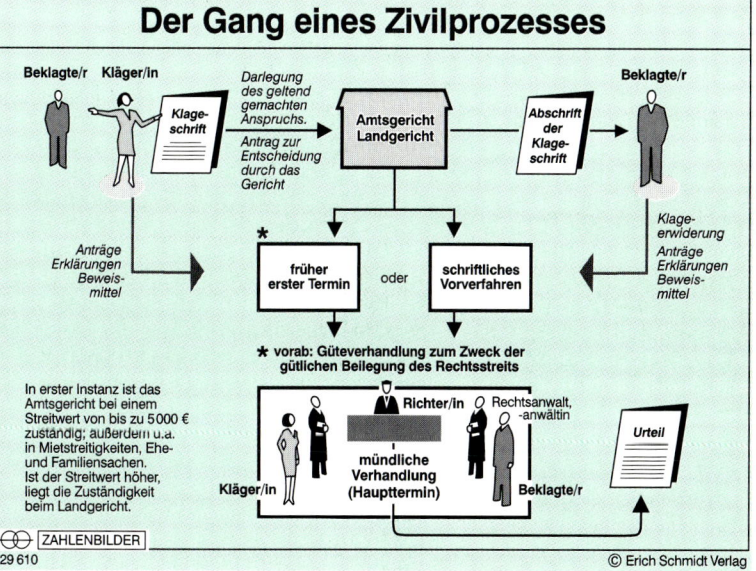

Der Gang eines Zivilprozesses

Beklagte/r · Kläger/in

Klageschrift

Darlegung des geltend gemachten Anspruchs.

Antrag zur Entscheidung durch das Gericht

Amtsgericht Landgericht

Abschrift der Klageschrift

Beklagte/r

Anträge Erklärungen Beweismittel

★ früher erster Termin · oder · schriftliches Vorverfahren

Klageerwiderung Anträge Erklärungen Beweismittel

★ vorab: Güteverhandlung zum Zweck der gütlichen Beilegung des Rechtsstreits

In erster Instanz ist das Amtsgericht bei einem Streitwert von bis zu 5 000 € zuständig; außerdem u. a. in Mietstreitigkeiten, Ehe- und Familiensachen. Ist der Streitwert höher, liegt die Zuständigkeit beim Landgericht.

Richter/in · Rechtsanwalt, -anwältin

mündliche Verhandlung (Haupttermin)

Kläger/in · Beklagte/r

Urteil

ZAHLENBILDER

129 610

© Erich Schmidt Verlag

4 Strafprozess

1 Welche Ziele sollen durch eine Strafe erreicht werden?

a) Aufrechterhaltung der Rechtsordnung

b) Vergeltung als Ausgleich für die Straftat

c) Abschreckung der Allgemeinheit

d) Besserung des Straftäters

2 Unterscheiden Sie zwischen Verbrechen und Vergehen.

a) **Verbrechen** sind alle Straftaten, die mit *mindestens einem Jahr Freiheitsentzug* bedroht sind. Bei Verbrechen ist generell auch der *Versuch* der Tat strafbar. Beispiele: Mord, Meineid, Landesverrat.

b) **Vergehen** sind alle mit Geldstrafen oder Freiheitsstrafen bedrohten Delikte, die keine Verbrechen sind, wie z. B.: Beleidigung, leichte Körperverletzung. Bei Vergehen ist der Versuch nur strafbar, wenn dies das Gesetz ausdrücklich anordnet.

3 Was versteht man unter einer Ordnungswidrigkeit?

Ordnungswidrigkeiten sind jene Straftaten, die im „Gesetz über Ordnungswidrigkeiten" zusammengefasst sind. Da sie keine Straftaten im Sinne des Strafgesetzbuches darstellen, werden die Rechtsfolgen in der Regel nicht durch das Gericht, sondern durch die Verwaltungsbehörde verhängt. Im Gegensatz zu Strafurteilen führen diese Bußgeldverfahren zu **keinem** Eintrag in das Strafregister. Ordnungswidrigkeiten sind z. B.: Verkehrsdelikte, Verstöße gegen Umweltgesetze, unzulässiger Lärm.

4 Wo werden alle Verbrechen eingetragen?

Im Bundes-Zentralregister (Strafregister).

5 In welchem Gesetz ist der Ablauf eines Strafprozesses geregelt?

in der Strafprozessordnung

6 Eine Handlung kann nur bestraft werden, wenn alle drei Merkmale einer Straftat vorliegen.
Welche Merkmale sind dies?

a) **Tatbestand:** Erfüllt das Verhalten einen Tatbestand, der gegen ein Strafgesetz verstößt?

b) **Rechtswidrigkeit:** Ist das Verhalten rechtswidrig oder ist es durch eine Notwehr- oder Notstandssituation gerechtfertigt?   →

▷ *Fortsetzung der Antwort* ▷

7 **Wie unterscheiden sich fahrlässiges und vorsätzliches Handeln?**

8 **Wann ist ein Täter entschuldigt, wird also wegen einer rechtswidrigen Tat nicht bestraft?**

9 **Mit welchen Strafen muss ein Straftäter rechnen?**

10 **Weshalb werden häufig neben der Strafe Maßregeln der Besserung und Sicherung ausgesprochen?**

c) **Schuld:** Ist dem Täter ein schuldhaftes Verhalten vorzuwerfen oder gibt es Gründe, die sein Verhalten entschuldigen?

• Vorsatz bedeutet, der Täter weiß und/oder will, dass der Erfolg der Tat eintritt bzw. er hält ihn für möglich und nimmt dies billigend in Kauf. Normalerweise ist nur vorsätzliches Handeln strafbar.
• Fahrlässigkeit bedeutet, der Täter lässt die übliche Sorgfalt außer Acht, d. h. er vertraut zwar darauf, dass der Erfolg nicht eintritt, handelt aber trotzdem. Fahrlässiges Handeln ist nur strafbar, wenn das Gesetz dies ausdrücklich anordnet (z. B. fahrlässige Körperverletzung oder Tötung).

Ohne Schuld handelt z. B. ein geistesgestörter oder stark alkoholisierter Täter (über 3,0 Promille; allerdings nicht, wer sich vorsätzlich berauscht um eine Straftat zu begehen). Bei Alkoholgehalten von 2,0 bis 3,0 Promille liegt Schuldfähigkeit vor, die Strafe kann aber gemildert werden.

a) **Hauptstrafen** (Freiheitsstrafen, Geldstrafen)
b) **Nebenstrafen** (z. B.: Fahrverbot)
c) **Nebenfolgen** (z. B.: Verlust der Amtsfähigkeit, Verlust der Wählbarkeit, Verlust des Stimmrechts, Einziehung von Sachen)

Maßregeln der Besserung und Sicherung sind keine Strafen. Ihre Aufgabe: Schutz der Allgemeinheit vor Wiederholungen sowie Heilung und Besserung von Straftätern.

11 Zählen Sie mindestens vier Maßregeln der Sicherung und Besserung auf.

a) Unterbringung in einem psychiatrischen Krankenhaus
b) Unterbringung in einer Erziehungsanstalt
c) Unterbringung in therapeutischen Anstalten (z. B.: Entziehungsmaßnahmen)
d) Sicherungsverwahrung
e) Führungsaufsicht nach der Haftverbüßung
f) Entziehung der Fahrerlaubnis
g) Berufsverbot

12 Welche Personengruppen werden im Strafrecht unterschieden?

Straffähigkeit	
Kinder bis 14 Jahre	nicht straffähig
Jugendliche 14–18 Jahre	Verurteilung nach dem milderen Jugendstrafrecht
Heranwachsende 18–21 Jahre	Je nach Reifegrad wird das Jugend- oder das Erwachsenenstrafrecht angewendet
Erwachsene über 21 Jahre	voll straffähig nach dem Erwachsenenstrafrecht

13 Nennen Sie die Personen, die an einem Strafprozess beteiligt sind.

a) der Angeklagte
b) der Staatsanwalt
c) der Verteidiger (in der Regel ein Rechtsanwalt)
d) je nach Gericht eine unterschiedliche Anzahl von Berufsrichtern und Schöffen
e) der Urkundsbeamte
f) evtl.: Zeugen, Sachverständige, Nebenkläger

14 Welche Aufgabe hat die Staatsanwaltschaft?

Die **Staatsanwaltschaft** ist der öffentliche Ankläger. Als staatliche Strafverfolgungsbehörde soll sie gemeinsam mit der Polizei Straftaten aufklären und gegen die ermittelten Täter Anklage erheben.

15 Wie beginnt ein Strafverfahren?

Mit dem **Ermittlungsverfahren,** d. h.,
die **Staatsanwaltschaft** und die Polizei
ermitteln über bekannt gewordene oder
aufgezeigte Straftaten und sammeln
Beweise. Das Ermittlungsverfahren endet
mit der Einreichung der Anklageschrift
beim zuständigen Gericht oder einer
Einstellung des Verfahrens.

16 Auf das Ermittlungsverfahren folgt das Zwischenverfahren.
**Erläutern Sie kurz dessen
Ablauf.**

Im **Zwischenverfahren** überprüft das
Gericht, ob die Anklage so weit begründet ist, dass eine Verurteilung des Täters
wahrscheinlich ist. Trifft dies zu, dann
eröffnet es das Hauptverfahren.

17 Schildern Sie kurz den
Ablauf der Hauptverhandlung
bei einem Strafprozess.

Ablauf der Hauptverhandlung:
1. Eröffnung der Hauptverhandlung
2. Verlesung der Anklage durch den
   Staatsanwalt
3. Vernehmung des Angeklagten
4. Beweisaufnahme
5. Plädoyer des Staatsanwalts
6. Plädoyer des Verteidigers
7. letztes Wort des Angeklagten
8. Beratung des Gerichts
9. Urteilsverkündung

18 Zählen Sie mindestens drei
Beweismittel auf, die in einem
Strafprozess vorgebracht
werden können.

a) Zeugenaussagen
b) Sachverständigengutachten
c) Urkunden
d) Augenschein (z. B.: Tatortbesichtigung)

19 Ein Strafverfahren kann
auf zwei Arten beendet werden.
Nennen Sie diese.

a) Urteil
b) Einstellung des Verfahrens

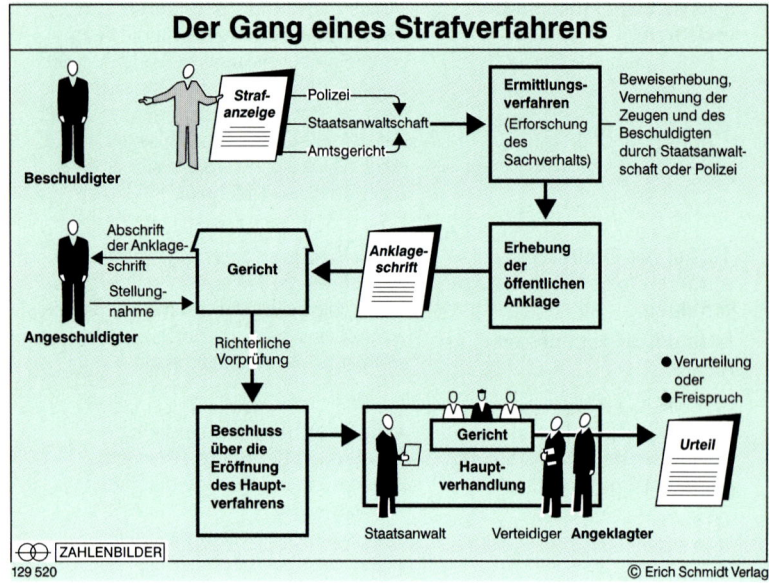

Der Gang eines Strafverfahrens

Beschuldigter — Strafanzeige — Polizei / Staatsanwaltschaft / Amtsgericht — Ermittlungsverfahren (Erforschung des Sachverhalts) — Beweiserhebung, Vernehmung der Zeugen und des Beschuldigten durch Staatsanwaltschaft oder Polizei

Angeschuldigter — Abschrift der Anklageschrift / Stellungnahme — Gericht — Anklageschrift — Erhebung der öffentlichen Anklage

Richterliche Vorprüfung — Beschluss über die Eröffnung des Hauptverfahrens — Gericht / Hauptverhandlung — Staatsanwalt, Verteidiger, Angeklagter — Urteil — Verurteilung oder Freispruch

ZAHLENBILDER
129 520   © Erich Schmidt Verlag

5 Rechtsfähigkeit, Geschäftsfähigkeit, Deliktsfähigkeit

1 Erklären Sie die Begriffe:
a) Rechtsfähigkeit
b) Geschäftsfähigkeit

a) **Rechtsfähigkeit:**
Rechtsfähigkeit ist die Fähigkeit, Träger von Rechten und Pflichten zu sein, z. B. Erbrecht, Steuerpflicht.

b) **Geschäftsfähigkeit:**
Geschäftsfähigkeit ist die Fähigkeit, Rechtsgeschäfte mit voller Gültigkeit selbst abzuschließen, z. B. Kaufvertrag, Mietvertrag.

2 Wann beginnt und wann endet die Rechtsfähigkeit einer natürlichen Person?

Die Rechtsfähigkeit einer natürlichen Person beginnt mit Vollendung der Geburt und endet mit dem Tod.

3 Nennen Sie die drei Stufen der Geschäftsfähigkeit.

a) Geschäftsunfähigkeit
b) beschränkte Geschäftsfähigkeit
c) volle Geschäftsfähigkeit

4 Welche Altersgrenzen gelten für die einzelnen Stufen der Geschäftsfähigkeit?

Geschäftsfähigkeit	
Geschäfts-unfähigkeit	Geburt bis 7. Lebensjahr
beschränkte Geschäftsfähigkeit	7. bis 18. Lebensjahr
volle Geschäfts-fähigkeit	ab dem 18. Lebensjahr

5 Welche „Personen" von den folgenden „Personen" sind „juristische Personen"?

a) Rechtsanwalt
b) Richter
c) Stadt Stuttgart
d) Paul Mayer
e) DaimlerChrysler AG

Juristische Personen sind
c) die Stadt Stuttgart und
e) die DaimlerChrysler AG.

6 Wann beginnt die Rechtsfähigkeit einer juristischen Person?

a) durch Eintragung in ein öffentliches Register, z. B. Vereinsregister, Handelsregister
b) durch staatl. Anerkennung bzw. Verleihung, z. B. Stadtrechte

7 Der 5-jährige Klaus kauft sich für 10,– € ein Spielzeug-auto. Ist dieser Kaufvertrag gültig?

Er ist **ungültig** (nichtig), da ein 5-Jähriger geschäftsunfähig ist.

8 Welche Geschäfte kann ein beschränkt Geschäfts-fähiger ohne Zustimmung seines gesetzlichen Vertreters abschließen?

Geschäfte, die
a) mit eigenen Mitteln (Taschengeld) bewirkt werden,
b) ihm einen rechtlichen Vorteil bringen.

9 Die 15-jährige Monika will mit ihrem Taschengeld einen Kassettenrekorder für 120,– € kaufen und in vier Monatsraten abzahlen. Ist dieser Kaufvertrag gültig?

Der Vertrag ist ungültig, da beschränkt Geschäftsfähige mit ihrem Taschengeld (eigenen Mitteln) nur Bargeschäfte vornehmen können.

10 Hartmut ist beschränkt geschäftsfähig. Er schließt ohne Wissen seines gesetzlichen Vertreters einen Kaufvertrag ab. Welche rechtliche Wirkung hat dieses Geschäft?

Das Geschäft ist **schwebend unwirksam,** das heißt, erst durch nachträgliche Genehmigung durch den gesetzlichen Vertreter wird das Rechtsgeschäft voll wirksam.

11 Was versteht man unter Deliktsfähigkeit?

Unter Deliktsfähigkeit versteht man die Fähigkeit eines Menschen, für einen Schaden, den er durch eine unerlaubte Handlung verursacht hat, haftbar gemacht zu werden.

Anmerkung: Die zivilrechtliche Deliktsfähigkeit ist zu unterscheiden von der Strafmündigkeit.

12 Nach dem Bürgerlichen Gesetzbuch unterscheidet man drei Stufen der Deliktsfähigkeit.

Nennen Sie diese und geben Sie an, wie jeweils für verursachte Schäden gehaftet wird.

Deliktsfähigkeit		
Delikts-unfähigkeit	bis 7 Jahre	Keine Haftung
Beschränkte Delikts-fähigkeit	7. bis 18. Lebensjahr	Die Haftung hängt davon ab, ob der Minderjährige die Einsicht über die Gefährlichkeit und das Unerlaubte seiner Handlung hatte.
Volle Delikts-fähigkeit	ab dem 18. Lebensjahr	Volle Haftung für verursachte Schäden

Die wirtschaftlichen Rahmenbedingungen der Bundesrepublik Deutschland

1 Markt und Preisbildung

1 Unter welchen Voraussetzungen kann man von einem Markt sprechen?

Ein Markt liegt immer dann vor, wenn sich Anbieter und Nachfrager treffen, um Güter auszutauschen.

2 Nennen Sie zwei Beispiele für organisierte Märkte.

a) Börse
b) Wochenmarkt
c) Messen

3 Erklären Sie den Begriff „nicht organisierter Markt".

Unter einem nicht organisierten Markt versteht man das zufällige Zusammentreffen von Verkäufern und Käufern, z. B. in einem Ladengeschäft oder aufgrund einer Werbemaßnahme des Verkäufers.

4 Marktarten
Wie werden die Märkte genannt, auf denen folgende Güter gehandelt werden?

a) Transportleistungen
b) Schokoladentafeln
c) Drehbänke
d) Hypotheken
e) kurzfristige Kredite
f) Arbeitsleistungen

a) Dienstleistungsmarkt
b) Konsumgütermarkt
c) Produktionsgütermarkt
d) Kapitalmarkt
e) Geldmarkt
f) Arbeitsmarkt

5 Was versteht man unter einem „vollkommenen Markt"?

Vollkommener Markt: Ein Markt, auf dem vollkommener Wettbewerb herrscht, d. h., es gibt viele Anbieter und viele Nachfrager; weder Anbieter noch Nachfrager genießen Bevorzugung.

6 Welche Güter werden auf folgenden Märkten gehandelt?

a) Sachgütermarkt
b) Dienstleistungsmarkt
Nennen Sie je zwei Güter.

a) – Produktionsgüter, z. B. Maschinen
   – Konsumgüter, z. B. Lebensmittel
b) – ärztliche Leistungen
   – Transporte und Transportunternehmen
   – Versicherungsschutz

7 Entsprechend der Zahl der Marktteilnehmer unterscheidet man grundsätzlich drei verschiedene Marktformen.
Nennen Sie diese.

a) Polypol
b) Oligopol
c) Monopol

8 Nachfolgend sind drei verschiedene Marktformen abgebildet.
Geben Sie an, welche Marktformen vorliegen.

a) Angebotsoligopol
b) Polypol
c) Angebotsmonopol

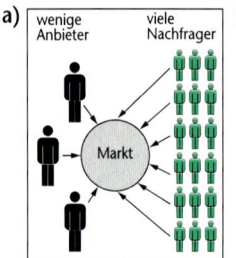

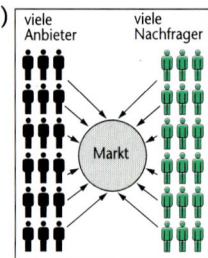

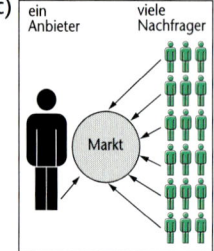

9 Wie viele Anbieter bzw. Nachfrager sind bei folgenden Marktformen anzutreffen?
a) zweiseitiges Monopol
b) zweiseitiges Oligopol
c) Nachfragemonopol

Anbieter	Nachfrager
a) einer	einer
b) wenige	wenige
c) viele	einer

10 Marktformen werden u. a. nach dem Grad des Wettbewerbs unterschieden.
Welche Marktformen liegen in folgenden Fällen vor?
Auf dem „Markt" treffen sich
a) viele Anbieter und viele Nachfrager
b) ein Anbieter und viele Nachfrager
c) wenige Anbieter und viele Nachfrager

a) vollständige Konkurrenz
b) Angebotsmonopol
c) Angebotsoligopol

11 Welchen Einfluss haben in der freien Marktwirtschaft (bei vollkommenem Markt) Angebot und Nachfrage auf den Preis einer Ware?

a) hohe Nachfrage = steigender Preis
b) geringe Nachfrage = fallender Preis
c) geringes Angebot = steigender Preis
d) hohes Angebot = fallender Preis-

12 Geben Sie für die nachfolgenden Marktformen jeweils ein Beispiel an.
a) Angebotsoligopol
b) Nachfrageoligopol
c) Angebotsmonopol
d) Nachfragemonopol

a) – Zigarettenmarkt
   – Mineralölmarkt
b) – wenige Molkereien stehen vielen Landwirten gegenüber
c) – Wasserwerke
   – Deutsche Post AG bei der Briefbeförderung (bis 200 g)
d) – Bundesmarine nach U-Booten
   – früher: Deutsche Bahn AG für Lokomotiven

13 Welches sind drei typische Verhaltensweisen bei einem Angebotsoligopol?

a) mögliche *Preisabsprachen*
b) *ruinöse Konkurrenz* (Schädigungswettbewerb)
c) *intensive Werbung* statt Wettbewerb
d) *Preisführerschaft,* d. h. ein Oligopolist, in der Regel der mit dem größten Marktanteil, bestimmt den Preis, die anderen passen sich an

14 Worin besteht die Hauptaufgabe der staatlichen Monopolbetriebe?

Staatliche **Monopolbetriebe** sollen eine gleichmäßige Versorgung der Bevölkerung sicherstellen.
Beispiele: Wasserversorgung, Abwasserentsorgung, öffentliche Verkehrsbetriebe.

15 Obwohl ein Monopolist den Preis selbstständig und ohne Rücksicht auf Konkurrenten festsetzen kann, wird auch er verschiedene Gesichtspunkte berücksichtigen. Nennen Sie drei davon.

a) Bei höheren Preisen geht die Nachfrage zurück, bei niedrigen steigt sie an.
b) Bei zu hohen Preisen schränken sich die Nachfrager ein oder kaufen Ersatzgüter.
c) Bei allzu hohen Preisen greift evtl. der Staat ein und untersagt die Preisfestsetzung. →

▷ *Fortsetzung der Antwort* ▷

d) Auch Monopolbetriebe wollen den maximalen Gewinn erzielen; dies wird bei dem Preis der Fall sein, wo der Unterschied von Einnahmen und Kosten am größten ist.

16 **Was versteht man unter dem Gleichgewichtspreis?**

Beim **Gleichgewichtspreis** stimmen angebotene und nachgefragte Mengen überein. Hier wird der größte Umsatz erzielt.

17 **In der Marktwirtschaft richtet sich der Preis für ein Wirtschaftsgut nicht immer nach Angebot und Nachfrage. Finden Sie hierzu zwei Beispiele.**

a) **Arbeitsmarkt:**
Trotz vieler Arbeitsloser sinkt die Bezahlung derjenigen, die Arbeit haben, nicht oder nur unwesentlich.

b) **Landwirtschaft:**
In zahlreichen Regionen der Erde können viele landwirtschaftliche Produkte billiger erzeugt werden als bei uns. Daher könnten viele Landwirte vom Marktpreis für ihre Erzeugnisse nicht leben. Deshalb greifen in der Europäischen Gemeinschaft die EU*-Behörden in das Marktgeschehen ein, um Mindestpreise zu sichern.

---

*) siehe Hinweise auf Seite 2.

18 **Nennen Sie zwei EG-Märkte.**

• EG-Binnenmarkt
• EG-Agrarmarkt

19 **Was versteht man unter dem „EG-Binnenmarkt"?**

Seit 1.1.1993 gilt in Europa der EG-Binnenmarkt.
Das bedeutet: EG-Europa
• ohne Grenzen
• mit freiem Warenverkehr
• mit freiem Personenverkehr
• mit freiem Dienstleistungsverkehr
• mit freiem Kapitalverkehr

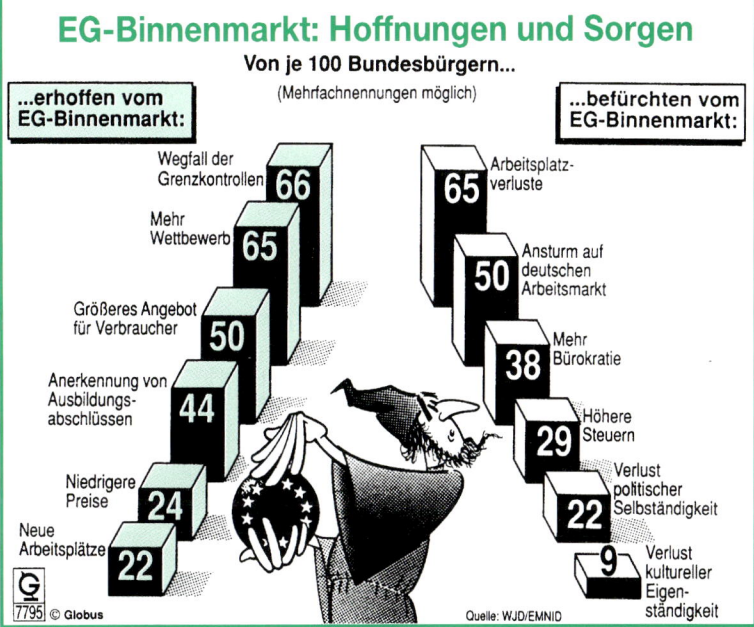

EG-Binnenmarkt: Hoffnungen und Sorgen

Von je 100 Bundesbürgern...

(Mehrfachnennungen möglich)

...erhoffen vom EG-Binnenmarkt:

...befürchten vom EG-Binnenmarkt:

Wegfall der Grenzkontrollen **66**
Mehr Wettbewerb **65**
Größeres Angebot für Verbraucher **50**
Anerkennung von Ausbildungsabschlüssen **44**
Niedrigere Preise **24**
Neue Arbeitsplätze **22**

65 Arbeitsplatzverluste
50 Ansturm auf deutschen Arbeitsmarkt
38 Mehr Bürokratie
29 Höhere Steuern
22 Verlust politischer Selbständigkeit
9 Verlust kultureller Eigenständigkeit

7795 © Globus   Quelle: WJD/EMNID

20 Welche wichtigen Ziele werden mit dem EG-Agrarmarkt verfolgt?

a) sichere Lebensmittelversorgung der Bevölkerung
b) Sicherstellung ausreichender Einkommen in der Landwirtschaft

21 Erklären Sie folgende Preise der Marktordnung des EG-Agrarmarktes.

a) Richtpreis
b) Marktpreis
c) Interventionspreis
d) Weltmarktpreis
e) Schwellenpreis

a) **Richtpreise** werden von den Agrarministern der EG-Mitglieder festgelegt, um den Landwirten ein vernünftiges Einkommen zu sichern und die Verbraucherpreise in angemessenen Grenzen zu halten.
b) **Marktpreise** entwickeln sich aufgrund von Angebot und Nachfrage. Sie können z. B. bis zu den niedrigeren Interventionspreisen sinken. →

▷ *Fortsetzung der Antwort* ▷

c) **Interventionspreise** sind Mindestpreise. Zu diesen Preisen kauft die EG
Restmengen auf, die zu einem angemessenen Marktpreis (aufgrund des
zu hohen Angebots) nicht abgesetzt
werden können.

d) Die **Weltmarktpreise** der meisten
Agrarprodukte sind geringer als die
EG-Richtpreise.

e) **Schwellenpreis** = Richtpreis:
Billige Agrarprodukte, die von außerhalb (Weltmarkt) in den EG-Raum
importiert werden, müssen an den
EG-Grenzen (Schwellen) durch Zölle
künstlich verteuert werden. Die Höhe
des Zolls (Abschöpfung) wird folgen-
dermaßen berechnet:

> Schwellenpreis (höher)
> – Weltmarktpreis (geringer)
>
> = Abschöpfung (Zoll)

22 Welche Auswirkung hat
die Abschöpfungspraxis der
EG auf die Verbraucherpreise?

Durch die Abschöpfungspraxis werden
die geringeren Weltmarktpreise künstlich
verteuert. Dadurch verteuern sich auch
die Verbraucherpreise.

23 Die EG ist verpflichtet,
Restmengen landwirtschaft-
licher Produkte zum festge-
legten Mindestpreis (Interventionspreis) aufzukaufen.

Welche Folgen hat diese
Abnahmegarantie für die EG?

a) hoher Finanzierungsbedarf
b) Es entstehen Überschüsse, die
eingelagert oder vernichtet werden
müssen.

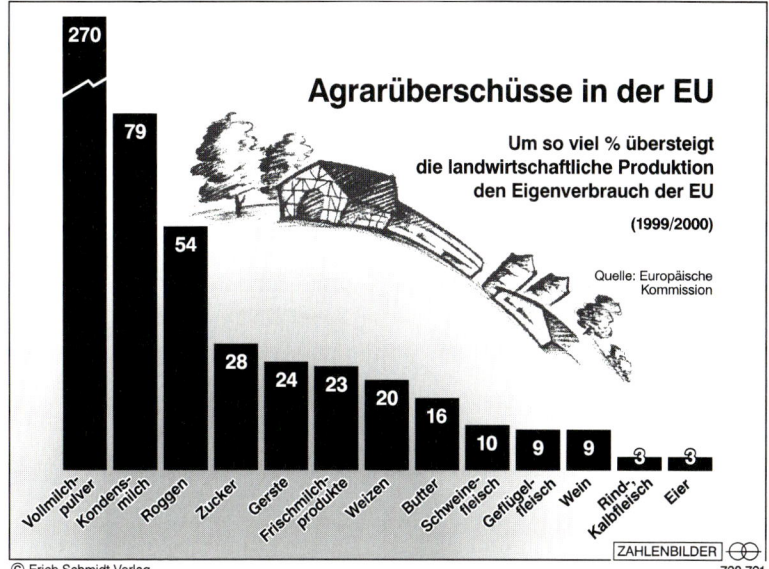

© Erich Schmidt Verlag   ZAHLENBILDER   728 721

2 Wirtschaftsordnung

1 Nennen Sie drei Wirtschaftsordnungen.

a) freie Marktwirtschaft
b) soziale Marktwirtschaft
c) Zentralverwaltungswirtschaft

2 Nennen Sie drei Merkmale der
a) freien Marktwirtschaft
b) Zentralverwaltungswirtschaft

a) **Freie Marktwirtschaft:**
  – freie Planung der Produktion
  – freier Wettbewerb
  – Privateigentum an Produktionsmitteln
  – Preisbildung durch Angebot und Nachfrage

b) **Zentralverwaltungswirtschaft:**
  – staatliche Planung
  – vorbestimmte Produktion
  – Eigentumsbeschränkungen
  – Preisfestsetzung durch den Staat

3 Welche Wirtschaftsordnung hat die Bundesrepublik Deutschland?

die soziale Marktwirtschaft

4 Nennen Sie den Hauptunterschied zwischen sozialer Marktwirtschaft und freier Marktwirtschaft.

Bei der **sozialen Marktwirtschaft** greift der Staat in das Wirtschaftsgeschehen ein, wenn dies zum Schutz der wirtschaftlich Schwächeren erforderlich ist. Die **freie Marktwirtschaft** wird also zugunsten sozialer Gerechtigkeit eingeschränkt. Dies erfolgt z. B. durch Gesetze oder Subventionen.

5 Begründen Sie, weshalb die freie Marktwirtschaft und die Zentralverwaltungswirtschaft auch als „idealtypische Wirtschaftsordnungen" bezeichnet werden.

Man bezeichnet sie als idealtypisch, da sie in reiner Form nirgends vorkommen. Die Wirtschaftsordnungen aller Staaten sind Mischformen, die allerdings vom Grundsatz entweder zentralverwaltungswirtschaftlich oder marktwirtschaftlich orientiert sind.

6 Die soziale Marktwirtschaft der Bundesrepublik Deutschland kann als Mittelweg zwischen den zwei extremen Wirtschaftsordnungen freie Marktwirtschaft und Zentralverwaltungswirtschaft bezeichnet werden.

Nennen Sie je einen Grundsatz der sozialen Marktwirtschaft, der
a) aus der freien Marktwirtschaft,
b) aus der Zentralverwaltungswirtschaft
stammt.

a) **Aus freier Marktwirtschaft:**
   – Garantie des Privateigentums
   – Konsumfreiheit
   – freier Wettbewerb
b) **Aus Zentralverwaltungswirtschaft:**
   Der Staat kann in das Wirtschaftsgeschehen eingreifen (Gesetze, Subventionen), wenn dies zum Schutz des wirtschaftlich Schwächeren erforderlich ist

7 Nennen Sie zwei Länder mit Zentralverwaltungswirtschaft.

Die **Zentralverwaltungswirtschaft** ist vorwiegend in **sozialistischen Staaten** anzutreffen, z. B. Kuba, Vietnam, Nordkorea.

8 a) Wie heißt die Behörde, die in der Bundesrepublik Deutschland darüber wacht, dass der Wettbewerb trotz zunehmender Unternehmungszusammenschlüsse nicht zu sehr beeinträchtigt wird?
b) Welches Gesetz ist Grundlage des Handelns dieser Behörde?

a) Bundeskartellamt in Bonn
b) Kartellgesetz (Gesetz gegen Wettbewerbsbeschränkungen)

9 Welche Vorteile und welche Nachteile der freien Marktwirtschaft kennen Sie?

a) **Vorteile:**
   – freie Entfaltung der Fähigkeiten
   – hohe Leistungen durch Gewinnaussicht
   – frei verfügbares Privateigentum, auch an Produktionsmitteln
   – freie Berufs- und Arbeitsplatzwahl
b) **Nachteile:**
   – harter Konkurrenzkampf
   – Konjunkturschwankungen
   – mögliche Preisabsprachen
   – Arbeitslosigkeit kann zu Verelendung, Kinderarbeit usw. führen

10 Welche „Rolle" spielt der Staat in der freien Marktwirtschaft?

Der Staat greift nicht in den Wirtschaftsablauf ein.
Er garantiert lediglich:
   – Bildung
   – Rechtspflege
   – Geldwesen
   – Vertragsfreiheit
   – Privateigentum
   – persönlichen Schutz usw.

11 Welche Vorteile und welche Nachteile sehen Sie in der Zentralverwaltungswirtschaft?

a) **Vorteile:**
   – verbilligte Güter des täglichen Bedarfs (subventioniert)
   – keine Arbeitslosigkeit
   – keine Konjunkturschwankungen
   – Staat verhindert Ausbeutung wirtschaftlich Schwacher   →

▷ *Fortsetzung der Antwort* ▷

b) **Nachteile:**
  – keine freie Berufs- und Arbeitsplatz-
    wahl
  – Fehlplanungen sind möglich
  – Versorgungslücken
  – kein Privateigentum an Produktions-
    mitteln
  – mangelnder Leistungsanreiz
  – aufwändiger Verwaltungsapparat ist
    erforderlich

12 **In der sozialen Marktwirtschaft kann der Staat mit
verschiedenen Mitteln in das
Wirtschaftsgeschehen ein-
greifen.
Nennen Sie insgesamt fünf
Beispiele.**

a) **Subventionen:**
  – Zuschüsse
  – Steuervergünstigungen
b) **Gesetze:**
  – Ladenschlussgesetz
  – Jugendarbeitsschutzgesetz
  – Betriebsverfassungsgesetz
  – Mutterschutzgesetz
  – Gesetz gegen unlauteren Wettbewerb
  – Stabilitätsgesetz

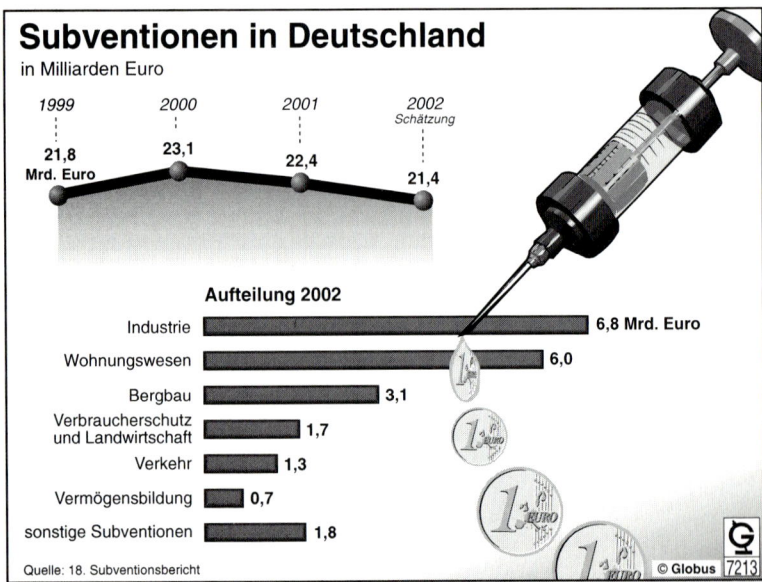

Subventionen in Deutschland
in Milliarden Euro

1999	2000	2001	2002 *Schätzung*
21,8 Mrd. Euro	23,1	22,4	21,4

Aufteilung 2002

Industrie	6,8 Mrd. Euro
Wohnungswesen	6,0
Bergbau	3,1
Verbraucherschutz und Landwirtschaft	1,7
Verkehr	1,3
Vermögensbildung	0,7
sonstige Subventionen	1,8

Quelle: 18. Subventionsbericht

© Globus 7213

13 Wodurch wird ein Unternehmer in der freien Marktwirtschaft zu Höchstleistungen angespornt?

durch die Aussicht auf Gewinn

14 a) Welche Wirtschaftsordnung hatten die Industriestaaten des 19. Jahrhunderts?
b) Wie wirkte sich dies für die Arbeitnehmer aus?

a) die freie Marktwirtschaft
b) – fehlende sozial- und arbeitsrechtliche Absicherung
– Löhne bewegten sich teilweise unter dem Existenzminimum
– Not und Verelendung
– Konjunkturschwankungen führten zu großer Arbeitslosigkeit

15 Begründen Sie, weshalb der Staat in unserer „sozialen Marktwirtschaft" konjunkturpolitische Maßnahmen ergreift.

Starke Konjunkturschwankungen können zu Produktionseinschränkungen, Arbeitslosigkeit, Inflation usw. führen.

16 Welche Gesetze dienen der Sicherung des Wettbewerbs?

a) Gesetz gegen den unlauteren Wettbewerb (UWG)
b) Kartellgesetz (Gesetz gegen Wettbewerbsbeschränkungen)

17 Welche Hauptaufgabe sollen öffentliche Unternehmungen in unserer sozialen Marktwirtschaft erfüllen?

Die Sicherung einer gleichmäßigen Versorgung der Bevölkerung mit wichtigen Gütern.
Beispiel: Die öffentlichen Verkehrsbetriebe bedienen auch wenig rentable Nebenstrecken.

18 Das Ziel der Strukturpolitik der Bundesrepublik Deutschland ist die Unterstützung von wirtschaftlich schwachen Regionen oder von gefährdeten Wirtschaftszweigen.
a) Geben Sie an, mit welchen Maßnahmen dieses Ziel erreicht werden soll.
b) Zählen Sie zwei Wirtschaftszweige auf, die unterstützt werden.

a) mithilfe von **Subventionen:**
Zum Beispiel:
– verbilligte Kredite
– Steuererleichterungen
– Zuschüsse
b) – Bergbau
– Landwirtschaft
– Werftindustrie

19 Eine der wichtigsten Aufgaben des Staates in der sozialen Marktwirtschaft ist die Verwirklichung sozialer Sicherheit und Gerechtigkeit.
Nennen Sie fünf Maßnahmen, die diese Zielsetzung unterstützen sollen.

a) Sozialhilfe
b) Sozialversicherungen
c) Sozialwohnungen
d) Ausbildungsförderung
e) Wohngeld
f) Kindergeld
g) Arbeitsschutzbestimmungen
h) Steuerprogression

20 Nennen Sie drei Beispiele für Arbeitsschutzbestimmungen.

a) Mutterschutzgesetz
b) Kündigungsschutzgesetz
c) Schwerbehindertengesetz
d) Arbeitszeitgesetz
e) Jugendarbeitsschutzgesetz

21 Die sozialen Leistungen wurden in den vergangenen Jahren erheblich verbessert.
Welche Probleme sind in diesem Zusammenhang entstanden?

Verbesserte Sozialleistungen verursachen höhere Kosten.
Dies führt zu:
– höheren Sozialversicherungsbeiträgen
– erheblicher Staatsverschuldung
– Einschränkungen der Leistungen (z. B. Gesundheitsreform)

3 Ziele staatlicher Wirtschaftspolitik

■ Sozialprodukt

1 Erklären Sie den Begriff Bruttoinlandsprodukt (BIP).

Das **Bruttoinlandsprodukt (BIP)** ist der in Marktpreisen ausgedrückte Wert aller Güter und Dienstleistungen, die innerhalb eines Jahres in einem Staat innerhalb der Landesgrenzen erzeugt worden sind.

2 Wie entsteht das BIP?
Nennen Sie zwei Herkunftsarten.

Zum Beispiel:
a) Warenproduktion (Industrie)
b) Land- und Forstwirtschaft
c) Handel
d) Verkehr
e) Dienstleistungen, z. B.
　　– Banken
　　– Versicherungen

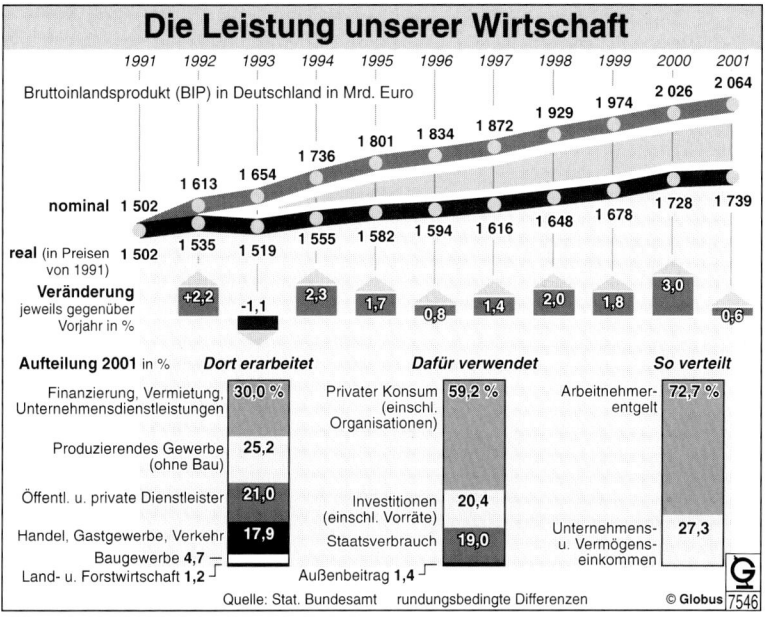

Die Leistung unserer Wirtschaft

	1991	1992	1993	1994	1995	1996	1997	1998	1999	2000	2001
Bruttoinlandsprodukt (BIP) in Deutschland in Mrd. Euro										2 026	2 064
							1 872	1 929	1 974		
				1 801	1 834						
			1 736								
		1 654									
	1 613										
nominal 1 502											
real (in Preisen von 1991) 1 502	1 535	1 519	1 555	1 582	1 594	1 616	1 648	1 678		1 728	1 739
Veränderung jeweils gegenüber Vorjahr in %	+2,2	-1,1	2,3	1,7	0,8	1,4	2,0	1,8		3,0	0,6

Aufteilung 2001 in %

Dort erarbeitet

Finanzierung, Vermietung, Unternehmensdienstleistungen	30,0 %
Produzierendes Gewerbe (ohne Bau)	25,2
Öffentl. u. private Dienstleister	21,0
Handel, Gastgewerbe, Verkehr	17,9
Baugewerbe	4,7
Land- u. Forstwirtschaft	1,2

Dafür verwendet

Privater Konsum (einschl. Organisationen)	59,2 %
Investitionen (einschl. Vorräte)	20,4
Staatsverbrauch	19,0
Außenbeitrag	1,4

So verteilt

Arbeitnehmerentgelt	72,7 %
Unternehmens- u. Vermögenseinkommen	27,3

Quelle: Stat. Bundesamt   rundungsbedingte Differenzen

© Globus 7546

---

3 Das Bruttoinlandsprodukt (BIP) Deutschlands betrug 2000 <u>nominal</u> 2 033 Mrd. €, <u>real</u> (in Preisen von 1995) betrug es 1 964 Mrd. €. **Erklären Sie den Unterschied zwischen nominalem und realem Bruttoinlandsprodukt.**

a) **Nominales BIP:**
Da das BIP zu Marktpreisen bewertet wird, sind darin alle Preissteigerungen der Güter und Dienstleistungen, die die Volkswirtschaft erzeugt hat, enthalten.

b) **Reales BIP:**
Es enthält im Gegensatz zum nominalen BIP keine Preissteigerungen. Man legt dabei die Preise eines <u>bestimmten Basisjahres</u>, z. B. 1995, zugrunde und berechnet den Wert des aktuellen BIP in Preisen des Basisjahres.

4 Welches BIP gibt über den gestiegenen Lebensstandard Auskunft: **das reale oder das nominale Bruttosozialprodukt?**

Das reale BIP, da es um die Preissteigerungen bereinigt ist.

5 Warum erlaubt das reale Bruttoinlandsprodukt allein keine verlässliche Aussage darüber, ob der Lebensstandard eines Landes gestiegen ist?

Nur wenn das **reale Bruttoinlandsprodukt pro Kopf** gestiegen ist, hat auch der Lebensstandard zugenommen. Erst dann stehen jedem Einwohner mehr Güter und Dienstleistungen zur Verfügung. Nimmt dagegen die Bevölkerungszahl schneller zu als das reale Bruttoinlandsprodukt, dann geht der Lebensstandard zurück; ein Problem vieler Entwicklungsländer.

6 Welche Leistungen werden nicht vom BIP erfasst?

Nennen Sie hierzu zwei Beispiele.

a) Hausfrauenarbeit
b) Leistungen von Heimwerkern und Heimgärtnern
c) ehrenamtliche Tätigkeit

7 Wie wirkt sich eine Erhöhung der Rohölpreise durch die ölexportierenden Staaten auf das Wirtschaftswachstum der Bundesrepublik Deutschland aus?

Begründen Sie Ihre Meinung.

Das Wirtschaftswachstum wird erschwert, da ein zunehmender Teil des Volkseinkommens für den Import von Erdöl ausgegeben werden muss. Gemildert werden kann dieser Effekt durch zunehmenden Export deutscher Waren in die ölexportierenden Staaten.

8 Warum steigt in „normalen" Wirtschaftsjahren der Wert des realen BIP?

Nennen Sie zwei Gründe.

a) Produktivitätssteigerung durch neue Technologien, z. B. Einsatz von Computern, Robotern; oder durch rationellere Arbeitsweise
b) mehr investive Ausgaben des Staates, z. B. Straßenbau, Hallenbäder, Schulhausneubauten usw.
c) vermehrte Fähigkeit der Arbeitnehmer, Güter nachzufragen, z. B. durch zunehmende Berufstätigkeit von Hausfrauen

9 Für welche vier Zwecke wird das BIP verwendet?

Nennen Sie je Zweck ein Beispiel.

a) privater Verbrauch (Konsum, Sparen)
b) Staatsverbrauch (Straßenbau, Schulen usw.)
c) Investitionen (Ausbau und Erhaltung der Produktionsmittel)
d) Außenbeitrag (Ein- und Ausfuhr)

■ Allgemeine Ziele staatlicher Wirtschaftspolitik

10 Welche vier allgemeinen Ziele (magisches Viereck) verfolgt die staatliche Wirtschaftspolitik?

a) Wirtschaftswachstum
b) Preisstabilität
c) Vollbeschäftigung
d) außenwirtschaftliches Gleichgewicht

11 Weshalb spricht man im Zusammenhang mit den vier allgemeinen Zielen der staatlichen Wirtschaftspolitik auch vom „magischen Viereck"?

Da es die Kunst eines Zauberers (Magiers) erfordert, alle vier Ziele gleichzeitig und gut zu erreichen, spricht man auch vom „magischen Viereck". Maßnahmen, die ein Ziel fördern, behindern häufig das Erreichen eines anderen.

12 Wie heißt das Gesetz, in dem die allgemeinen Ziele der staatlichen Wirtschaftspolitik festgelegt sind?

Gesetz zur Förderung der Stabilität und des Wachstums in der Wirtschaft (= **Stabilitätsgesetz**)

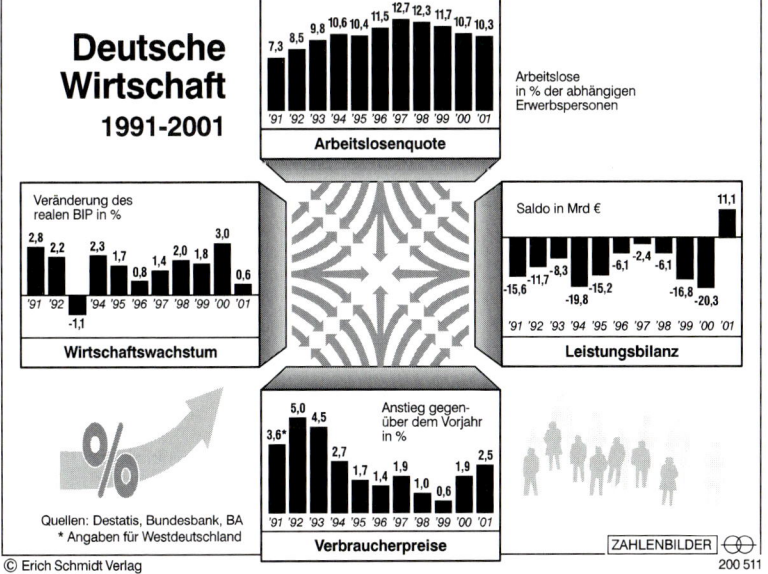

Deutsche Wirtschaft 1991-2001

Arbeitslosenquote
7,3 8,5 9,8 10,6 10,4 11,5 12,7 12,3 11,7 10,7 10,3
'91 '92 '93 '94 '95 '96 '97 '98 '99 '00 '01
Arbeitslose in % der abhängigen Erwerbspersonen

Wirtschaftswachstum
Veränderung des realen BIP in %
2,8 2,2 2,3 1,7 0,8 1,4 2,0 1,8 3,0 0,6 -1,1
'91 '92 '93 '94 '95 '96 '97 '98 '99 '00 '01

Leistungsbilanz
Saldo in Mrd €
-15,6 -11,7 -8,3 -19,8 -6,1 -15,2 -2,4 -6,1 -16,8 -20,3 11,1
'91 '92 '93 '94 '95 '96 '97 '98 '99 '00 '01

Verbraucherpreise
Anstieg gegenüber dem Vorjahr in %
3,6* 5,0 4,5 2,7 1,7 1,4 1,9 1,0 0,6 1,9 2,5
'91 '92 '93 '94 '95 '96 '97 '98 '99 '00 '01

%

Quellen: Destatis, Bundesbank, BA
* Angaben für Westdeutschland

ZAHLENBILDER
200 511

© Erich Schmidt Verlag

© Holland + Josenhans

13 **Durch welche Ziele wurde das „magische Viereck" zum „magisches Sechseck" erweitert?**

a) Erhaltung einer lebenswerten Umwelt
b) gerechte Einkommens- und Vermögensverteilung

14 **Bei der Verfolgung der Ziele staatlicher Wirtschaftspolitik können Zielkonflikte entstehen.**
a) **Beschreiben Sie einen derartigen Zielkonflikt.**
b) **Wie werden derartige Zielkonflikte meistens gelöst?**

a) *Beispiel für einen Zielkonflikt:*
Ein angemessenes und stetiges **Wirtschaftswachstum** erfordert eine ständig steigende Nachfrage im Inland und aus dem Ausland. Eine wachsende Nachfrage sorgt für steigende Preise. Folge: Die **Preisstabilität** ist in Gefahr.
b) durch **Kompromisse**
Bezogen auf mögliche Zielkonflikte bei der Erreichung der Ziele staatlicher Wirtschaftspolitik bedeutet dies, dass meist dem vermeintlich wichtigeren Ziel der Vorrang eingeräumt wird.

■ **Konjunktur**

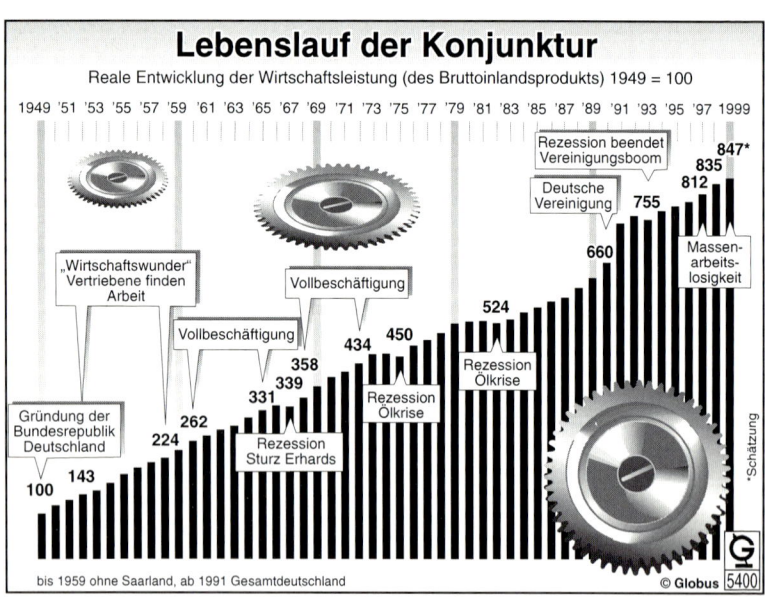

Lebenslauf der Konjunktur

Reale Entwicklung der Wirtschaftsleistung (des Bruttoinlandsprodukts) 1949 = 100

1949 '51 '53 '55 '57 '59 '61 '63 '65 '67 '69 '71 '73 '75 '77 '79 '81 '83 '85 '87 '89 '91 '93 '95 '97 1999

Rezession beendet Vereinigungsboom   847*
835
812
Deutsche Vereinigung   755
660
Massen-arbeits-losigkeit
524
„Wirtschaftswunder" Vertriebene finden Arbeit
Vollbeschäftigung
450
434
358
Rezession Ölkrise
339
Vollbeschäftigung
331
Rezession Ölkrise
262
224
Rezession Sturz Erhards
Gründung der Bundesrepublik Deutschland
143
100

*Schätzung

bis 1959 ohne Saarland, ab 1991 Gesamtdeutschland

© Globus 5400

© Holland + Josenhans

15 Erklären Sie den Begriff „Konjunktur".

Konjunktur:
= die Veränderung der Gesamtwirtschaft.
Die Veränderungen lassen sich an gesamtwirtschaftlichen Daten wie Beschäftigung, Produktion, Preise usw. erkennen.
Vereinfacht gesagt:
Konjunktur = *die jeweilige Wirtschaftslage*

16 Erklären Sie unter Verwendung der Begriffe den Ablauf von einem Konjunkturzyklus (Zeichnung möglich).

Vierphasentheorie:
1. Expansion (= Phase des Aufschwungs)
2. Hochkonjunktur (= Boom)
3. Rezession (= Phase des Abschwungs)
4. Depression (= Tiefstand)

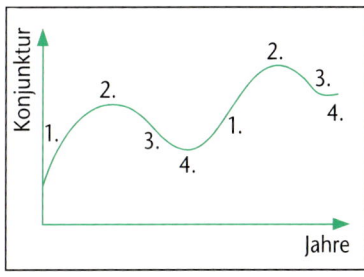

17 Nennen Sie jeweils zwei Merkmale zu den vier Konjunkturphasen.

a) **Expansion (Aufschwung)**
   – Produktion steigt
   – Preise steigen
   – Investitionen nehmen zu
   – Arbeitslosigkeit nimmt ab
   – Börsenkurse steigen
b) **Boom (Hochkonjunktur)**
   – Produktionshöchststand
   – Vollbeschäftigung/Überbeschäftigung
   – inflationäre Entwicklung von Löhnen und Preisen
c) **Rezession (Abschwung)**
   – sinkende Börsenkurse
   – sinkende Preise
   – zunehmende Arbeitslosigkeit
   – abnehmende Investitionen
   – Produktion sinkt   →

▷ *Fortsetzung der Antwort* ▷

d) Depression (Tiefstand)
– hohe Arbeitslosigkeit
– kaum Investitionen
– Produktionstiefstand
– niedrige Preise
– tiefe Börsenkurse

18 Welche konjunkturellen Auswirkungen haben
a) Steuererhöhungen
b) Steuersenkungen
während einer Hochkonjunktur?

a) **Steuererhöhungen:**
Abschöpfung von Massenkaufkraft; dadurch Dämpfung der überschäumenden Konjunktur.
b) **Steuersenkungen:**
Zusätzliche Massenkaufkraft sorgt für zusätzliches Anheizen der Konjunktur.

19 Welche konjunkturellen Auswirkungen haben
a) Steuersenkungen
b) Steuererhöhungen
während einer Rezession?

a) **Steuersenkungen:**
Erhöhung der Massenkaufkraft, dadurch Stützung der Not leidenden Konjunktur.
b) **Steuererhöhungen:**
Senkung der Massenkaufkraft führt zu einer Verschärfung der ohnehin schwierigen Konjunkturlage.

20 Der Konjunkturverlauf in einer Marktwirtschaft erfolgt wellenförmig. Aufgrund welcher Maßnahmen kann die Konjunktur durch
a) die Verbraucher
b) die Unternehmer
c) den Staat (Bund, Länder, Gemeinden)
in der Rezession (Abschwung) belebt werden?
Nennen Sie je zwei Beispiele.

a) **Verbraucher:**
– zusätzlicher Konsum, evtl. durch Auflösung von Sparguthaben
– Inanspruchnahme von Krediten
– Ausnutzung von Sonderangeboten
b) **Unternehmer:**
– zusätzliche Werbung
– Bereitstellung günstiger Kredite (Banken)
– Sonderangebote
– Inanspruchnahme staatlicher Konjunkturprogramme
c) **Staat:**
– Senkung von Steuern
– Exportförderung
– Vergabe öffentlicher Aufträge
– Investitionszulagen für Unternehmer

21 Wer nimmt die Geldpolitik wahr?

Seit 1. Januar 1999 wird die Geldpolitik nicht mehr von der Deutschen Bundesbank, sondern von der Europäischen Zentralbank (EZB) wahrgenommen.

22 Durch die Beeinflussung der Geldmenge kann die Europäische Zentralbank (EZB) auf die Konjunktur einwirken. Welcher Maßnahmen bedient sie sich hierbei?

a) Durch **Refinanzierungsgeschäfte (Offenmarktgeschäfte):** Die Banken können sich gegen Verpfändung von festverzinslichen Wertpapieren oder Wechseln im EZB-System Geld besorgen. Durch die Veränderung der Zinssätze hierfür kann die EZB die Geldmenge beeinflussen.

b) Durch die Festlegung der **Mindestreserven:** Die EZB kann von den Privatbanken verlangen, dass diese eine gewisse Geldmenge zinslos oder verzinst bei den nationalen Zentralbanken (in Deutschland: Bundesbank) hinterlegen. Dadurch werden die Kredite der Banken verteuert bzw. verbilligt und die Geldmenge entsprechend beeinflusst.

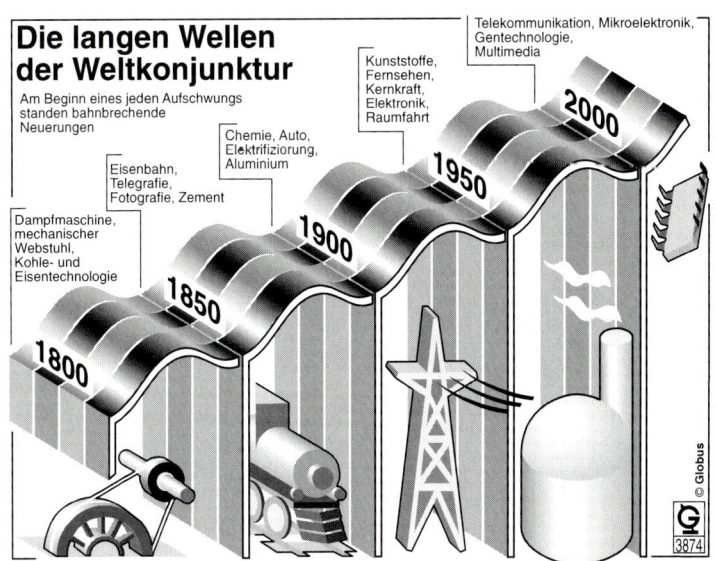

Die langen Wellen der Weltkonjunktur

Am Beginn eines jeden Aufschwungs standen bahnbrechende Neuerungen

Dampfmaschine, mechanischer Webstuhl, Kohle- und Eisentechnologie

Eisenbahn, Telegrafie, Fotografie, Zement

Chemie, Auto, Elektrifizierung, Aluminium

Kunststoffe, Fernsehen, Kernkraft, Elektronik, Raumfahrt

Telekommunikation, Mikroelektronik, Gentechnologie, Multimedia

1800 1850 1900 1950 2000

© Globus
3874

■ **Inflation – Deflation**

23 **Erklären Sie folgende Begriffe:**
a) Inflation
b) Deflation

a) **Inflation:** Geldentwertung, da die Geldmenge schneller wächst als die Gütermenge
b) **Deflation:** Geldwert steigt, da die Geldmenge langsamer wächst als die Gütermenge

24 **Wie wirken sich**
a) Inflation,
b) Deflation
für den Bürger aus?
Nennen Sie je zwei Beispiele.

a) **Inflation:** steigende Preise, sinkende Kaufkraft, Entwertung der Sparguthaben, Verringerung der effektiven Schuldenlast
b) **Deflation:** sinkende Preise, steigende Kaufkraft, Sparguthaben und Schuldenlasten gewinnen an Wert

25 **Während einer inflationären Entwicklung spricht man häufig von der Lohn-Preis-Spirale.**
Erklären Sie deren Ablauf.

Um die fallende Kaufkraft auszugleichen, fordern die Arbeitnehmer höhere Löhne, die von den Unternehmern durch Preiserhöhungen ausgeglichen werden. Folge: Lohnerhöhungen, Preissteigerungen usw.

26 **Löhne und Gehälter sind der Preis, den der Unternehmer für das Wirtschaftsgut „Arbeitsleistung" zu bezahlen hat.**
Erklären Sie, wie es in diesem Zusammenhang zu
a) einer Lohn-Preis-Spirale
b) einer Preis-Lohn-Spirale
kommen kann.

a) Preiserhöhungen werden durch übermäßige Lohnsteigerungen verursacht.
b) Preiserhöhungen sind die Ursache für Lohnforderungen.

27 **Erklären Sie die Begriffe**
a) Nominallohn und
b) Reallohn.

a) **Nominallohn:**
= der Betrag, den jemand in € netto verdient hat
b) **Reallohn:**
= der um den Kaufkraftverlust berichtigte Nominallohn

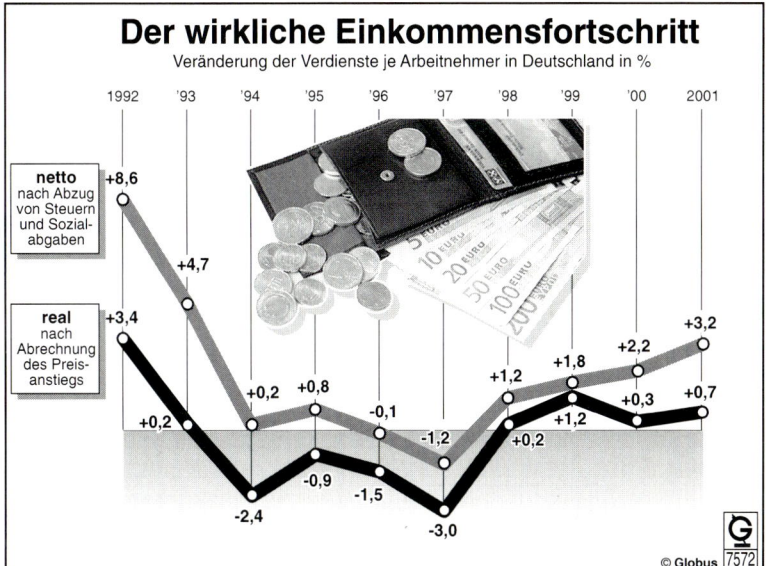

Der wirkliche Einkommensfortschritt
Veränderung der Verdienste je Arbeitnehmer in Deutschland in %

1992   '93   '94   '95   '96   '97   '98   '99   '00   2001

netto
nach Abzug von Steuern und Sozialabgaben

+8,6   +4,7   +0,2   +0,8   -0,1   +1,2   +1,8   +2,2   +3,2

real
nach Abrechnung des Preisanstiegs

+3,4   +0,2   -2,4   -0,9   -1,5   -3,0   -1,2   +0,2   +1,2   +0,3   +0,7

© Globus 7572

---

28 Welche zwei Personengruppen sind durch die Inflation besonders stark betroffen?
Begründen Sie Ihre Meinung.

a) **Sparer:**
Die Kaufkraft ihres gesparten Geldes nimmt ab.
b) **Gläubiger:**
Sie erhalten ihr ausgeliehenes Geld entwertet zurück.

29 Auf welche Weise versucht die Bevölkerung der Gefahr einer Entwertung ihrer Ersparnisse zu entgehen?

Die Spareinlagen werden abgehoben und in Sachwerten angelegt; z. B. Aktien, Gold, Häuser, Gemälde, Briefmarken usw.

30 Erklären Sie, was man unter Kaufkraft des Geldes versteht.

Die **Kaufkraft** (Geldwert) gibt an, welche Gütermenge für einen bestimmten Geldbetrag gekauft werden kann.

31 Wie wirken sich
a) steigende Preise auf die Kaufkraft aus?
b) sinkende Preise auf die Kaufkraft aus?

a) Steigen die Preise, dann sinkt die Kaufkraft.
b) Sinken die Preise, dann steigt die Kaufkraft.

32 Wie kann man den Wert des Geldes (Kaufkraft) messen?

Zur Messung der Kaufkraft des Geldes werden Messzahlen (Indexziffern) verwendet, die die Veränderung der Preise anzeigen.

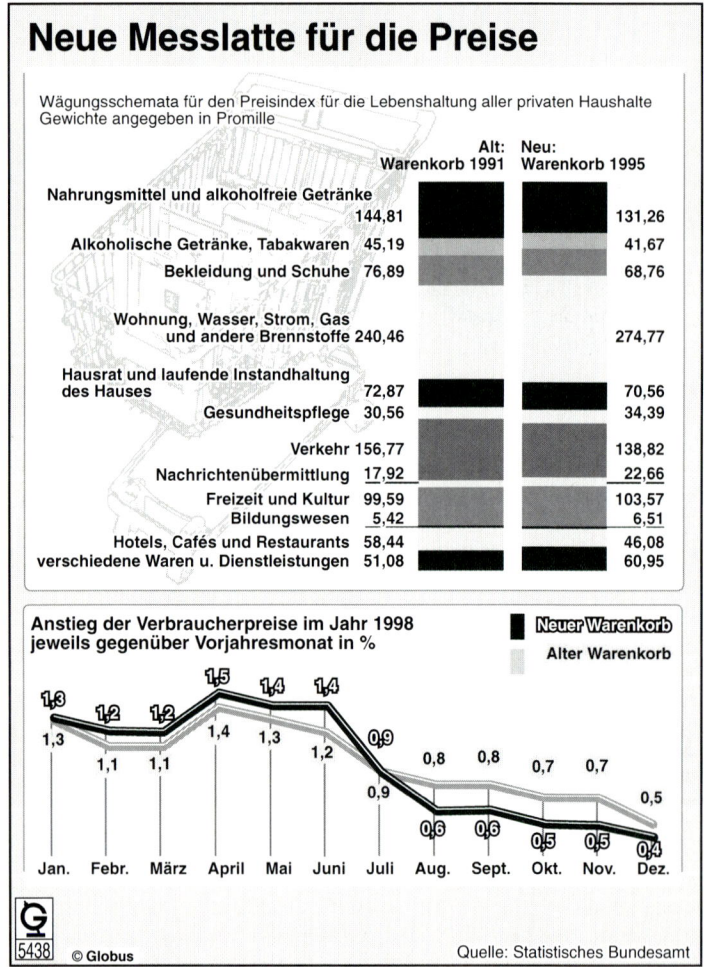

Neue Messlatte für die Preise

Wägungsschemata für den Preisindex für die Lebenshaltung aller privaten Haushalte Gewichte angegeben in Promille

	Alt: Warenkorb 1991	Neu: Warenkorb 1995
Nahrungsmittel und alkoholfreie Getränke	144,81	131,26
Alkoholische Getränke, Tabakwaren	45,19	41,67
Bekleidung und Schuhe	76,89	68,76
Wohnung, Wasser, Strom, Gas und andere Brennstoffe	240,46	274,77
Hausrat und laufende Instandhaltung des Hauses	72,87	70,56
Gesundheitspflege	30,56	34,39
Verkehr	156,77	138,82
Nachrichtenübermittlung	17,92	22,66
Freizeit und Kultur	99,59	103,57
Bildungswesen	5,42	6,51
Hotels, Cafés und Restaurants	58,44	46,08
verschiedene Waren u. Dienstleistungen	51,08	60,95

Anstieg der Verbraucherpreise im Jahr 1998 jeweils gegenüber Vorjahresmonat in %

■ Neuer Warenkorb
▨ Alter Warenkorb

Neuer Warenkorb: 1,3 1,2 1,2 1,5 1,4 1,4 0,9 0,6 0,6 0,5 0,5 0,4

Alter Warenkorb: 1,3 1,1 1,1 1,4 1,3 1,2 0,9 0,8 0,8 0,7 0,7 0,5

Jan.   Febr.   März   April   Mai   Juni   Juli   Aug.   Sept.   Okt.   Nov.   Dez.

G
5438 © Globus

Quelle: Statistisches Bundesamt

33 Nennen Sie den für alle Verbraucher wichtigsten Preisindex und erklären Sie sein Zustandekommen.

Der wichtigste Preisindex für die Verbraucher ist der Lebenshaltungskosten-Preisindex.
Erlärung:
Die Konsumausgaben von Durchschnittsfamilien werden in einem „Warenkorb" zusammengefasst, und dessen preisliche Veränderung wird in Prozent ausgedrückt (z. B. im Vergleich zum Vormonat oder zum entsprechenden Monat des Vorjahres).

4 Sozialordnung

■ Soziales Netz

1 Erklären Sie den Begriff Sozialpolitik.

Sozialpolitik:
= alle Maßnahmen des Staates, die den Bürger gegen Not und Mangellagen schützen sollen

2 Nennen Sie die drei Grundprinzipien sozialer Sicherung.

Grundprinzipien sozialer Sicherung:
a) Versicherungsprinzip
b) Versorgungsprinzip
c) Fürsorgeprinzip

3 Einen modernen Sozialstaat wie die Bundesrepublik Deutschland erkennt man an seinem gut ausgebauten Sozialnetz.
Zählen Sie drei wichtige Bestandteile des sozialen Netzes auf.

a) **Gesetzliche Sozialversicherungen:**
 – Krankenversicherung
 – Unfallversicherung
 – Rentenversicherung
 – Arbeitslosenversicherung
 – Pflegeversicherung
b) **Soziale Förderung:**
 – Arbeitsförderung
 – Ausbildungsförderung
 – Kindergeld
 – Wohngeld
c) **Soziale Versorgung:**
 – Sozialhilfe →

▷ *Fortsetzung der Antwort* ▷

d) **Berücksichtigung sozialer Aspekte bei der Gesetzgebung:**
   – Lohnfortzahlungsgesetz
   – Mutterschutzgesetz
   – Kündigungsschutzgesetz
   usw.

4 **Wie werden die Sozial-leistungen finanziert?**

a) **Pflichtbeiträge** von Arbeitgebern und Arbeitnehmern zur Sozialversicherung
b) **Direktzahlungen** der Arbeitgeber (Lohnfortzahlung, Urlaubsgeld)
c) **Steuergelder**

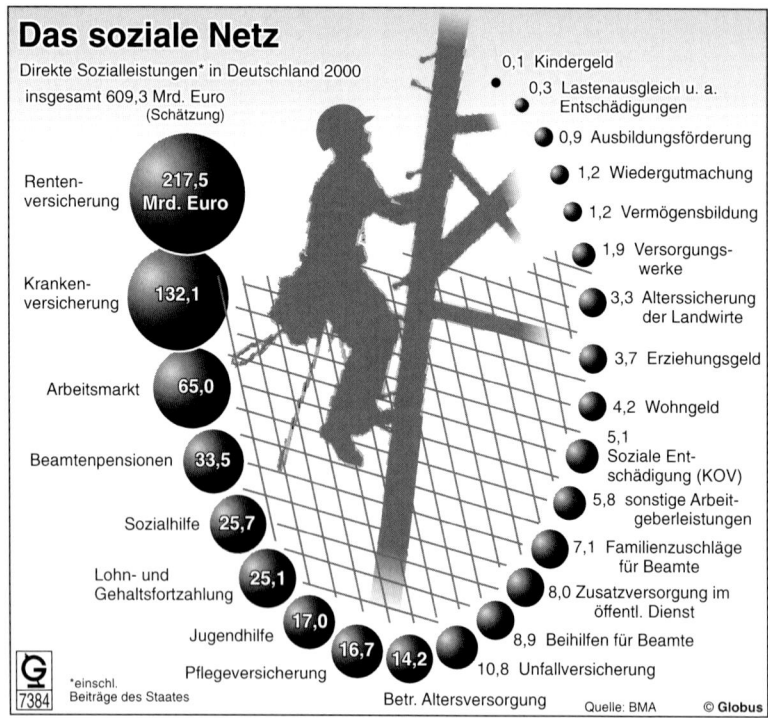

Das soziale Netz

Direkte Sozialleistungen* in Deutschland 2000
insgesamt 609,3 Mrd. Euro
(Schätzung)

Renten-versicherung — **217,5 Mrd. Euro**

Kranken-versicherung — 132,1

Arbeitsmarkt — 65,0

Beamtenpensionen — 33,5

Sozialhilfe — 25,7

Lohn- und Gehaltsfortzahlung — 25,1

Jugendhilfe — 17,0

Pflegeversicherung — 16,7

Betr. Altersversorgung — 14,2

0,1 Kindergeld
0,3 Lastenausgleich u. a. Entschädigungen
0,9 Ausbildungsförderung
1,2 Wiedergutmachung
1,2 Vermögensbildung
1,9 Versorgungs-werke
3,3 Alterssicherung der Landwirte
3,7 Erziehungsgeld
4,2 Wohngeld
5,1 Soziale Ent-schädigung (KOV)
5,8 sonstige Arbeit-geberleistungen
7,1 Familienzuschläge für Beamte
8,0 Zusatzversorgung im öffentl. Dienst
8,9 Beihilfen für Beamte
10,8 Unfallversicherung

7384
*einschl. Beiträge des Staates

Quelle: BMA   © **Globus**

5 Wodurch unterstützt der Staat die Vermögensbildung der Arbeitnehmer?

Förderung der Vermögensbildung z. B. durch:
a) Sparförderung
b) Steuererleichterungen für Personen, die Wohneigentum erwerben
c) das Wohnungsbau-Prämiengesetz

6 Wo liegen die Grenzen des Sozialstaats?
Begründen Sie Ihre Meinung.

Steigende Sozialleistungen setzen Wirtschaftswachstum voraus. Findet kein Wirtschaftswachstum statt, so sind steigende Steuern und steigende Staatsverschuldung die Folge.

■ Arbeitsschutz

7 Nennen Sie drei wichtige Vorschriften oder Gesetze, die Regelungen zum Arbeitszeitschutz enthalten.

a) die Gewerbeordnung
b) das Arbeitszeitgesetz
c) das Bundesurlaubsgesetz
d) das Ladenschlussgesetz
e) das Jugendarbeitsschutzgesetz
f) das Arbeitssicherheitsgesetz

8 Für bestimmte Personengruppen gelten besondere Schutzgesetze.
Zählen Sie drei solcher Schutzgesetze auf.

a) Jugendarbeitsschutzgesetz
b) Schwerbehindertengesetz
c) Mutterschutzgesetz

■ Mutterschutz

9 Welche Schutzvorschriften gelten für werdende Mütter?
Nennen Sie fünf Schutzvorschriften.

a) Verbot von schwerer körperlicher Arbeit
b) Verbot von Akkordarbeit
c) Verbot von Sonn-, Feiertags- und Nachtarbeit
d) Verbot der Arbeit 6 Wochen vor und 8 Wochen nach der Entbindung (bei Früh- und Mehrlingsgeburten länger)
e) Kündigungsschutz
f) Gewährung von besonderen Ruhepausen

10 Wer überwacht die Einhaltung des Mutterschutzgesetzes sowie anderer Arbeitsschutzgesetze?

die Gewerbeaufsichtsämter und die Betriebs- bzw. Personalräte

11 Welches Einkommen bezieht eine werdende Mutter während ihrer Schutzfrist?

Von der Krankenkasse und vom Arbeitgeber wird ein Mutterschaftsgeld bezahlt. Es entspricht in seiner Höhe dem durchschnittlichen Nettoarbeitsentgelt der letzten 3 Monate.

12 Wer kann Elternzeit beantragen?

Elternzeit kann wahlweise die Mutter oder der Vater des Kindes beanspruchen. Seit 1.1.2001 können Vater und Mutter den Erziehungsurlaub auch gemeinsam oder anteilig nehmen.

13 Wie lange wird Elternzeit gewährt?

Die Elternzeit beträgt 36 Monate pro Kind.

14 Muss die Elternzeit immer an einem Stück genommen werden?

Nein; mit Zustimmung des Arbeitgebers können bis zu 12 der 36 Monate später (bis zum 8. Lebensjahr des Kindes) genommen werden.

15 Wie hoch ist das Erziehungsgeld, das während der Elternzeit gezahlt wird?

Erziehungsgeld wird für 24 Monate gezahlt. Während der ersten 12 Monate beträgt es 460 Euro, danach hängt es von der Einkommenshöhe ab.

16 Kann ein Arbeitgeber während der Elternzeit kündigen?

nein, frühestens nach deren Ablauf

■ Jugendarbeitsschutz

17 Das Jugendarbeitsschutz-
gesetz soll die ungestörte
Entwicklung jugendlicher
Arbeitnehmer gewährleisten.

Nennen Sie fünf wichtige
Regelungen dieses Gesetzes.

Wichtige Bestimmungen des
Jugendarbeitsschutzgesetzes:
a) *Arbeitszeit:*
   höchstens $8^{1}/_{2}$ Std. am Tag,
   40 Std. in der Woche
b) *Verbot* der Kinderarbeit
c) *Verbot* von Akkordarbeit, gefährlichen
   Arbeiten und Nachtschicht
d) *Ein Schultag* mit mehr als 5 Unter-
   richtsstunden gilt als Arbeitstag
d) *Urlaub:*
   ● 15-Jährige = 30 Werktage
   ● 16-Jährige = 27 Werktage
   ● 17-Jährige = 25 Werktage
f) *Ärztliche Untersuchungen:*
   – Erstuntersuchung
   – Nachuntersuchung
g) *Ruhepausen:*
   ● $4^{1}/_{2}$–6 Std. Arbeitszeit
     = 30 Min.
   ● mehr als 6 Std. Arbeitszeit
     = 60 Min.

18 Die Auszubildende Amanda
Mayer (16 Jahre alt) arbeitet
von 13 bis 22 Uhr (einschließlich
einer Stunde Pause) als Ver-
käuferin an einem Bahnhofs-
kiosk.

Beurteilen Sie diesen Fall nach
dem Jugendarbeitsschutzgesetz.

Für Jugendliche besteht ein generelles
Beschäftigungsverbot zwischen 20 Uhr
und 6 Uhr. In Gaststätten, Bäckereien,
Konditoreien, mehrschichtigen Betrieben
und in der Landwirtschaft gelten besondere Regelungen.

19 Wer überwacht die
Einhaltung des Jugendarbeitsschutzgesetzes?

a) Gewerbeaufsichtsamt
b) Handwerkskammer
c) Industrie- und Handelskammer
d) Betriebs- und Personalräte

■ Betriebsrat, Betriebsversammlung

20 **Welche Arbeitnehmer sind berechtigt, den Betriebsrat zu wählen?**

Wahlberechtigt sind alle Arbeitnehmer des Betriebes, die das 18. Lebensjahr vollendet haben.

21 **Welche Voraussetzungen muss ein Arbeitnehmer erfüllen, damit er zum Betriebsrat gewählt werden kann?**

Er muss mindestens 18 Jahre alt sein und dem Betrieb seit mindestens sechs Monaten angehören.

22 **Nennen Sie vier allgemeine Aufgaben des Betriebsrats.**

Der Betriebsrat:
– beantragt Maßnahmen, die dem Betrieb und den Arbeitnehmern dienen, beim Arbeitgeber
– bereitet die Jugendvertreterwahl vor und führt sie durch
– arbeitet mit dem Jugendvertreter zusammen
– muss darauf achten, dass die Arbeitsschutzgesetze, Tarifverträge, Unfallverhütungsvorschriften usw. eingehalten werden
– bringt Anregungen von Arbeitnehmern oder Jugendvertretern beim Arbeitgeber vor

23 **Ab welcher Belegschaftszahl kann ein Betriebsrat gewählt werden?**

a) Betriebe von 5 bis 20 Belegschaftsmitgliedern können einen Betriebsobmann wählen.
b) Betriebe ab 21 (bis 50) Belegschaftsmitgliedern können einen drei Mitglieder umfassenden Betriebsrat wählen.

24 **Wie lange ist die Amtszeit**
a) des Betriebsrats,
b) des Jugend- und Auszubildendenvertreters?

a) 4 Jahre
b) 2 Jahre

25 Wer vertritt im Betrieb die speziellen Belange der Jugendlichen?

Die Jugend- und Auszubildenden-vertretung (JAV).
Wählbar sind alle Arbeitnehmer des Betriebs, die noch keine 25 Jahre alt sind.

26 Wer wählt die Jugend- und Auszubildendenvertretung?

Wählbar sind alle jugendlichen Arbeit-nehmer sowie Auszubildende, die das 25. Lebensjahr noch nicht vollendet haben.

27 Welche Hauptaufgabe hat die Jugend- und Auszubilden-denvertretung?

Sie vertritt die besonderen Belange der jugendlichen Arbeitnehmer und Auszu-bildenden.

28 Wie setzt sich eine Betriebsversammlung zusam-men?

Die Betriebsversammlung besteht aus den Arbeitnehmern des Betriebes. Sie wird vom Vorsitzenden des Betriebsrats geleitet.

29 Auf welche betrieblichen Bereiche erstreckt sich die Mitbestimmung des Betriebs-rats?

a) soziale Fragen (Mitbestimmung)
b) wirtschaftliche Fragen (Beratung)
c) Personalfragen (Mitwirkung)

30 Das Betriebsverfassungs-gesetz sieht eine Mitbestim-mung des Betriebsrats in sozialen Angelegenheiten vor. Erläutern Sie den Begriff „soziale Angelegenheiten".
Nennen Sie zwei Beispiele.

Der Begriff „soziale Angelegenheiten" umschreibt Fragen der Betriebsordnung und des Zusammenlebens der Arbeit-nehmer, zum Beispiel
– Arbeitszeit
– Pausen
– Urlaub
– Sozialeinrichtungen

31 Geben Sie zwei Beispiele für personelle Angelegen-heiten.

Personelle Angelegenheiten sind z. B.:
– Einstellungen
– Kündigungen
– Versetzungen

■ **Mitbestimmter Aufsichtsrat**

32 In Großbetrieben haben die Arbeitnehmer eine zusätzliche Mitbestimmungsmöglichkeit. Um welche Möglichkeit handelt es sich?

Entsprechend der Größe des Unternehmens wählen die Arbeitnehmer die Hälfte oder ein Drittel der Mitglieder des Aufsichtsrates.

33 In welchen drei Gesetzen ist die Mitbestimmung im Aufsichtsrat von Großbetrieben geregelt?

a) Montan-Mitbestimmungsgesetz von 1951
b) Betriebsverfassungsgesetz von 1972
c) Mitbestimmungsgesetz von 1976

34 Interpretieren Sie die folgenden Schaubilder, die mitbestimmte Aufsichtsräte darstellen.

a) Mitbestimmter Aufsichtsrat nach dem Mitbestimmungsgesetz von 1976 für Großbetriebe mit mehr als 2000 Beschäftigten.

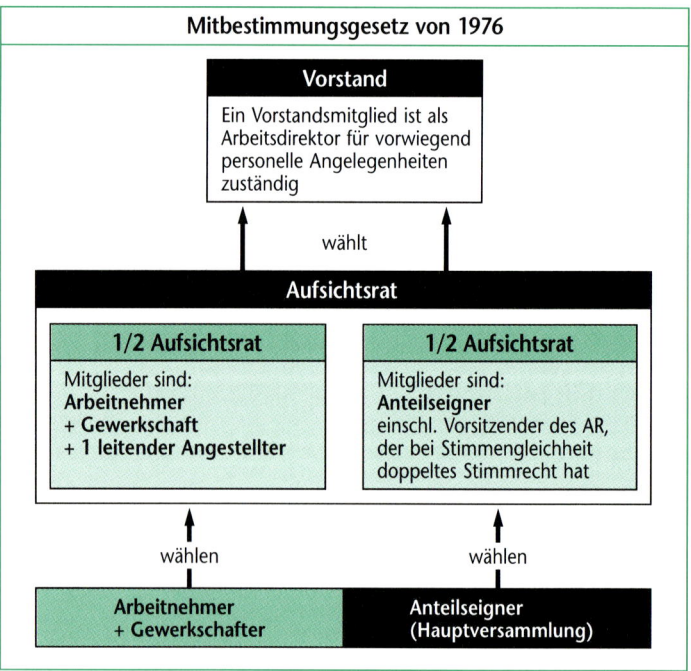

Mitbestimmungsgesetz von 1976

Vorstand
Ein Vorstandsmitglied ist als Arbeitsdirektor für vorwiegend personelle Angelegenheiten zuständig

↑ wählt ↑

Aufsichtsrat

1/2 Aufsichtsrat
Mitglieder sind:
Arbeitnehmer
+ Gewerkschaft
+ 1 leitender Angestellter

1/2 Aufsichtsrat
Mitglieder sind:
Anteilseigner
einschl. Vorsitzender des AR, der bei Stimmengleichheit doppeltes Stimmrecht hat

↑ wählen ↑

Arbeitnehmer
+ Gewerkschafter

Anteilseigner
(Hauptversammlung)

Interpretation:

Nach dem Mitbestimmungsgesetz von 1976 wählen die Arbeitnehmer die Hälfte (= paritätische Mitbestimmung) der Mitglieder des Aufsichtsrats. Die Anteilseigner (Aktionäre) haben durch das doppelte Stimmrecht des Aufsichtsratsvorsitzenden ein Übergewicht.

b) Mitbestimmter Aufsichtsrat nach dem Betriebsverfassungsgesetz von 1952 für Großbetriebe mit weniger als 2000 Beschäftigten.

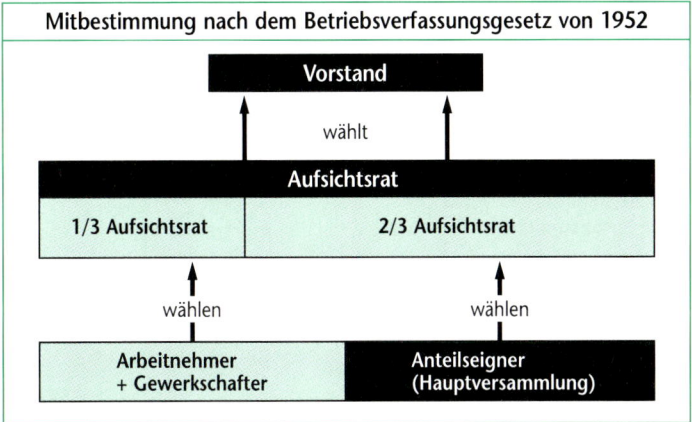

Mitbestimmung nach dem Betriebsverfassungsgesetz von 1952

Interpretation:

Die Arbeitnehmer wählen ein Drittel und die Anteilseigner (Aktionäre) zwei Drittel der Mitglieder des Aufsichtsrats. Die Vertreter der Anteilseigner haben im Aufsichtsrat ein erhebliches Übergewicht.

■ **Arbeitsgerichtsbarkeit**

|35| **Manche Arbeitsverhältnisse werden durch einen Rechtsstreit beendet. Wie heißt das dafür zuständige Gericht?** — Arbeitsgericht

|36| **Welche Streitigkeiten werden vor dem Arbeitsgericht verhandelt?** — Vor dem Arbeitsgericht werden verschiedene Streitigkeiten verhandelt, z. B. Streitigkeiten zwischen   →

▷ Fortsetzung der Antwort ▷

a) Arbeitgeber und Arbeitnehmer aus dem Arbeitsvertrag
b) Ausbildenden und Auszubildenden aus dem Berufsausbildungsvertrag
c) Arbeitgeberverbänden und den Gewerkschaften aus dem Tarifvertrag
d) Arbeitgeber und Betriebsrat aufgrund des Betriebsverfassungsgesetzes

37 Aus welchen Personen setzt sich das Arbeitsgericht in der 1. Instanz zusammen?

1 Berufsrichter als Vorsitzender
1 ehrenamtlicher Richter der Arbeitnehmerseite
1 ehrenamtlicher Richter der Arbeitgeberseite

38 Wie beginnt das Verfahren beim Arbeitsgericht?

mit einer Güteverhandlung

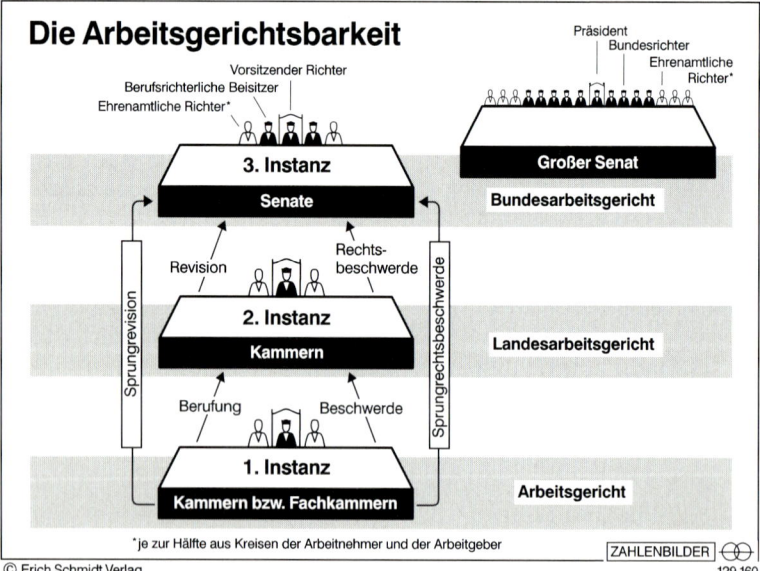

Die Arbeitsgerichtsbarkeit

Präsident
Bundesrichter
Ehrenamtliche Richter*

Vorsitzender Richter
Berufsrichterliche Beisitzer
Ehrenamtliche Richter*

3. Instanz
Senate

Großer Senat

Bundesarbeitsgericht

Revision   Rechtsbeschwerde

Sprungrevision

2. Instanz
Kammern

Sprungrechtsbeschwerde

Landesarbeitsgericht

Berufung   Beschwerde

1. Instanz
Kammern bzw. Fachkammern

Arbeitsgericht

*je zur Hälfte aus Kreisen der Arbeitnehmer und der Arbeitgeber

ZAHLENBILDER

129 160

■ Gesetzliche Sozialversicherung

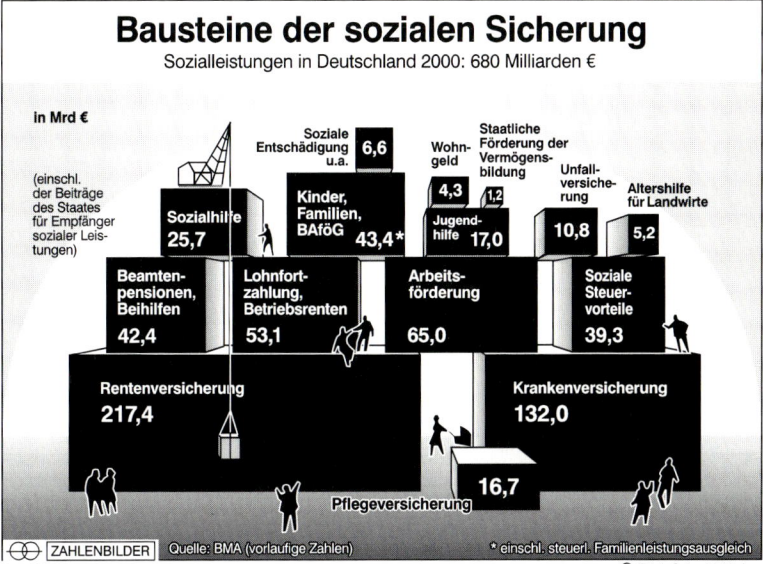

Bausteine der sozialen Sicherung
Sozialleistungen in Deutschland 2000: 680 Milliarden €

in Mrd €

(einschl. der Beiträge des Staates für Empfänger sozialer Leistungen)

Soziale Entschädigung u.a. **6,6**

Wohngeld **4,3**

Staatliche Förderung der Vermögensbildung **1,2**

Sozialhilfe **25,7**

Kinder, Familien, BAföG **43,4***

Jugendhilfe **17,0**

Unfallversicherung **10,8**

Altershilfe für Landwirte **5,2**

Beamtenpensionen, Beihilfen **42,4**

Lohnfortzahlung, Betriebsrenten **53,1**

Arbeitsförderung **65,0**

Soziale Steuervorteile **39,3**

Rentenversicherung **217,4**

Krankenversicherung **132,0**

Pflegeversicherung **16,7**

ZAHLENBILDER Quelle: BMA (vorläufige Zahlen)   * einschl. steuerl. Familienleistungsausgleich

141 131

© Erich Schmidt Verlag

39 Welche Versicherungsarten gehören zur gesetzlichen Sozialversicherung?

a) Krankenversicherung (KV)
b) Rentenversicherung (RV)
c) Arbeitslosenversicherung (ALV)
d) Unfallversicherung (UV)
e) Pflegeversicherung (PV)

40 Wer ist in welcher Höhe (Prozentsatz) an der Bezahlung der Sozialversicherungsbeiträge beteiligt?

	Arbeitgeber	Arbeitnehmer
KV	50 %	50 %
RV	50 %	50 %
ALV	50 %	50 %
PV*)	50 %	50 %
UV	100 %	–

*) Um die Kosten der Arbeitgeber auszugleichen, strichen die Länder zunächst einen Feiertag, der stets auf einen Werktag fällt. In fast allen Bundesländern ist deshalb der Buß- und Bettag entfallen. In **Sachsen** wurde kein Feiertag gestrichen, deshalb zahlen die Arbeitnehmer den gesamten Betrag.

41 Obwohl die Sozialversicherung eine Pflichtversicherung für alle Arbeitnehmer ist, gelten Ausnahmeregelungen für bestimmte Personengruppen.
Nennen Sie diese Gruppen.

a) Beamte
b) Selbstständige
c) Rentner
d) Arbeitnehmer ab einer bestimmten Einkommenshöhe (sog. Beitragsbemessungsgrenze)

42 Erläutern Sie die wesentlichen Merkmale unseres Sozialversicherungssystems.

a) Die Versicherten zahlen die Hälfte der Versicherungsbeiträge.
b) Die andere Hälfte zahlt der Arbeitgeber.
c) Die Sozialversicherungen erhalten erhebliche Staatszuschüsse.
d) Versicherte haben einen Rechtsanspruch auf Versicherungsleistungen.
e) Sozialversicherungen sind nach dem Selbstverwaltungsgrundsatz aufgebaut.

43 Wovon hängt die Höhe der Sozialversicherungsbeiträge ab?

Die Sozialversicherungsbeiträge sind abhängig
a) von den *Beitragssätzen*
b) vom *Verdienst* des Versicherten
c) von der *Beitragsbemessungsgrenze*

44 Warum spricht man auch von der dynamischen Rente?

Die Renten werden den jährlichen Lohnsteigerungen angepasst, also „dynamisiert".

45 Erläutern Sie folgende Begriffe aus dem Rentenrecht:
a) Beitragsbemessungsgrenze
b) flexible Altersgrenze

a) **Beitragsbemessungsgrenze:**
= monatliches Einkommen, aus dem der Höchstbetrag zur Rentenversicherung errechnet wird.
1. 1. 2002: 4 500,– € (alte Bundesländer) und 3 750,– € (neue Bundesländer)
b) **flexible Altersgrenze:**
Der Arbeitnehmer kann mit 60, 63 oder 65 Jahren aus dem Erwerbsleben ausscheiden.

46 Nennen Sie die derzeit geltenden Beitragsbemessungsgrenzen für die alten und für die neuen Bundesländer.

Die Zahlen für die neuen Bundesländer stehen nach dem Schrägstrich. *Stand: 1.1.2002*

Rentenversicherung:
monatlich 4 500,– €/3 750,– €

Arbeitslosenversicherung:
monatlich 4 500,– €/3 750,– €

Krankenversicherung:
monatlich 3 375,– € bundesweit

Pflegeversicherung:
monatlich 3 375,– € bundesweit

(Die Beitragsbemessungsgrenze der Kranken- und der Pflegeversicherung beträgt 75 % der Beitragsbemessungsgrenze der Rentenversicherung.)

47 Wer ist Träger der gesetzlichen Rentenversicherung:

a) bei Arbeitern,
b) bei Angestellten?

a) die Landesversicherungsanstalten
b) die Bundesversicherungsanstalt für Angestellte in Berlin

48 Wie hoch ist der Arbeitnehmeranteil, den Geringverdiener zur gesetzlichen Sozialversicherung zahlen müssen?

Für Geringverdiener **entfällt** der Arbeitnehmeranteil. Der (verringerte) Beitrag wird zu 100 % vom Arbeitgeber bezahlt. Der Arbeitnehmer erhält allerdings auch keine Leistungen, es sei denn er stockt die entsprechenden Zahlungen des Arbeitgebers auf. Diese Regelung gilt für Monatseinkommen, die 325,– € nicht übersteigen.

49 Wer ist in der Rentenversicherung pflichtversichert?

a) alle Arbeitnehmer und Auszubildenden
b) Wehrdienstleistende

Selbstständige und Freiberufler wie Ärzte, Rechtsanwälte, Apotheker usw. können sich freiwillig versichern.

50 Im Zusammenhang mit der Rentenversicherung ist immer wieder vom „Generationenvertrag" die Rede.

a) Erläutern Sie diesen Begriff.

b) Welche Probleme sehen Sie in diesem Zusammenhang?

c) Machen Sie drei Lösungsvorschläge.

a) Die Beiträge der jeweils arbeitenden Generationen ermöglichen die Renten der im Ruhestand befindlichen Generation.

b) Die arbeitende Bevölkerung wird immer geringer, während die Zahl der Rentner immer mehr zunimmt, d. h. immer weniger Arbeitnehmer müssen immer mehr Renten finanzieren.

c) *Lösungsmöglichkeiten:*
   - Erhöhung der Beiträge
   - Absenkung des Rentenniveaus
   - höhere Eigenvorsorge
   - Verlängerung der Lebensarbeitszeit
   - höhere Staatszuschüsse
   - staatliche Familienförderung zur Hebung der Geburtenzahl
   - Teilrenten (Altersteilzeit)
   - Der Staat fördert die freiwillige private Vorsorge durch Zulagen und Steuervorteile (Rentenreform 2001)

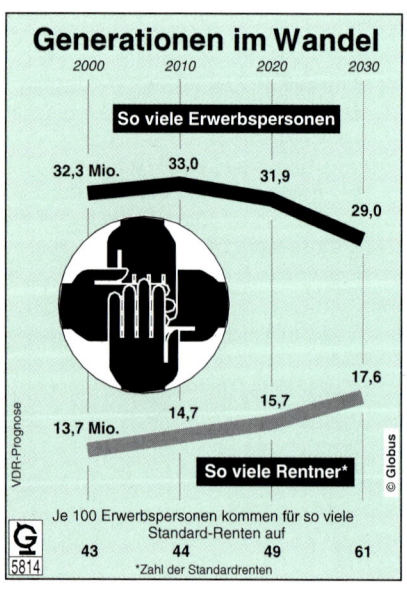

Generationen im Wandel

| 2000 | 2010 | 2020 | 2030 |

So viele Erwerbspersonen

32,3 Mio.   33,0   31,9   29,0

17,6

13,7 Mio.   14,7   15,7

So viele Rentner*

VDR-Prognose

© Globus

Je 100 Erwerbspersonen kommen für so viele Standard-Renten auf

43   44   49   61

*Zahl der Standardrenten

G 5814

51 **Welche Leistungen erbringt die Rentenversicherung?**
Zählen Sie drei Beispiele auf.

a) *Rehabilitationsmaßnahmen,*
   um die Arbeitskraft zu sichern oder wiederherzustellen (z. B. Umschulung, Kur)
b) *Rentenleistungen*
   – Altersrente
   – Erwerbsminderungsrente
   – Waisenrente
   – Witwen- bzw. Witwerrente

52 **Ein wichtiger Begriff aus dem Rentenrecht ist die „Wartezeit".**
Erklären Sie, was man darunter versteht.

Die **Wartezeit** ist die Mindestzeit, die man der Rentenversicherung angehören muss, um Rentenleistungen zu beanspruchen.
Die Wartezeit wird erfüllt durch:
– Beitragszeiten
– Kindererziehungszeiten
– Ausfallzeiten (z. B. Krankheit/Berufsausbildung)
– Ersatzzeiten (z. B. Wehrdienst)
– Zeiten nach dem Versorgungsausgleich bei Scheidungen

53 **Man unterscheidet die große und die kleine Wartezeit.**
Nennen Sie hierzu jeweils die entsprechenden Rentenleistungen.

a) Die **kleine Wartezeit** beträgt *60 Versicherungsmonate.* Sie wird verlangt für:
   – Erwerbsminderungsrente
   – Altersrente **ab** dem 65. Lebensjahr
   – Hinterbliebenenrente
b) Die **große Wartezeit** beträgt *180 Versicherungsmonate.* Sie ist Voraussetzung für Altersrenten <u>vor</u> dem 65. Lebensjahr.

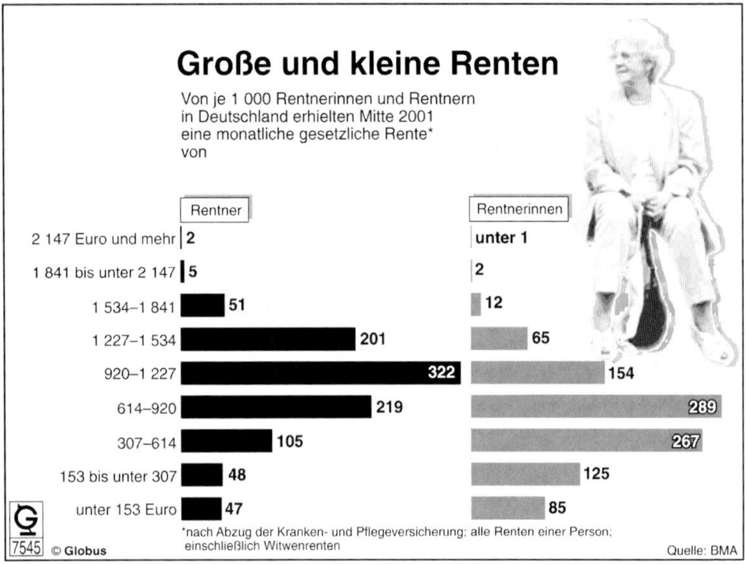

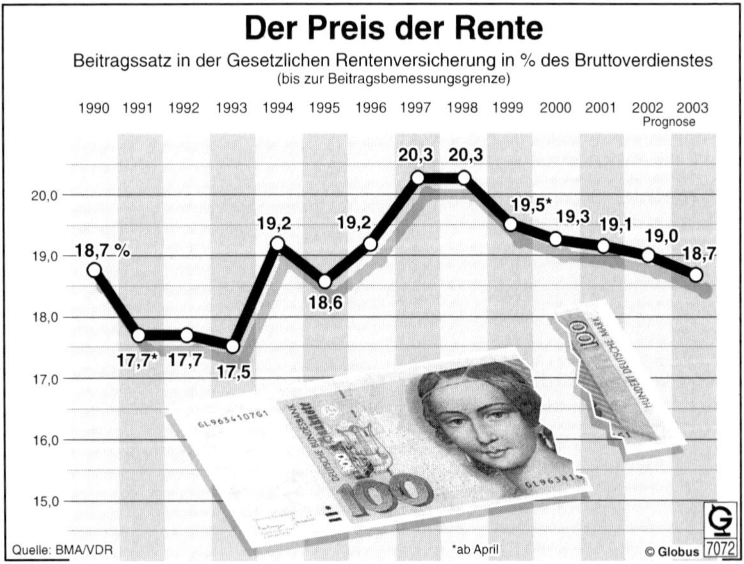

Große und kleine Renten

Von je 1 000 Rentnerinnen und Rentnern
in Deutschland erhielten Mitte 2001
eine monatliche gesetzliche Rente*
von

	Rentner	Rentnerinnen
2 147 Euro und mehr	2	unter 1
1 841 bis unter 2 147	5	2
1 534–1 841	51	12
1 227–1 534	201	65
920–1 227	322	154
614–920	219	289
307–614	105	267
153 bis unter 307	48	125
unter 153 Euro	47	85

G 7545 © Globus

*nach Abzug der Kranken- und Pflegeversicherung; alle Renten einer Person;
einschließlich Witwenrenten

Quelle: BMA

Der Preis der Rente

Beitragssatz in der Gesetzlichen Rentenversicherung in % des Bruttoverdienstes
(bis zur Beitragsbemessungsgrenze)

1990	1991	1992	1993	1994	1995	1996	1997	1998	1999	2000	2001	2002	2003 Prognose

18,7 %
17,7* 17,7 17,5
19,2
18,6
19,2
20,3 20,3
19,5* 19,3 19,1
19,0
18,7

20,0
19,0
18,0
17,0
16,0
15,0

Quelle: BMA/VDR   *ab April   © Globus 7072

© Holland + Josenhans

54 Nennen Sie die Träger der gesetzlichen Krankenversicherung.

Träger können sein:
a) Ortskrankenkassen
b) Innungskrankenkassen
c) Betriebskrankenkassen
d) landwirtschaftliche Krankenkassen
e) Ersatzkassen für Arbeiter und Angestellte (z. B. Barmer Ersatzkasse, DAK [Deutsche Angestellten-Krankenkasse] u. v. a.)

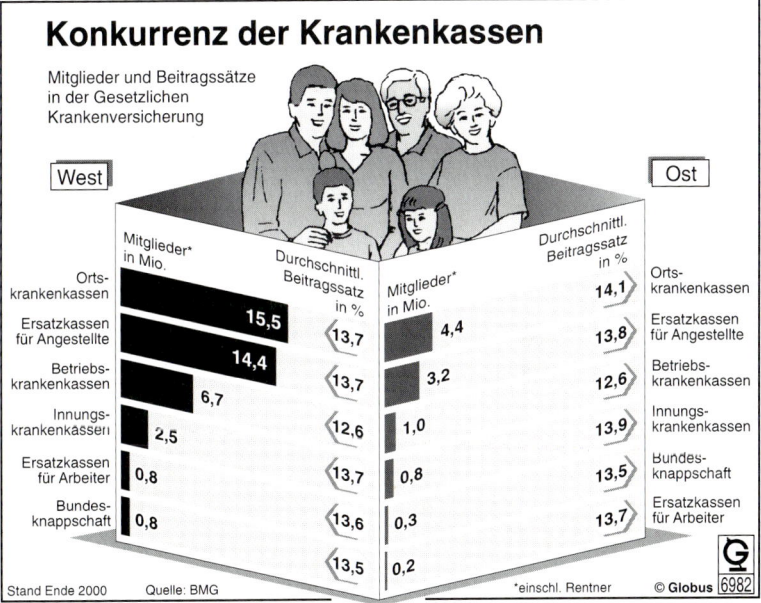

Konkurrenz der Krankenkassen

Mitglieder und Beitragssätze in der Gesetzlichen Krankenversicherung

West / Ost

Mitglieder* in Mio. / Durchschnittl. Beitragssatz in %

West

	Mitglieder* in Mio.	Durchschnittl. Beitragssatz in %
Orts-krankenkassen	15,5	13,7
Ersatzkassen für Angestellte	14,4	13,7
Betriebs-krankenkassen	6,7	12,6
Innungs-krankenkassen	2,5	13,7
Ersatzkassen für Arbeiter	0,8	13,6
Bundes-knappschaft	0,8	13,5

Ost

	Mitglieder* in Mio.	Durchschnittl. Beitragssatz in %
Orts-krankenkassen	4,4	14,1
Ersatzkassen für Angestellte	3,2	13,8
Betriebs-krankenkassen	1,0	12,6
Innungs-krankenkassen	0,8	13,9
Bundes-knappschaft	0,3	13,5
Ersatzkassen für Arbeiter	0,2	13,7

Stand Ende 2000   Quelle: BMG   *einschl. Rentner   © Globus 6982

55 Wer ist in der Krankenversicherung pflichtversichert?

a) Arbeitnehmer, deren Verdienst die Beitragsbemessungsgrenze nicht übersteigt
b) Studenten und Auszubildende
c) Rentner
d) Landwirte
e) Arbeitslose

56 Wer bezahlt für Arbeitslose die Krankenkassenbeiträge?

Die Bundesanstalt für Arbeit

57 Nennen Sie die wichtigsten Regelleistungen der Krankenkassen.

a) Maßnahmen zur Vorsorge und Früherkennung von Krankheiten
b) Krankenhilfe
c) Mutterschaftshilfe
d) Familienhilfe
e) Krankengeld

58 Welche Leistungen umfasst die Krankenhilfe? (Mindestens vier Beispiele)

Die Krankenhilfe umfasst z. B.: ärztliche Behandlung, zahnärztliche Behandlung, Arzneimittel, Verbandmittel, Heilmittel, Krankenhauspflege, häusliche Krankenpflege

59 Neben der Zahlung von Arbeitslosenunterstützung hat die Arbeitslosenversicherung weitere Aufgaben.
Nennen Sie drei Beispiele.

a) Arbeitsvermittlung
b) Berufsberatung
c) Arbeitsmarkt- und Berufsforschung
d) Förderung der **beruflichen Bildung.** Ausbildung, Fortbildung, Umschulung.
e) Kurzarbeitergeld
f) Schlechtwettergeld
g) Konkursausfallgeld

60 Wer ist in der Arbeitslosenversicherung pflichtversichert?

– Arbeitnehmer, die einen ganzen Arbeitsplatz besetzen
– Arbeitnehmer mit Teilzeitbeschäftigung, die mehr als 325,– € verdienen
– Auszubildende

61 Wie heißt der Träger der Arbeitslosenversicherung?

die Bundesanstalt für Arbeit (BfA)

62 Unterscheiden Sie
a) Arbeitslosengeld
b) Arbeitslosenhilfe

a) **Arbeitslosengeld:**
   – ist prozentual höher als Arbeitslosenhilfe. Versicherte mit Kind erhalten 67 % des pauschalierten Nettoverdienstes, Versicherte ohne Kind 60 %.
   – erfordert eine längere Anwartschaftszeit
   – Es besteht ein Rechtsanspruch auf Arbeitslosengeld.   →

▷ Fortsetzung der Antwort ▷

– Die Dauer der Zahlung ist begrenzt. Sie hängt ab vom Alter des Versicherten sowie von dessen Beschäftigungszeit.

b) **Arbeitslosenhilfe:**
 – ist prozentual niedriger. Versicherte mit Kind erhalten 57 % des letzten Nettoverdienstes, Versicherte ohne Kind 53 %.
 – wird nur ausbezahlt bei Bedürftigkeit
 – die Zahlung ist auf ein Jahr begrenzt

63 **Welche Ursachen kann die Arbeitslosigkeit haben?**
Nennen Sie zwei Ursachen.

a) konjunkturelle Ursachen (schlechte Wirtschaftslage)
b) strukturelle Ursachen (z. B. statt Fahrräder werden Mofas gekauft)
c) saisonale Ursachen (Bauwirtschaft im Winter, Fremdenverkehr)

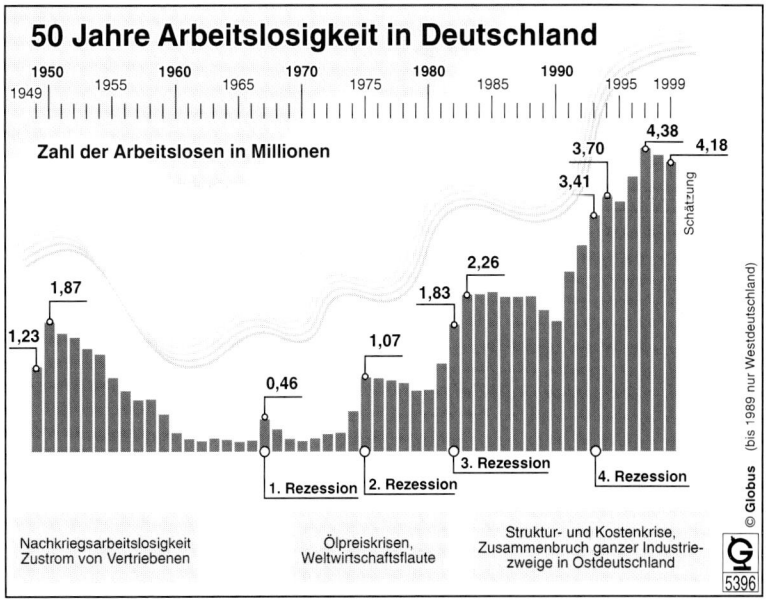

50 Jahre Arbeitslosigkeit in Deutschland

Zahl der Arbeitslosen in Millionen

1,23
1,87
0,46
1,07
1,83
2,26
3,41
3,70
4,38
4,18

Schätzung

(bis 1989 nur Westdeutschland)

1. Rezession
2. Rezession
3. Rezession
4. Rezession

Nachkriegsarbeitslosigkeit Zustrom von Vertriebenen

Ölpreiskrisen, Weltwirtschaftsflaute

Struktur- und Kostenkrise, Zusammenbruch ganzer Industriezweige in Ostdeutschland

© Globus

5396

Warum sie zum Sozialamt gehen

Von je 100 Haushalten, die laufende Hilfe zum Lebensunterhalt* empfangen, erhalten diese aus folgenden Gründen:

SOZIALAMT

WEST		OST
30 Arbeitslosigkeit		Arbeitslosigkeit 54
Zu geringe Rente 10		3 Zu geringe Rente
Tod oder Ausfall des Ernährers 10		1 Tod oder Ausfall des Ernährers
Zu geringes Einkommen 7		6 Zu geringes Einkommen
Krankheit 5		2 Krankheit
sonstige Gründe 38		34 sonstige Gründe

Quelle: Stat. Bundesamt   *außerhalb von Einrichtungen   © Globus 2903

---

64 Wovon lebt ein allein stehender, erwerbsunfähiger Arbeitnehmer, der keinen Anspruch auf Arbeitslosengeld, Arbeitslosenhilfe oder Rente hat?

Sozialhilfe
(zuständig sind die Sozialämter der Gemeinden)

65 Wie heißt der Versicherungsträger, bei dem Sie gegen Arbeitsunfälle versichert sind?

die Berufsgenossenschaft

66 Welche Ereignisse sind Arbeitsunfälle?
Nennen Sie zwei Beispiele.

a) Wegeunfall (auf dem Weg zum und vom Arbeitsplatz)
b) Berufskrankheit
c) Unfall am Arbeitsplatz

67 Wonach richtet sich die Höhe des Beitrags, die der Arbeitgeber an die gesetzliche Unfallversicherung abführen muss?

Die Beitragshöhe ist für jeden Betrieb unterschiedlich. Sie richtet sich nach der **Jahreslohnsumme** und nach der Einstufung der **Unfallgefahren** im Betrieb.

68 Welche Leistungen erbringt die gesetzliche Unfallversicherung?
Nennen Sie drei Beispiele.

a) *Unfallverhütung* durch Erlass von Unfallverhütungsvorschriften sowie die Überwachung von deren Einhaltung.
b) *Heilbehandlung* (ärztl. Behandlung, Arzneimittel, Krankenhausaufenthalt usw.)
c) *Verletztengeld* (entspricht dem Krankengeld)
d) *Verletztenrente*
e) *Hinterbliebenenrente*
f) *Sterbegeld*

■ Sozialgerichtsbarkeit

69 Welches Gericht entscheidet bei Streitigkeiten aus dem Sozialversicherungsrecht?

Sozialgericht

70 Wann kann sich ein Sozialversicherter an das Sozialgericht wenden?

Erhält ein Sozialversicherter vom Sozialversicherungsträger einen für ihn ungünstigen Bescheid, kann er in begründeten Fällen Widerspruch einlegen. Wird der Widerspruch abgelehnt, kann er sich mit seinem Anliegen an das Sozialgericht wenden.

71 Nennen Sie
a) die Berufungs- und
b) die Revisionsinstanz
der Sozialgerichtsbarkeit.

1. Instanz = Sozialgericht
a) 2. Instanz = Landessozialgericht
b) 3. Instanz = Bundessozialgericht

72 Welcher bedeutende Grundsatz gilt für die Verfahren vor den Sozialgerichten?

Die Verfahren vor den Sozialgerichten sind **kostenfrei.**

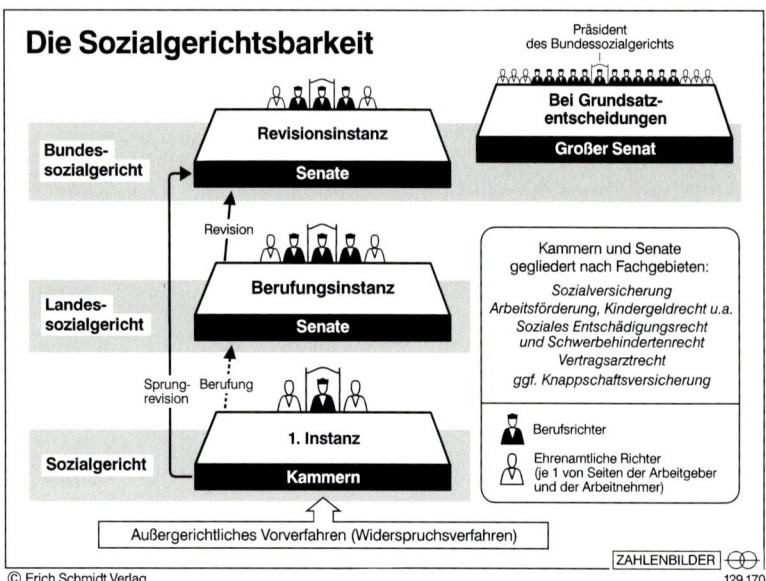

Die Sozialgerichtsbarkeit

Präsident des Bundessozialgerichts

Bei Grundsatzentscheidungen

Bundessozialgericht — Revisionsinstanz — Senate

Großer Senat

Revision

Landessozialgericht — Berufungsinstanz — Senate

Kammern und Senate gegliedert nach Fachgebieten:
Sozialversicherung
Arbeitsförderung, Kindergeldrecht u.a.
Soziales Entschädigungsrecht und Schwerbehindertenrecht
Vertragsarztrecht
ggf. Knappschaftsversicherung

Sprungrevision   Berufung

Sozialgericht — 1. Instanz — Kammern

Berufsrichter

Ehrenamtliche Richter (je 1 von Seiten der Arbeitgeber und der Arbeitnehmer)

Außergerichtliches Vorverfahren (Widerspruchsverfahren)

ZAHLENBILDER

© Erich Schmidt Verlag   129 170

Anmerkung: In den neuen Bundesländern tritt an die Stelle des Sozialgerichtes das Kreisgericht, an die Stelle des Landessozialgerichtes das Bezirksgericht.

5 Öffentliche Abgaben

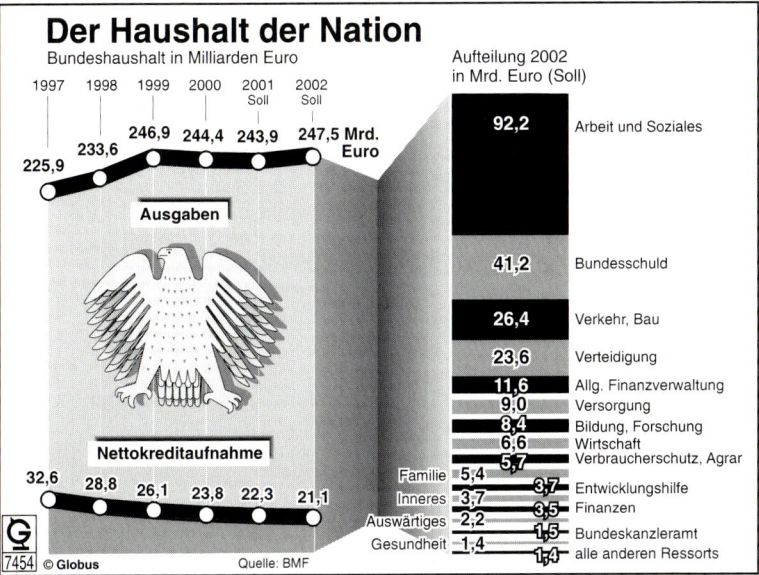

Der Haushalt der Nation

Bundeshaushalt in Milliarden Euro

Aufteilung 2002
in Mrd. Euro (Soll)

1997 1998 1999 2000 2001 2002
Soll Soll

246,9 244,4 243,9 247,5 Mrd.
233,6 Euro
225,9

Ausgaben

Nettokreditaufnahme

32,6 28,8 26,1 23,8 22,3 21,1

	Mrd. Euro
Arbeit und Soziales	92,2
Bundesschuld	41,2
Verkehr, Bau	26,4
Verteidigung	23,6
Allg. Finanzverwaltung	11,6
Versorgung	9,0
Bildung, Forschung	8,4
Wirtschaft	6,6
Verbraucherschutz, Agrar	5,7
Familie	5,4
Entwicklungshilfe	3,7
Inneres	3,7
Finanzen	3,5
Auswärtiges	2,2
Bundeskanzleramt	1,5
Gesundheit	1,4
alle anderen Ressorts	1,4

7454 © Globus   Quelle: BMF

---

1 Welche Einnahmen des Staates gehören zu den öffentlichen Abgaben?

a) Gebühren
b) Beiträge
c) Zölle
d) Steuern

2 Wodurch unterscheiden sich
a) Gebühren und
b) Beiträge?

a) **Gebühren** sind Preise für bestimmte staatliche Leistungen an den einzelnen Bürger – z. B. für einen Pass.
b) **Beiträge** sind Preise für bestimmte staatliche Leistungen an die Gemeinschaft – z. B. für die Kanalisation.

3 Was versteht man unter Zöllen?
Nennen Sie vier Zollarten.

Zölle sind Abgaben, die beim grenzüberschreitenden Warenverkehr erhoben werden:
z. B.: • Einfuhrzölle
• Ausfuhrzölle
• Schutzzölle
• Finanzzölle

4 Erklären Sie den Begriff „Steuern".

Steuern sind Abgaben an den Staat; sie begründen keinen Anspruch auf eine unmittelbare Gegenleistung.

5 Warum erhebt der Staat Steuern?

a) zur Finanzierung von Staatsausgaben
b) als Mittel für die Wirtschafts- und Sozialpolitik

6 Nennen Sie vier Bereiche, für die der Staat die Steuern verwendet.

a) soziale Sicherung
b) Verteidigung
c) allgemeine Finanzwirtschaft
d) Verkehrswesen
e) Wissenschaftsförderung
f) Bildung, Wissenschaft
g) Gesundheit

7 Welches sind die Hauptziele der staatlichen Steuererhebung?

a) **Beeinflussung der Konjunktur:**
   • *Steuersenkungen* wirken konjunkturfördernd
   • *Steuererhöhungen* wirken konjunkturdämpfend
b) **Beeinflussung des Konsumverhaltens:**
   Z. B. soll durch hohe Mineralölsteuern zum sparsamen Umgang mit Energie angeregt werden.
c) **Umverteilung von Einkommen und Vermögen:**
   Bedingt durch den progressiven Einkommensteuertarif zahlen Großverdiener (ab 1. 1. 2005) bis 42 % Steuern, Kleinverdiener zahlen 0 % Steuern.
d) **Finanzierung der Staatsaufgaben:**
   z. B. Krankenhäuser, Schulen, Straßen, Verteidigung

8 Welche Einnahmequellen stehen dem Staat zum Ausgleich seines Haushalts zur Verfügung?
Nennen Sie drei Beispiele.

a) Steuern (z. B. Lohnsteuer, Körperschaftsteuer, Einkommensteuer)
b) Zölle
c) Monopole (Branntweinmonopol)
d) Gebühren und Beiträge
e) Gewinne staatseigener Unternehmungen
f) Gewinne der Deutschen Bundesbank

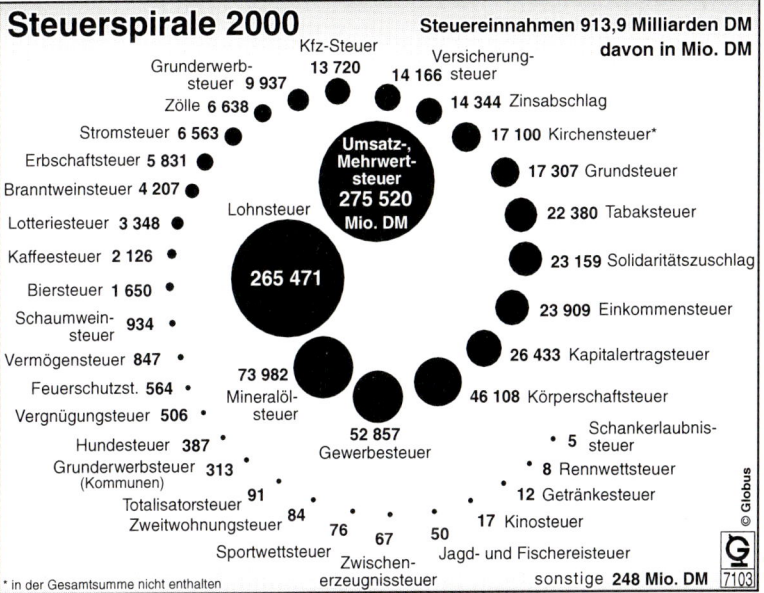

Steuerspirale 2000

Steuereinnahmen 913,9 Milliarden DM
davon in Mio. DM

Grunderwerb-steuer 9 937

Kfz-Steuer 13 720

Versicherung-steuer 14 166

Zölle 6 638

14 344 Zinsabschlag

Stromsteuer 6 563

Erbschaftsteuer 5 831

17 100 Kirchensteuer*

Branntweinsteuer 4 207

Umsatz-, Mehrwert-steuer 275 520 Mio. DM

17 307 Grundsteuer

Lotteriesteuer 3 348

Lohnsteuer

22 380 Tabaksteuer

Kaffeesteuer 2 126

23 159 Solidaritätszuschlag

Biersteuer 1 650

265 471

23 909 Einkommensteuer

Schaumwein-steuer 934

26 433 Kapitalertragsteuer

Vermögensteuer 847

Feuerschutzst. 564

73 982 Mineralöl-steuer

46 108 Körperschaftsteuer

Vergnügungsteuer 506

Hundesteuer 387

52 857 Gewerbesteuer

5 Schankerlaubnis-steuer

Grunderwerbsteuer 313 (Kommunen)

8 Rennwettsteuer

Totalisatorsteuer 91

12 Getränkesteuer

Zweitwohnungsteuer 84

76

67

50

17 Kinosteuer

Sportwettsteuer

Zwischen-erzeugnissteuer

Jagd- und Fischereisteuer

sonstige **248 Mio. DM**

* in der Gesamtsumme nicht enthalten

© Globus

7103

---

9 Teilen Sie die Steuern nach der Erhebungsart ein.

Nach der Erhebungsart unterscheidet man **direkte** und **indirekte** Steuern.

10 Unterscheiden Sie direkte und indirekte Steuern.
Nennen Sie jeweils zwei Beispiele.

a) **Direkte Steuern:**
Direkte Steuern werden beim Steuer-schuldner direkt erhoben; z. B. Ein-kommensteuer, Gewerbesteuer.

b) **Indirekte Steuern:**
Indirekte Steuern werden auf dem Umweg über bestimmte Produkte erhoben, d. h., der Käufer zahlt sie indirekt; z. B. Umsatz-, Tabak-, Bier-, Mineralölsteuer.

11 Teilen Sie die Steuern nach dem Steuergegenstand ein.

Nach dem Steuergegenstand unterscheidet man
- Besitzsteuern
- Verkehrsteuern und
- Verbrauchsteuern

12 Nennen Sie drei
Besitzsteuern.

a) Lohnsteuer   c) Einkommensteuer
b) Erbschaftsteuer d) Grundsteuer

13 Erklären Sie folgende
Steuerarten:
a) Verkehrsteuern,
b) Verbrauchsteuern.
Nennen Sie je zwei Beispiele.

a) **Verkehrsteuern:**
   Hier werden „Vorgänge" besteuert, z. B.
   – Warenumsatz (Mehrwertsteuer)
   – Kauf von Grundstücken
     (Grunderwerbsteuer)
   – Haltung von Kraftfahrzeugen
     (Kraftfahrzeugsteuer)
b) **Verbrauchsteuern:**
   Hier werden Beträge erfasst, die für
   bestimmte Verbrauchsgüter aus-
   gegeben werden, z. B. Tabaksteuer,
   Biersteuer, Schaumweinsteuer.

14 Teilen Sie die Steuern nach
dem Empfänger ein.

Nach dem Empfänger unterscheidet man:
• Bundessteuern
• Ländersteuern
• Gemeindesteuern
• Kirchensteuern
• gemeinschaftliche Steuern

15 Auf welche Gebietskörper-
schaften wird in der Bundesrepublik Deutschland das
Steueraufkommen aufgeteilt?

a) Bund
b) Länder
c) Gemeinden
d) Europäische Gemeinschaft

16 Nennen Sie jeweils die
zwei wichtigsten Steuerarten
für
a) Bund
b) Länder
c) Gemeinden

a) **Bund:**
   Anteil an der
   – Umsatzsteuer
   – Einkommen- und Lohnsteuer
   – Körperschaftsteuer
b) **Länder:**
   Anteil an der
   – Umsatzsteuer
   – Lohn- und Einkommensteuer
   – Körperschaftsteuer
c) **Gemeinden:**
   – Gewerbesteueranteil
   – Anteil an der Lohn- und Ein-
     kommensteuer
   – Grundsteuer

17 Was versteht man unter gemeinschaftlichen Steuern? Nennen Sie drei Beispiele.

Gemeinschaftliche Steuern sind Steuern, die zwischen Bund, Ländern und Gemeinden geteilt werden;
z. B. • Lohn- und Einkommensteuer
      • Umsatzsteuer
      • Gewerbesteuer

18 Nennen Sie jeweils ein Argument für und gegen die Erhebung von Einfuhrzöllen.

a) **Argumente für Einfuhrzölle:**
   – Schutz der eigenen Wirtschaft
   – ungestörter Aufbau eigener Wirtschaftszweige
   – Sicherung der Arbeitsplätze
b) **Argumente gegen Einfuhrzölle:**
   – Störung des freien Welthandels
   – Störung des Wettbewerbs
   – Preisnachteile für den Konsumenten

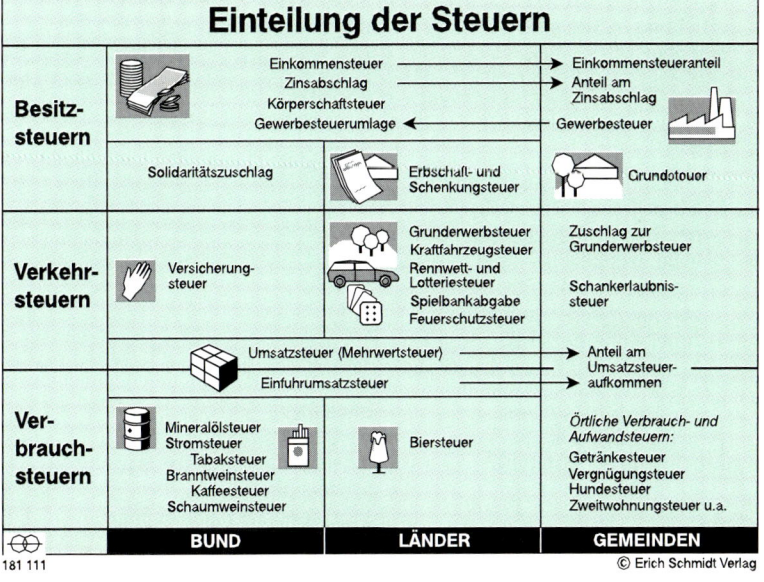

Einteilung der Steuern

	BUND	LÄNDER	GEMEINDEN
Besitzsteuern	Einkommensteuer / Zinsabschlag / Körperschaftsteuer / Gewerbesteuerumlage ← / Solidaritätszuschlag	Erbschaft- und Schenkungsteuer	Einkommensteueranteil → / Anteil am Zinsabschlag → / Gewerbesteuer ← / Grundsteuer
Verkehrsteuern	Versicherungsteuer	Grunderwerbsteuer / Kraftfahrzeugsteuer / Rennwett- und Lotteriesteuer / Spielbankabgabe / Feuerschutzsteuer	Zuschlag zur Grunderwerbsteuer / Schankerlaubnissteuer
	Umsatzsteuer (Mehrwertsteuer) → / Einfuhrumsatzsteuer		Anteil am Umsatzsteueraufkommen →
Verbrauchsteuern	Mineralölsteuer / Stromsteuer / Tabaksteuer / Branntweinsteuer / Kaffeesteuer / Schaumweinsteuer	Biersteuer	Örtliche Verbrauch- und Aufwandsteuern: / Getränkesteuer / Vergnügungsteuer / Hundesteuer / Zweitwohnungsteuer u.a.

181 111   © Erich Schmidt Verlag

19 Worin besteht der Unterschied zwischen Einkommensteuer und Lohnsteuer?

Die **Lohnsteuer** ist keine eigenständige Steuerart, sondern eine spezielle Erhebungsform der Einkommensteuer bei Lohn- und Gehaltsempfängern.
Der **Einkommensteuer** unterliegen natürliche Personen, deren Einnahmen aus sieben Einkunftsarten stammen.

20 Nennen Sie die sieben Einkunftsarten.

Einkunftsarten
Einkünfte aus
① Land- und Forstwirtschaft
② Gewerbebetrieb
③ selbstständiger Arbeit
④ nichtselbstständiger Arbeit
⑤ Kapitalvermögen
⑥ Vermietung und Verpachtung
⑦ sonstige Einkünfte

21 Warum werden die Arbeitnehmer zur Lohnsteuererhebung in Steuerklassen eingeteilt?

Die Einteilung erfolgt, um persönliche Verhältnisse, wie z. B. Familienstand oder Kinderzahl zu berücksichtigen.

22 In welche Steuerklasse gehört
a) eine ledige Arbeitnehmerin,
b) ein verheirateter Arbeitnehmer, dessen Ehefrau nicht arbeitet,
c) eine Arbeitnehmerin, die von mehreren Arbeitgebern Arbeitslohn bezieht?

a) Steuerklasse I
b) Steuerklasse III
c) Steuerklasse VI

23 Wie wird das zu versteuernde Einkommen eines Arbeitnehmers ermittelt?

Einnahmen
– Werbungskosten oder Arbeitnehmer-Pauschbetrag
– Sonderausgaben
– außergewöhnliche Belastungen

= zu versteuerndes Einkommen

24 Bis 2005 soll der neue Einkommensteuertarif vollständig eingeführt sein. Er unterscheidet verschiedene Zonen mit verschiedenen Steuersätzen.

Nennen Sie diese.

1. Nullzone
2. Progressionszone
3. Proportionalzone

Aufbau des Einkommensteuertarifs ab 1. 1. 2005

Einkommen über 52 152 €*

Einkommen bis 52 152 €*

Einkommen bis 7 675 €*

Steuersatz: 0 %	Steuersatz: 15 – 42 %	Steuersatz: 42 %
Nullzone	Progressionszone	Proportionalzone

* Die genannten Beträge sind gerundet und gelten für Ledige.
Für zusammen veranlagte Ehegatten gelten jeweils die doppelten Summen.

25 Erklären Sie den Begriff „Nullzone" im Zusammenhang mit der Lohnsteuererhebung.

Bis zur Einkommensgrenze von 7 675,– € (bei Ledigen) wird keine Einkommensteuer erhoben.

26 Durch Gehaltserhöhung kann die Steuerprogression ansteigen.

Erklären Sie diesen Vorgang.

Wer „mehr" verdient, zahlt prozentual mehr Steuern: von 15 % bis 42 %, dem Spitzensteuersatz. Die Progressionszone beginnt bei einem zu versteuernden Einkommen von 7 676,– €.

27 Begründen Sie, weshalb ein Arbeitnehmer eine Antragsveranlagung zur Einkommensteuer (= „freiwillige Einkommensteuererklärung") beantragen kann.

Die Lohnsteuer ist eine *Jahressteuer,* die jedoch *monatlich* erhoben wird. Dies kann zu Überzahlungen führen, wenn sich während des Jahres steuerliche Veränderungen ergeben. So werden z. B. Arbeitnehmer nach Gehalts-   →

▷ *Fortsetzung der Antwort* ▷

erhöhungen so besteuert, als würde das höhere Gehalt das ganze Jahr über bezogen.

Weitere Gründe:
- Werbungskosten übersteigen Pauschbetrag
- Sonderausgaben übersteigen Pauschbetrag
- außergewöhnliche Belastungen sind entstanden
- durch Heirat erfolgt Steuerklassenänderung
- schwankende Einkommenshöhe wegen Arbeitslosigkeit oder Krankheit
- eine Arbeitnehmersparzulage wird beantragt.

Die zu viel bezahlten Steuern werden auf Antrag („freiwillige Einkommensteuererklärung") zurückbezahlt.

---

28 Erklären Sie, was man bei einer „freiwilligen Einkommensteuererklärung" (Antragsveranlagung) unter Werbungskosten versteht.

Werbungskosten sind Aufwendungen, die durch das Arbeitsverhältnis verursacht worden sind, z. B.
- Arbeitskleidung,
- Fahrtkosten,
- Beiträge zu Berufsverbänden

Die Werbungskosten sind in einem Arbeitnehmer-Pauschbetrag von 1 044,00 € enthalten. Dieser ist in die Steuertabellen eingearbeitet und wird bei der monatlichen Lohnsteuerberechnung automatisch berücksichtigt. Nachgewiesene höhere Kosten können geltend gemacht werden.

---

29 Wovon hängt die Höhe der Lohnsteuer ab?

Nennen Sie drei Beispiele.

a) vom Familienstand
b) von der Steuerklasse
c) vom Alter
d) von der Einkommenshöhe
e) von der Kinderzahl
f) vom Steuertarif

Die historische Entwicklung der Bundesrepublik Deutschland

1 Weimarer Republik

■ Vorgeschichte

1 Wann begann der 1. Weltkrieg und wodurch wurde er ausgelöst?

Am 28. Juni 1914 wurden der österreichische Thronfolger Franz Ferdinand und seine Frau durch serbische Nationalisten in Sarajewo ermordet. Am 28. Juli 1914 erklärte Österreich-Ungarn Serbien den Krieg. (Aufgrund von Bündnisverpflichtungen erklärte im August 1914 das Deutsche Reich Russland und Frankreich den Krieg.)

2 Am 9. November 1918 trat das deutsche Staatsoberhaupt von seinem Amt zurück.
a) Wie hieß dieses deutsche Staatsoberhaupt?
b) Welche außenpolitischen Folgen hatte der Rücktritt des Staatsoberhaupts?
c) Innenpolitisch bedeutete dies das Ende der bisherigen Staatsform. Welche war das?

a) Kaiser Wilhelm II. (1859–1941)
b) Der Rücktritt ebnete den Weg zum Waffenstillstandsabkommen zwischen den Kriegsparteien und damit zum Ende des 1. Weltkrieges.
c) Monarchie (Kaiserreich)

Kaiser Wilhelm II. (1859–1941)

3 Wann endete der 1. Weltkrieg?

Am **11. November 1918** mit der Unterzeichnung des Waffenstillstandsabkommens zwischen dem Deutschen Reich und den Alliierten im Wald von Compiège (Frankreich).

4 Wer war
a) Verlierer und
b) Gewinner
des 1. Weltkrieges?

a) Die Mittelmächte Deutschland und
   Österreich hatten eine totale Niederlage erlitten.
b) alle wichtigen europäischen Nationen
   sowie die USA

■ Der Friedensschluss und seine Folgen

5 Im Anschluss an den
1. Weltkrieg wurde zwischen
dem 18. Januar und dem
28. Juni 1919 ein Friedensvertrag ausgehandelt.
Wie heißt dieser Friedensvertrag?

Versailler Friedensvertrag

6 Wie viele Staaten waren
an der Aushandlung des
Friedensvertrags beteiligt?
Nennen Sie die fünf
wichtigsten.

An der Versailler Friedenskonferenz
nahmen 32 Staaten teil.
Die wichtigsten waren:
– Großbritannien – Frankreich
– USA   – Japan
– Italien

7 Warum wurde der
Versailler Friedensvertrag
„Diktatfrieden" genannt?

An der Aushandlung des Friedensvertrags
waren keine Vertreter Deutschlands
beteiligt, da Deutschland aus Sicht der
Siegermächte der Hauptschuldige des
Krieges war.

8 Welche Folgen hatte der
Versailler Vertrag für das
deutsche Militär?
Nennen Sie zwei Folgen.

a) Entwaffnung des Deutschen Reichs
b) Abschaffung der Wehrpflicht
c) Schaffung einer Berufsarmee
   (Reichswehr) zur Aufrechterhaltung
   der inneren Ordnung mit insgesamt
   115 000 Soldaten (100 000 Heer und
   15 000 Marine)

9 Warum wurde die deut-
sche Wirtschaft durch den
Versailler Friedensvertrag stark
geschwächt?
Nennen Sie zwei Gründe.

a) Enteignung des deutschen Vermögens
   im Ausland
b) Auslieferung der deutschen
   Handelsflotte an die Siegermächte

→

▷ *Fortsetzung der Antwort* ▷

c) Lieferung von 25 Mio. Tonnen Kohle jährlich an die Sieger
d) Zahlung von Reparationen (Wiedergutmachung)

10 Durch den Versailler Friedensvertrag wurden die Grenzen des Deutschen Reichs verändert.

Die folgende Karte zeigt Deutschland in den Grenzen von 1917. Die Gebiete, die aufgrund des Versailler Vertrags von Deutschland abgetrennt wurden, sind mit den Zahlen ① bis ⑨ gekennzeichnet.

Stellen Sie fest, welche Gebiete abgetrennt wurden.

① Elsass-Lothringen
② Saarland
③ Eupen-Malmedy
④ Nordschleswig
⑤ Memelland
⑥ Danzig
⑦ Westpreußen und Posen
⑧ Teile Oberschlesiens
⑨ Hultschiner Ländchen

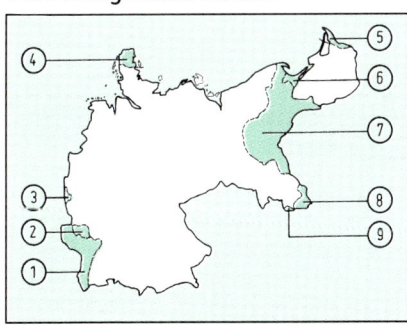

11 In welche Staaten wurden die in Frage 10 mit den Zahlen ① bis ⑨ bezeichneten Gebiete eingegliedert?

① Frankreich
② Völkerbundsverwaltung für 15 Jahre
③ Belgien
④ Dänemark
⑤ zunächst französische Verwaltung – 1923 Eingliederung nach Litauen
⑥ freie Stadt – Verwaltung durch einen Kommissar des Völkerbundes
⑦ Polen
⑧ Polen
⑨ ehemalige Tschechoslowakei

12 Auf welche Schutzgebiete (Kolonien) musste Deutschland als Folge des Versailler Vertrags verzichten?

a) Deutsch-Südwestafrika
b) Deutsch-Ostafrika
c) Kamerun
d) Togo
e) Deutsch-Neuguinea*)
f) Samoa
g) Kiautschou

13 Am 9. November 1918 trat nicht nur Kaiser Wilhelm II. zurück und beendete damit die (konstitutionelle) Monarchie, sondern es wurde durch eine Revolution eine neue Staatsform ausgerufen.

Welche neue Staatsform war das und von wem wurde sie ausgerufen?

Die erste deutsche Republik wurde durch den Sozialdemokraten Philipp Scheidemann von einem Fenster des Reichstages ausgerufen.

14 Was unterscheidet die Republik von der Monarchie? Nennen Sie zwei Merkmale.

Republik:
– Wahl des Staatsoberhaupts – auf begrenzte Zeit
Monarchie:
– Herrschaft kraft Geburt – auf Lebenszeit

15 Am 19. Januar 1919 wurde die deutsche Nationalversammlung gewählt.

a) In welcher Stadt des Deutschen Reiches trat die Nationalversammlung zusammen?
b) Warum trat sie nicht in Berlin, der Hauptstadt Deutschlands, zusammen?

a) Weimar
b) In Berlin herrschten revolutionäre Zustände und es bestand die Gefahr, dass radikale Gruppen versuchen würden, Druck auf die Abgeordneten der Nationalversammlung auszuüben.

————————

*) Dieses Schutzgebiet umfasste:
   – Kaiser-Wilhelms-Land
   – Bismarck-Archipel
   – Karolinen
   – Marianen
   – Palau-Inseln
   – Marshall-Inseln
   – Nauru

16 Welche Bevölkerungsgruppe hatte bei der Wahl zur Nationalversammlung am 19. Januar 1919 zum ersten Mal das aktive und passive Wahlrecht?

Erstmals durften Frauen wählen und sich zur Wahl stellen.

17 Welche wichtigen Parteien waren in der Weimarer Nationalversammlung in welcher Stärke vertreten?

a) SPD   38,7 % der Sitze
b) Zentrum 21,6 % der Sitze
c) DDP   17,8 % der Sitze
d) DNVP   10,5 % der Sitze
e) USPD   5,2 % der Sitze
f) DVP   4,5 % der Sitze
g) Sonstige 1,7 % der Sitze

18 Wer wurde von der Nationalversammlung zum vorläufigen Reichspräsidenten gewählt?

Der Führer der SPD, Friedrich Ebert

Friedrich Ebert (1871–1925)

19 Der erste Reichspräsident der Weimarer Republik, Friedrich Ebert, starb 1925. Wer wurde von der wahlberechtigten Bevölkerung zum neuen Reichspräsidenten gewählt?

Paul von Hindenburg

Paul von Hindenburg (1847–1934)

20 Welche Parteien bildeten die erste Regierungskoalition der Weimarer Republik?

a) SPD
b) Zentrum
c) DDP

21 Welches Verfassungswerk war wichtigste Grundlage der Weimarer Verfassung?

Das Verfassungswerk der Frankfurter Nationalversammlung von 1849 (Paulskirchenverfassung)

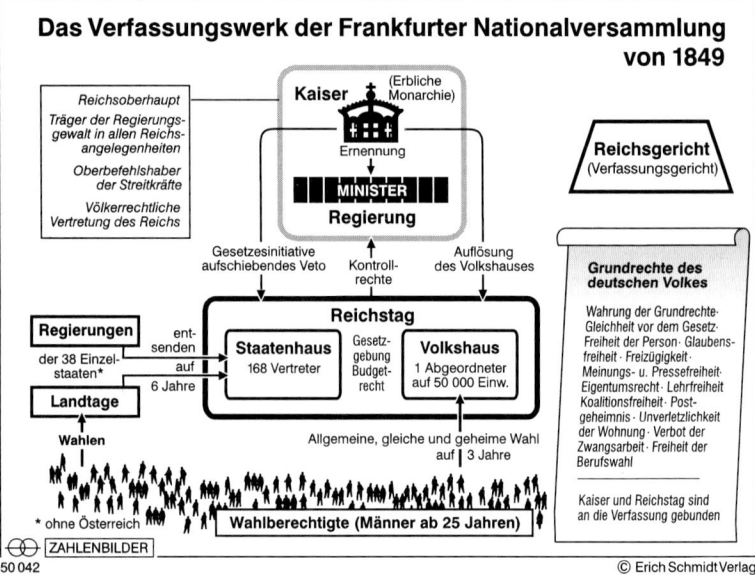

Das Verfassungswerk der Frankfurter Nationalversammlung von 1849

22 Die Hauptaufgabe der Weimarer Nationalversammlung war die Ausarbeitung einer Verfassung und der verfassungsrechtliche Aufbau der Weimarer Republik.

Welches waren die wichtigsten Organe der Weimarer Republik?

– der Reichstag
– der Reichsrat
– der Reichspräsident
– die Reichsregierung
– das Reichsgericht

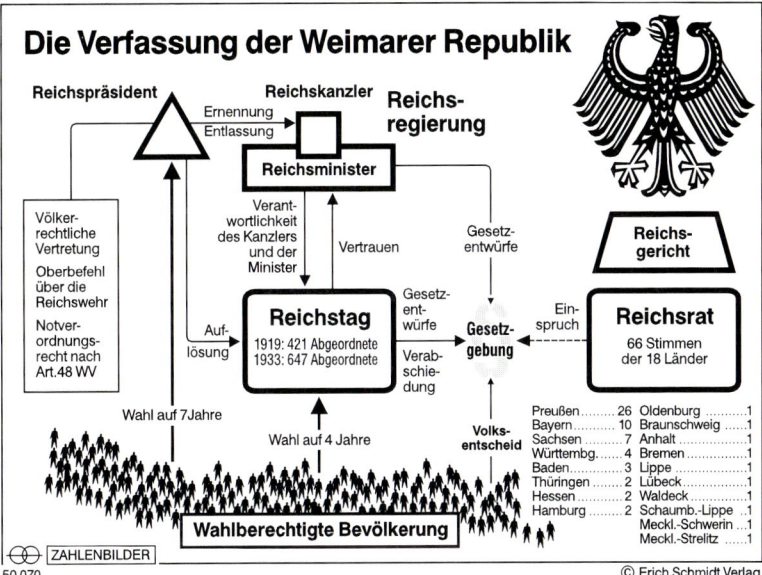

Die Verfassung der Weimarer Republik

Reichspräsident

Reichskanzler

Reichs-regierung

Ernennung
Entlassung

Reichsminister

Völker-rechtliche Vertretung

Oberbefehl über die Reichswehr

Notver-ordnungs-recht nach Art. 48 WV

Verant-wortlichkeit des Kanzlers und der Minister

Vertrauen

Gesetz-entwürfe

Reichs-gericht

Gesetz-entwürfe

Auf-lösung

Reichstag
1919: 421 Abgeordnete
1933: 647 Abgeordnete

Verab-schie-dung

Gesetz-gebung

Ein-spruch

Reichsrat
66 Stimmen der 18 Länder

Wahl auf 7 Jahre

Wahl auf 4 Jahre

Volks-entscheid

Preußen	26	Oldenburg	1
Bayern	10	Braunschweig	1
Sachsen	7	Anhalt	1
Württembg.	4	Bremen	1
Baden	3	Lippe	1
Thüringen	2	Lübeck	1
Hessen	2	Waldeck	1
Hamburg	2	Schaumb.-Lippe	1
		Meckl.-Schwerin	1
		Meckl.-Strelitz	1

Wahlberechtigte Bevölkerung

ZAHLENBILDER

50 070

© Erich Schmidt Verlag

23 Welche wichtigen Aufgaben hatte der Reichspräsident laut Weimarer Verfassung?

Nennen Sie drei wichtige Aufgaben.

a) völkerrechtliche Vertretung des Deutschen Reiches
b) Ernennung und Entlassung des Reichskanzlers und der Reichsminister
c) Auflösung des Reichstags
d) Ernennung und Entlassung der Reichsbeamten und Offiziere
e) Oberbefehlshaber der Reichswehr
f) Möglichkeit, mit Notverordnungen zu regieren

■ Politische Belastungen

24 **Die Weimarer Republik war von Anfang an umstritten und musste mit vielen Problemen kämpfen. Grund war unter anderem die schlechte wirtschaftliche Lage und die ungewöhnlichen Umstände, die zur Kriegsbeendigung führten. Erklären Sie den Begriff „Dolchstoßlegende".**

Von Gegnern der Weimarer Republik wurde behauptet, dass der 1. Weltkrieg wegen mangelnden Rückhalts in der Heimat „verloren" worden sei (Ausrufung der Republik am 9. November 1918); denn das Heer sei im Feld unbesiegt geblieben.

25 **Warum war die Weimarer Republik außenpolitisch isoliert?**

Der Versailler Friedensvertrag wies Deutschland neben Österreich-Ungarn die Alleinschuld am Ausbruch des 1. Weltkriegs zu. Aus diesem Grund wollte kein Staat mehr etwas mit Deutschland zu tun haben.

26 **a) Durch welchen internationalen Vertrag wurde die außenpolitische Isolierung Deutschlands durchbrochen?**

b) Mit welchem Staat wurde dieser Vertrag abgeschlossen?

c) Welchen Inhalt hatte dieser Vertrag?

d) Wie hieß der deutsche Außenminister, der den Vertrag unterzeichnete?

a) Vertrag von Rapallo vom 16. April 1922
b) damalige UdSSR
c) Der Vertrag beinhaltete den gegenseitigen Verzicht auf Reparationszahlungen, die sofortige Wiederaufnahme diplomatischer und konsularischer Beziehungen sowie Absprachen über die Handels- und Wirtschaftsbeziehungen.
d) Walther Rathenau

Walter Rathenau (1867–1922)

27 In den Jahren 1920 (Berlin) und 1923 (München) gab es einen Rechtsputsch bzw. einen Putschversuch.

Wer putschte?

a) 1920 Kapp-Putsch in Berlin
b) 1923 Hitlers Putschversuch in München

28 Die durch die Kriegswirtschaft (1914 bis 1918) eingeleitete und durch die Reparationsleistungen noch verstärkte Inflation wurde am 15.11.1923 durch eine Währungsreform beendet.

a) Wie hieß die neue Währung?
b) In welchem Verhältnis wurde die alte Währung in neue Währung umgetauscht?

a) Renten-Mark
b) 1 Billion Mark (1 000 000 000 000) = 1 Renten-Mark

29 Die Weltwirtschaftskrise hatte weltweit verheerende Auswirkungen auf Wirtschaft, Politik und Bevölkerung.

a) Wodurch wurde sie ausgelöst?
b) Wie wirkte sich die Weltwirtschaftskrise auf den Arbeitsmarkt Deutschlands und das deutsche Nationaleinkommen aus?

a) „Schwarzer Freitag"
= Börsenkrach in New York am 25.10.1929
b) Das stark sinkende Nationaleinkommen und die Deflation führten zu Massenarbeitslosigkeit.

30 Vom 16.6. bis 9.7.1932 fand in Lausanne (Schweiz) die „Reparationskonferenz" statt.

Welches Ergebnis brachte diese Konferenz für die deutschen Reparationszahlungen?

Lösung der Reparationsfrage:
Es wurde vereinbart, dass Deutschland eine **Schlusszahlung** in Höhe von 3 Milliarden RM leisten solle.

31 Warum scheiterte die Weimarer Republik?

Nennen Sie vier Gründe.

a) **„Demokratie ohne Demokraten"**
(Bevölkerung und Entscheidungsträger waren hauptsächlich Monarchisten, Nationalisten und Kommunisten) →

▷ *Fortsetzung der Antwort* ▷

b) Inflation von 1923
c) Versailler Vertrag
d) Dolchstoßlegende
e) Weimarer Verfassung (Parteien mit verfassungsfeindlicher Einstellung waren erlaubt!)
f) Weltwirtschaftskrise
g) außenpolitische Isolierung
h) innenpolitische Unruhe
i) Splitterparteien erschwerten die Regierungsbildung (20 Regierungen in 14 Jahren)

2 Nationalsozialistische Herrschaft

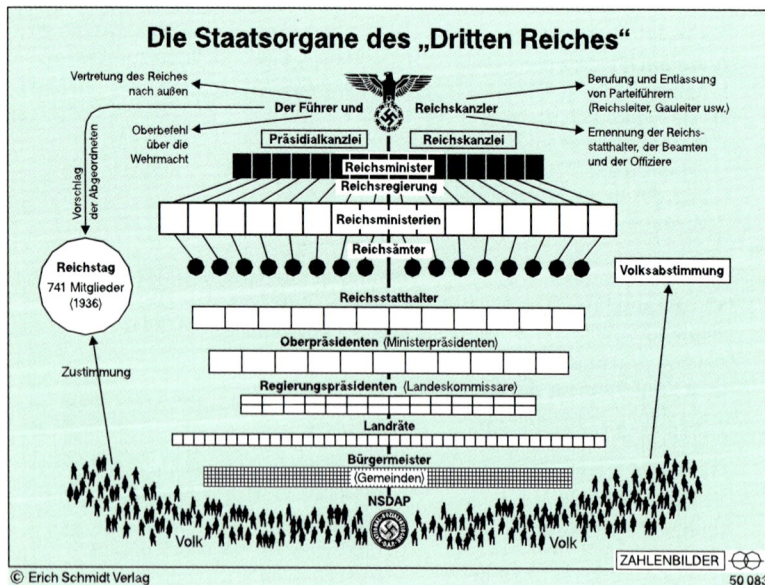

© Erich Schmidt Verlag

ZAHLENBILDER
50 083

1 An welchem Tag kam Adolf Hitler an die Macht?

Adolf Hitler wurde von Reichspräsident Paul von Hindenburg am 30. Januar 1933 zum Reichskanzler ernannt.

Adolf Hitler (1889–1945)

Ideologie und Krieg

2 Nennen Sie zwei Bestandteile der nationalsozialistischen Ideologie.

Ideologie des Nationalsozialismus:
a) Nationalismus
b) Rassismus
c) Führerstaat
d) Erweiterung des Lebensraumes

3 Welche „Antihaltungen" waren Bestandteile des Nationalsozialismus? Nennen Sie zwei Beispiele.

NS-„Antihaltungen":
a) Antisemitismus
b) Antimarxismus
c) Antiliberalismus

4 Welche zwei außenpolitischen Hauptziele verfolgte Hitler?

a) Beseitigung der Folgen des Versailler Vertrages
b) Schaffung eines großdeutschen Reiches

5 Welche Gebiete wurden Deutschland vor 1939 auf friedliche Weise eingegliedert?

a) Österreich
b) Sudetenland

6 **Durch eine kriegerische Aktion des Deutschen Reiches begann der 2. Weltkrieg.**

a) **Welches Land wurde militärisch angegriffen?**

b) **Wann fand dieser Angriff statt?**

c) **Welche Staaten waren mit dem angegriffenen Land verbündet und wie reagierten sie auf den deutschen Angriff?**

a) Polen

b) 1. September 1939

c) Großbritannien und Frankreich erklärten Deutschland den Krieg.

7 **Welche Kriegsziele hatte Hitler in Osteuropa?**

Nennen Sie zwei Kriegsziele.

Kriegsziele in Osteuropa:

a) Ausbeutung der besetzten Gebiete für Deutschland (Rohstoffquellen, Arbeitskräfte)

b) Schaffung von Lebens- und Siedlungsraum für das „übervölkerte" Deutschland

c) Unterwerfung der slawischen Völker gemäß der NS-Rassenlehre

8 **In den ersten Kriegsjahren hat die deutsche Armee viele Staaten Europas besetzt.**

Nennen Sie fünf Staaten, die besetzt wurden.

a) Norwegen

b) Dänemark

c) Niederlande

d) Belgien

e) Frankreich

f) Jugoslawien

g) Griechenland

h) Teile der UdSSR (Sowjetunion)

9 **Durch welche zwei Kriegsereignisse wurde 1943 die Wende des Krieges eingeleitet?**

a) deutsche Niederlage in der Schlacht von Stalingrad

b) Kapitulation der deutschen Truppen in Nordafrika

■ Propaganda und Erziehung

10 Welche Medien setzte das Ministerium für Volksaufklärung und Propaganda zur Beeinflussung der Bevölkerung ein?

Nennen Sie zwei Medien.

a) Filme (Propagandafilme)
b) zensierte Wochenschauen
c) zensierte Rundfunknachrichten (Volksempfänger)
d) zensierte Zeitungen

11 Welche Organisationen sollten die Jugendlichen im Sinne des Nationalsozialismus erziehen?

1. **Jungvolk** bzw. **Jungmädchen** (von 10 bis 14 Jahre)
2. **Hitlerjugend** bzw. **Bund Deutscher Mädchen** (von 14 bis 18 Jahre)
3. **Arbeitsdienst** für Jungen und Mädchen (ab 18 Jahren)
4. **Militärdienst** (ab 21 Jahren)

12 Wann endete der 2. Weltkrieg?

Der 2. Weltkrieg endete mit der bedingungslosen Kapitulation am 8. Mai 1945.

■ Gleichschaltung und Verfolgung

13 Am 27. Februar 1933 brannte das Reichstagsgebäude in Berlin. Wie reagierte Hitler auf den Reichstagsbrand?

Hitler nutzte den Reichstagsbrand für seine Zwecke, indem er die KPD beschuldigte, den Brand gelegt zu haben. Bereits am 28. Februar 1933 trat die Notverordnung „zum Schutz von Volk und Staat" in Kraft, d. h., **die Grundrechte der Bürger wurden außer Kraft gesetzt.**

14 Am 24. März 1933 verabschiedete der Reichstag mit Zweidrittelmehrheit das Ermächtigungsgesetz.

Erklären Sie den Inhalt dieses Gesetzes.

Ermächtigungsgesetz:
= Aufhebung der Gewaltenteilung, d. h., Gesetze der Regierung sind fortan ohne Zustimmung des Parlaments möglich!

15 **Legen Sie kurz dar, wie Hitler die politischen Parteien ausschaltete.**

a) Verbot von SPD und KPD
b) Selbstauflösung (auf Druck Hitlers) der übrigen Parteien außer der NSDAP
c) Im „Gesetz gegen die Neubildung von Parteien" (14. 7. 1933) wurde die NSDAP zur einzigen politischen Partei Deutschlands erklärt.

16 **Wie wurde nach dem Verbot der Parteien der Reichstag gewählt?**

Reichstagswahlen:
Es gab nur noch **Einheitslisten** („Liste des Führers").
Im Reichstag saßen nur noch Mitglieder der NSDAP.

17 **Um seine Macht zu festigen, gestaltete Hitler Deutschland in einen Zentralstaat um.**
Wie erfolgte diese Umgestaltung?

a) Beseitigung des Reichsrats (Länderkammer in Berlin)
b) Abschaffung der Länderparlamente
c) Verwaltung der Länder durch Reichsstatthalter
d) Zentralregierung in Berlin

18 **Wie versuchten die Nationalsozialisten die Gleichschaltung der gesamten Bevölkerung zu erreichen?**
Nennen Sie drei Beispiele.

a) Entlassung missliebiger Beamter
b) Zusammenfassung von Berufsgruppen in NS-Berufsverbänden.
   Zum Beispiel:
   – Reichsnährstand (Bauern)
   – Deutsche Arbeitsfront (Arbeitgeber und Arbeitnehmer)
   – NS-Studentenbund
c) Gründung der Hitlerjugend (HJ)
d) Gründung des Bundes Deutscher Mädchen (BDM)

19 **Durch welche Arbeitsbeschaffungsmaßnahmen haben die Nationalsozialisten die Arbeitslosigkeit beseitigt?**
Nennen Sie drei Maßnahmen.

a) Bau von Straßen und Autobahnen
b) Bau von Flugplätzen und Kasernen
c) Einführung der allgemeinen Wehrpflicht
d) Einführung des Arbeitsdienstes

20 **Wie wurden die Arbeitsbeschaffungsprogramme finanziert?**

Die Staatsverschuldung wurde stark ausgeweitet.

21 Wie wirkte sich die zunehmende Verschuldung des Staates und die Verwendung der Finanzmittel für eine verstärkte Rüstungsproduktion auf die Kaufkraft der Reichsmark aus?

Es bestand die Gefahr einer zunehmenden Inflation, da durch die Rüstungsproduktion das Geld-Güter-Gleichgewicht nicht mehr zu halten war.

22 Erklären Sie den Begriff <u>Pogrom</u>.

Pogrom:
= Verfolgung eines Volksteils

23 Welche Minderheiten wurden von den Nationalsozialisten verfolgt?

a) Juden
b) Zigeuner (Sinti und Roma)

24 Wie wurde die Judenverfolgung von den Nationalsozialisten begründet?

Begründung und Rechtfertigung war die nationalsozialistische **Rassenlehre.**

25 In welche drei Gruppen hat die nationalsozialistische Rassenlehre die Menschen eingeteilt?

NS-Rassenlehre:
a) **Arische Rasse:**
    = Sie sei eine „Herrenrasse" und daher zur Herrschaft über andere Völker bestimmt.
b) **Übrige Rassen:**
    = Sie seien „minderwertig" und hätten der arischen Rasse zu dienen.
c) **Juden:**
    = Sie seien „Parasiten" und müssten ausgerottet werden.

26 Nennen Sie drei Bestimmungen der „Nürnberger Gesetze".

„Nürnberger Gesetze":
a) Abschaffung der Gleichberechtigung zwischen Juden und den übrigen Deutschen
b) Verlust der deutschen Staatsbürgerschaft für Juden
c) kein Wahlrecht für Juden
d) keine Teilnahme von Juden am gesellschaftlichen Leben
e) Einschränkung der Arbeitsmöglichkeiten für Juden
f) Verbot von Eheschließungen von Juden und Nichtjuden

27 Die Nacht vom 9. auf den 10. November 1938 wird als „Reichskristallnacht" bezeichnet.

Erklären Sie diesen Begriff.

„Reichskristallnacht":
- Gewalt gegen Juden und jüdisches Eigentum
- Synagogen und jüdische Geschäfte wurden zerstört
- tausende Juden wurden in Konzentrationslager verschleppt
- viele Juden wurden erschlagen

■ Widerstand

28 a) Für welches Ereignis steht der 20. Juli 1944?
b) Welche Namen sind mit diesem Datum verbunden?

Nennen Sie drei Namen.

a) Am 20. Juli 1944 scheiterte ein Umsturzversuch; Hitler entkam einem Bombenanschlag.
b) – Oberst Graf v. Stauffenberg
– General Olbricht
– Generaloberst Beck
– Oberst v. Quirnheim

Claus Graf Schenk von Stauffenberg (15. 11. 1907–20. 7. 1944)

Hans Scholl (22. 9. 1918–22. 2. 1943)

Sophie Scholl (9. 5. 1921–22. 2. 1943)

29 Die nationalsozialistische Diktatur Hitlers hatte in allen Kreisen der deutschen Bevölkerung Gegner.

Nennen Sie drei Widerstandsgruppen.

Widerstandsgruppen:
a) Studenten um die Geschwister Scholl („Weiße Rose")
b) die Gruppe um den früheren Leipziger Oberbürgermeister Goerdeler
c) der konservative Kreisauer Kreis
d) die kommunistische Rote Kapelle

30 **Wann endete die Diktatur Hitlers?**	Hitler beging am 30. April 1945 in Berlin Selbstmord.

3 Teilung Deutschlands

■ **Bestimmungen des Potsdamer Abkommens**

1 **An welchem Tag endete der 2. Weltkrieg?**

Am **8. Mai 1945** wurden die Kapitulationsurkunden unterzeichnet.

2 **Nennen Sie je zwei Kriegsfolgen für**
a) **die Zivilbevölkerung**
b) **die Soldaten**
c) **die Lebensbedingungen und die Verwaltung in Deutschland.**

a) **Zivilbevölkerung:**
   – ca. 3,5 Millionen Tote bei Luftangriffen
   – ca. 12 Millionen Vertriebene

b) **Soldaten:**
   – ca. 4 Millionen Gefallene
   – Millionen Versehrte
   – 6 Millionen in Gefangenschaft

c) **Lebensbedingungen und Verwaltung:**
   – Hunger
   – zerstörte Betriebe und Häuser
   – Wohnungsnot
   – zerstörte Infrastruktur
   – fehlende Arbeitsplätze
   – Schwarzmarkt und Tauschhandel
   – keine deutsche Regierung, sondern Militärregierung der Besatzungsmächte

Anmerkung:
Weltweit kostete der 2. Weltkrieg rd. 54 Millionen Menschen das Leben

3 **Wie war während der Potsdamer Konferenz nach dem Ende des 2. Weltkriegs (8. Mai 1945) die Verwaltung Deutschlands geregelt?**

a) Deutschland wurde in vier Besatzungszonen aufgeteilt.
b) In jeder Besatzungszone gab es eine Militärregierung der jeweiligen Siegermacht.
c) Für Gesamtdeutschland war der Alliierte Kontrollrat verantwortlich.
d) Berlin wurde in vier Sektoren aufgeteilt und von der Alliierten Kommandantur verwaltet.

4 Auf welchen Konferenzen
wurde 1945 von den Alliierten
über das Schicksal Deutschlands entschieden?

a) **Konferenz von Jalta**
   (Halbinsel Krim) UdSSR
   im Februar 1945

b) **Konferenz von Potsdam**
   im Juli und August 1945

5 Nennen Sie wichtige Ergebnisse bzw. Bestimmungen, die das
Potsdamer Abkommen für Deutschland gebracht hat.

Potsdamer Abkommen	
a) **Politische** **Ergebnisse**	① Verwaltung Deutschlands durch einen Alliierten Kontrollrat ② Abrüstung und Entmilitarisierung Deutschlands ③ Auflösung der NSDAP ④ Bestrafung der Kriegsverbrecher ⑤ Entnazifizierung
b) **Wirtschaftliche** **Ergebnisse**	① Verbot der Herstellung von Waffen, Flugzeugen und Seeschiffen ② Behandlung Deutschlands als wirtschaftliche Einheit ③ Errichtung einer alliierten Kontrolle über die deutsche Wirtschaft
c) **Reparations-** **bestimmungen**	① Die UdSSR und Polen durften ihre Reparations-ansprüche aus der SBZ befriedigen ② Die USA, GB und andere anspruchsberechtigte Staaten durften ihre Reparationsansprüche aus den westlichen Besatzungszonen und aus den deutschen Auslandsguthaben befriedigen
d) **Territoriale** **Bestimmungen**	① Verwaltung Königsbergs und des nördlichen Ostpreußens durch die UdSSR ② Verwaltung der übrigen Ostgebiete durch Polen*) ③ Vertreibung der Deutschen aus den Ostgebieten, aus Ungarn und der Tschechoslowakei**)

*) Die Festlegung der endgültigen Westgrenze Polens blieb einer Friedenskonferenz vorbehalten.
**) „in ordnungsgemäßer und humaner Weise"

6 Die folgende Karte zeigt Deutschland in den Grenzen von 1937.

In die Karte sind die Besatzungszonen und sonstige Veränderungen des Staatsgebiets nach dem 2. Weltkrieg eingezeichnet.

Benennen Sie die mit den Zahlen von ① bis ⑨ bezeichneten Gebiete.

① Saarland:
französisches Wirtschaftsgebiet, das am 1. 1. 1957 in die Bundesrepublik Deutschland rückgegliedert wurde.
② **Französische Besatzungszone**
③ **Britische Besatzungszone**
④ **Amerikanische Besatzungszone**
⑤ **Sowjetische Besatzungszone (SBZ)**
⑥ **Berlin (West)**
 – Amerikanischer Sektor
 – Britischer Sektor
 – Französischer Sektor
⑦ **Berlin (Ost)**
 – Sowjetischer Sektor
⑧ **Gebiete** östlich der Oder-Neiße-Linie, die heute zu Polen gehören.
⑨ **Gebiete** östlich der Oder-Neiße-Linie, die heute zu Russland gehören.

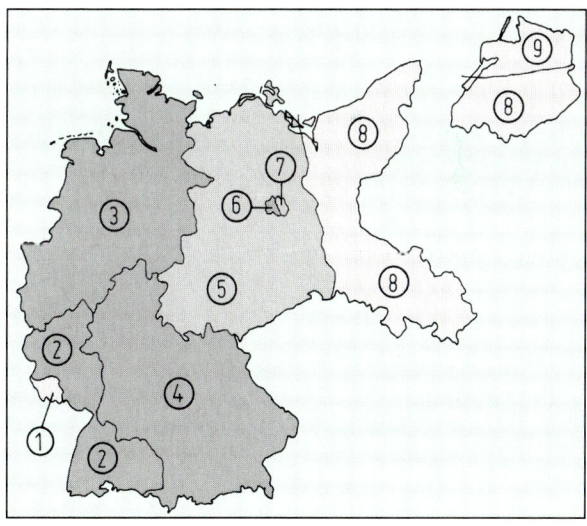

7 Für Berlin galt bis zur Wiedervereinigung der „Viermächtestatus".

Erklären Sie diese Aussage.

a) Teilung Berlins in vier Sektoren
b) Kontrolle Berlins durch eine gemeinsame Kommandantur der vier Siegermächte

8 Auf der nachfolgenden Karte sind die früheren Sektoren Berlins mit den Zahlen ① bis ④ gekennzeichnet.

Benennen Sie die vier Sektoren Berlins.

① Französischer Sektor
② Britischer Sektor
③ Amerikanischer Sektor
④ Sowjetischer Sektor

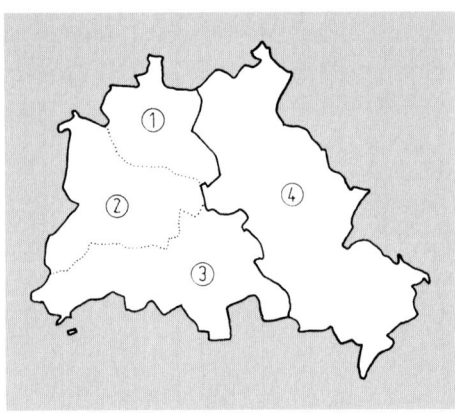

9 Aus welchen Gebieten wurden als Ergebnis des Potsdamer Abkommens über zwölf Millionen Deutsche vertrieben?

a) aus den Ostgebieten (frühere deutsche Gebiete östlich der Flüsse Oder und Neiße)
b) aus der Tschechoslowakei
c) aus Ungarn

■ **Besatzungspolitik**

10 Im Potsdamer Abkommen hatten sich die Siegermächte auf eine einheitliche Deutschland-politik mit Deutschland als wirtschaftlicher Einheit verständigt. Tatsächlich verfolgten die Alliierten jedoch unterschiedliche Ziele.

a) Welche Folgen hatte dies für Deutschland?

b) Zwischen welchen beiden Siegermächten herrschte weitgehend Übereinstimmung in der Deutschlandpolitik?

a)
  • unterschiedliche Entwicklung in den Besatzungszonen
  • Erschwerung der Arbeit des Kontrollrates
  • Verfestigung der Zonengrenzen innerhalb Deutschlands
  • Ausweitung des Konflikts zum Kalten Krieg

b) Zwischen den USA und Großbritannien

11 Wer entschied die Fragen, die Deutschland als Ganzes betrafen?

Der Alliierte Kontrollrat, der sich aus den Militärbefehlshabern der vier Besatzungszonen zusammensetzte.

12 Warum zerbrach die gemeinsame alliierte Verwaltung für ganz Berlin und für Deutschland?

Zwischen der Sowjetunion und den Westmächten entwickelten sich unterschiedliche machtpolitische und ideologische Vorstellungen.

■ **Entstehung der Bundesrepublik Deutschland und der DDR**

13 Welches waren die wichtigsten Schritte, die zu der Entstehung der Bundesrepublik Deutschland führten?

Schritte, die zur Entstehung der Bundesrepublik Deutschland führten:

① **November/Dezember 1946:** erste Landtagswahlen
② **1. Januar 1947:** Bildung der Bizone
③ **29. Mai 1947:** Einrichtung des Wirtschaftsrates in Frankfurt als Zentralorgan für die Bizone
④ **20. Juni 1948:** Währungsreform und Einführung der sozialen Marktwirtschaft →

▷ Fortsetzung der Antwort ▷

⑤ **6. Juli 1948:**
Erweiterung der Bizone zur Trizone
⑥ **1. September 1948:**
Zusammentreten des Parlamentarischen Rates zur Ausarbeitung einer Verfassung

14 **Am 1. Januar 1947 wurde die Bizone gebildet.**
Wie entstand die Bizone?

Durch Zusammenschluss der amerikanischen und britischen Besatzungszone.

15 **Am 20. Juni 1948 trat das „Gesetz zur Neuordnung des Geldwesens" in Kraft und führte zu einer Währungsreform.**
a) **Für welches Gebiet galt diese Reform?**
b) **Welche Währung ersetzte welche bisherige?**

a) für die westlichen Besatzungszonen
b) die Reichsmark durch die DM

16 **Welche Folgen hatte die Währungsreform für die Bürger?**

a) Jeder Einwohner erhielt im Verhältnis 1 RM : 1 DM 60 DM als Sockelbetrag in zwei Etappen (1. Etappe = 40 DM „Kopfgeld").
b) Sparguthaben wurden über Nacht praktisch wertlos (100 RM : 6,50 DM).
c) Unzählige Menschen verloren über die entschädigungslose Enteignung 93,5 % ihrer Ersparnisse, lediglich Sachwerte und Aktien stellten einen bleibenden Wert dar.

17 **Als Reaktion auf die Währungsreform in der Westzone verkündigte die sowjetische Besatzungsmacht für die Ostzone und für ganz Berlin am 23. Juni 1948 ebenfalls eine Währungsreform.**
Wie regierten die Westmächte auf diesen Schritt?

Die Westmächte erklärten diese Maßnahme in ihren Sektoren für ungültig und führten in Westberlin die DM ein. Der Streit zwischen der Sowjetmacht und den Westmächten über die Währungsreform führte zur Blockade Berlins.

18 Am 6. Juli 1948 wurde die Bizone zur Trizone erweitert.

Aus welchen Besatzungszonen bestand die Trizone?

amerikanische Besatzungszone
+ britische Besatzungszone
+ französische Besatzungszone
= Trizone

■ Der Weg zur Verfassung

19 Am 1. September 1948 trat im Gebäude der Pädagogischen Akademie in Bonn der Parlamentarische Rat zusammen.

Welche Aufgabe hatte der Parlamentarische Rat?

Ausarbeitung einer Verfassung

20 Welche Parteien waren im Parlamentarischen Rat vertreten?

Parlamentarischer Rat	
Parteien	Zahl der Mitglieder
CDU/CSU	27
SPD	27
F.D.P.	5
DP	2
Zentrum	2
KPD	2
Gesamtzahl	65

21 Wer wurde Präsident des Parlamentarischen Rates?

Konrad Adenauer (1876–1967)   Kurt Schumacher (1895–1952)

22 An welchem Tag hat der Parlamentarische Rat das Grundgesetz für die Bundesrepublik Deutschland verabschiedet?

Am 8. Mai 1949 verabschiedete der Parlamentarische Rat das Grundgesetz mit 53 gegen 12 Stimmen.

23 Aus den vier Besatzungszonen entstanden 1949 zwei neue deutsche Staaten (siehe nachfolgende Karte).

a) Wie heißen diese Staaten?

b) Nennen Sie jeweils das genaue Gründungsdatum.

c) Welche Besatzungsmächte haben die Gründung dieser Staaten beeinflusst?

1. a) **Bundesrepublik Deutschland**
   b) **Gründung am 23. Mai 1949**
   c) – USA
      – Großbritannien
      – Frankreich
2. a) **Deutsche Demokratische Republik (DDR)**
   b) **Gründung am 7. Oktober 1949**
   c) Sowjetunion

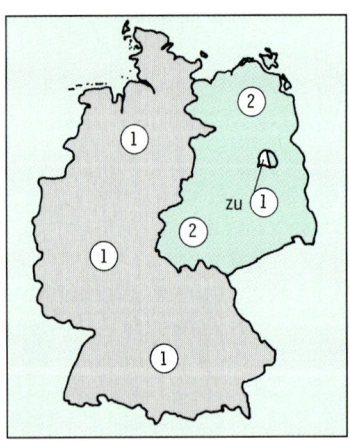

24 Wann trat das Grundgesetz in Kraft?

Das Grundgesetz wurde am 23. Mai 1949 verkündet und trat mit Ablauf dieses Tages in Kraft.

4 Machtzuordnung in der früheren DDR

■ **Ideologische Grundlagen des Marxismus-Leninismus**

1 An welchen Merkmalen kann man kommunistische Parteien erkennen?

Nennen Sie vier Merkmale.

Kommunistische Parteien
– üben Diktatur aus
– stützen sich nicht auf den Bürgerwillen
– programmieren und beherrschen den Staat monopolartig
– setzen festgelegte Zukunftsvorstellungen durch
– bestimmen das Leben im Staat, in der Wirtschaft und das gesellschaftliche Leben
– setzen die Verstaatlichung der Produktionsfaktoren Boden und Kapital durch
– sind verantwortlich für den Zwangscharakter des jeweiligen Systems
– verbieten und bestrafen Opposition

2 Artikel 1 der DDR-Verfassung:

Die Deutsche Demokratische Republik ist ein sozialistischer Staat der Arbeiter und Bauern. Sie ist die politische Organisation der Werktätigen in Stadt und Land unter Führung der Arbeiterklasse und ihrer marxistisch-leninistischen Partei.

Auf welche Personen ist der Marxismus-Leninismus zurückzuführen?

In der Mitte des 19. Jahrhunderts entwickelte **Karl Marx*)** zusammen mit **Friedrich Engels**)** eine neue Gesellschafts-, Wirtschafts- und Staatstheorie, den Marxismus. Diese Theorie wurde später von **Lenin***)** den Bedingungen seiner Zeit angepasst.
Die Weiterentwicklung des Marxismus wird als Leninismus bezeichnet.

3 Karl Marx befasste sich mit den Problemen der Arbeiterschaft und entwickelte mehrere Theorien.

Nennen Sie zwei Theorien und erklären Sie kurz deren Inhalt.

a) **Mehrwerttheorie:**
Wenn eine Ware hergestellt wird, erhält der Arbeiter als seinen Anteil lediglich den Lohn. Den gesamten Mehrwert, der durch den Arbeiter in der Produktion entstand, behält der Unternehmer.   →

Friedrich Engels   Wladimir Iljitsch Lenin   Karl Marx
(1820–1895)   (1870–1924)   (1818–1883)

---

*) Karl Marx, geb. am 5. 5. 1818 in Trier, gest. am 14. 3. 1883 in London
**) Friedrch Engels, geb. am 28. 11. 1820 in Barmen, gest. am 5. 8. 1895 in London
***) Lenin, eigentlicher Name: Wladimir Iljitsch Uljanow, geb. am 24. 4. 1870 in
Simbirsk (seit 1924 heißt diese Stadt Uljanowsk), gest. am 21. 1. 1924 in Gorki

▷ *Fortsetzung der Antwort* ▷

b) Akkummulationstheorie:
Der Unternehmer verwendet den Mehrwert, um Kapital anzuhäufen (Akkumulation).

c) Krisentheorie:
Das angehäufte Kapital wird in Produktionsmitteln angelegt. Da alle Unternehmer investieren, entsteht Überkapazität, die zu Wirtschaftskrisen führt.

d) Verelendungstheorie:
Die Lage der Arbeiter verschlechtert sich durch die Krisen zusehends – sie verelenden.

e) Konzentrationstheorie:
Die Wirtschaftskrisen werden nur von großen Unternehmen überstanden. Sie übernehmen die kleineren Unternehmen.

Folge: Die wirtschaftliche Macht konzentriert sich in den Händen einiger weniger Großunternehmer.

4 Welcher Staat wurde als erster Staat kommunistisch?

Aus Russland wurde die **Sowjetunion**.

5 a) Wann und
b) durch welches Ereignis wurde Russland kommunistisch?

a) 1917
b) Revolution (Oktoberrevolution)

6 In der Vergangenheit gab es mehrmals Widerstand der Bevölkerung gegen die Machthaber kommunistischer Staaten.
Nennen Sie zwei Ereignisse, die darauf hinweisen.

a) 17. Juni 1953 Volksaufstand in Ostberlin und der DDR
b) 1956 Volksaufstand in Ungarn
c) 1968 versuchte die frühere ČSSR eine menschlichere Form des Sozialismus einzuführen.
Der Versuch scheiterte, da die meisten Staaten des Warschauer Pakts ihre Truppen in die frühere ČSSR einmarschieren ließen.

7 Erklären Sie den Begriff „Kollektivierung der Landwirtschaft in der früheren DDR".

„Kollektivierung der Landwirtschaft in der früheren DDR":
= Von 1952 bis 1960 wurden die selbstständig geführten landwirtschaftlichen Betriebe zu genossenschaftlich geführten Großbetrieben (LPGs)*) zusammengelegt.

8 Außer der Landwirtschaft wurden auch andere Wirtschaftsbereiche nach und nach in Staatseigentum überführt.
Erklären Sie in diesem Zusammenhang folgende Abkürzungen und Begriffe:
a) PGH
b) VEB
c) VVB
d) Kombinate

a) **PGH:**
= Produktionsgenossenschaft der Handwerker
b) **VEB:**
= volkseigener Betrieb
c) **VVB:**
= Vereinigung volkseigener Betriebe („sozialistische Konzerne")
d) **Kombinate:**
= volkseigene Betriebe, die mehrere Produktionsstufen umfassen, z. B. Bergwerk – Stahlwerk – Maschinenfabrik

*) LPG = Landwirtschaftliche Produktionsgenossenschaft

9 Nach der Machtübernahme durch die UdSSR entstanden in der <u>SBZ</u> zunächst wieder Länder.

a) Warum wurden 1952 die Länder in der DDR wieder aufgelöst?

b) Welche Verwaltungsgliederung entstand an Stelle der Länder?

a) Wie alle Diktaturen funktionieren kommunistische Systeme dann am besten, wenn alle Macht an einer Stelle konzentriert ist (= Zentralstaat).

b) Es entstand ein Zentralstaat mit 15 Verwaltungsbezirken.

■ Die Rolle der Partei

10 Die politische Meinungs- und Willensbildung wurde in der früheren DDR vorwiegend von einer Partei beeinflusst.

Wie hieß diese Partei?

SED = Sozialistische Einheitspartei Deutschlands

11 Aus welchen Parteien wurde 1946 in der Sowjetischen Besatzungszone (SBZ) die SED gebildet?

Die **SED** entstand durch **Zwangsvereinigung** der früheren Parteien **SPD** (= Sozialdemokratische Partei Deutschlands) und **KPD** (= Kommunistische Partei Deutschlands).

12 Neben der SED existierten formal auch noch andere Parteien (sog. Blockparteien) in der früheren DDR.

Nennen Sie drei Beispiele.

a) **NDPD** = National-Demokratische Partei Deutschlands

b) **DBD** = Demokratische Bauernpartei Deutschlands

c) **LDPD** = Liberal-Demokratische Partei Deutschlands

d) **CDU** = Christlich-Demokratische Union

13 Außer den Parteien waren im Parlament der früheren DDR (Volkskammer) auch Massenorganisationen vertreten.

Nennen Sie zwei Beispiele.

a) **KB** = Kulturbund

b) **DFD** = Demokratischer Frauenbund Deutschlands

c) **FDJ** = Freie Deutsche Jugend

d) **FDGB** = Freier Deutscher Gewerkschaftsbund

14 Obwohl es in der früheren DDR mehrere Parteien gab, sprach man im Gegensatz zur Bundesrepublik Deutschland nicht von einem Mehrparteiensystem.

Begründen Sie diese Aussage.

In der **Nationalen Front** der DDR, dem Zusammenschluss der Parteien und Massenorganisationen, wurde die Führungsrolle der SED anerkannt. Die anderen Parteien und die Massenorganisationen ordneten sich unter, sodass man von einem **Einparteiensystem** sprechen konnte.

■ **Verhältnis von Staat und Partei**

15 Vergleichen Sie mithilfe einer dreispaltigen Tabelle die Wahlen in der früheren DDR mit den Wahlen in der Bundesrepublik Deutschland.

Arbeiten Sie drei Unterschiede heraus.

Lösung siehe unten

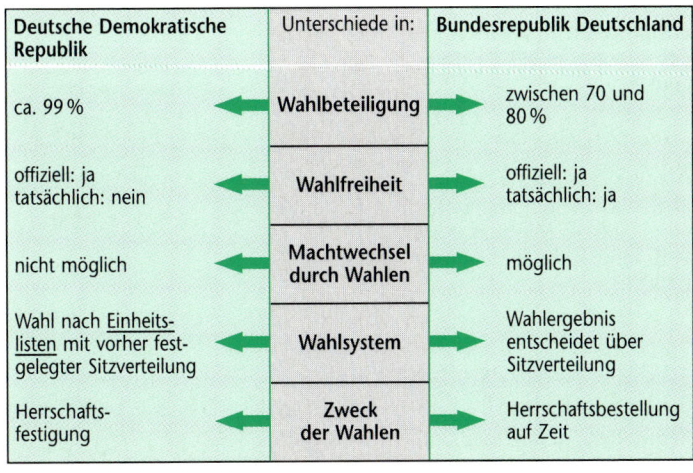

Deutsche Demokratische Republik	Unterschiede in:	Bundesrepublik Deutschland
ca. 99 %	Wahlbeteiligung	zwischen 70 und 80 %
offiziell: ja tatsächlich: nein	Wahlfreiheit	offiziell: ja tatsächlich: ja
nicht möglich	Machtwechsel durch Wahlen	möglich
Wahl nach Einheitslisten mit vorher festgelegter Sitzverteilung	Wahlsystem	Wahlergebnis entscheidet über Sitzverteilung
Herrschaftsfestigung	Zweck der Wahlen	Herrschaftsbestellung auf Zeit

16 Wie lautet die offizielle Bezeichnung für

a) das Staatsoberhaupt,
b) die Regierung,
c) das Parlament
der früheren DDR?

a) Staatsrat
b) Ministerrat
c) Volkskammer

Walter Ulbricht
(1893–1973)
Staatsvorsitzender
bis 1976
danach: Honecker

Erich Honecker
(1912–1994)
seit 1971
Erster Sekretär
des Zentralkomitees

17 Ordnen Sie den Staatsorganen der früheren DDR die entsprechenden Staatsorgane der Bundesrepublik Deutschland zu.

a) Staatsrat ≙ Bundespräsident
b) Ministerrat ≙ Bundesregierung
c) Volkskammer ≙ Bundestag

18 Wer entschied letztlich über die Zusammensetzung von Staatsrat, Ministerrat und Volkskammer in der früheren DDR?

Letztlich wurde alles in der DDR von der SED entschieden.

19 Galt in der DDR das Prinzip der Gewaltenteilung?
Begründen Sie Ihre Meinung.

Nein, da der Staatsrat an allen Staatsgewalten (Exekutive, Legislative, Judikative) beteiligt war, sprach man von **Gewaltenverbindung**.

20 Die SED beanspruchte, wie alle kommunistischen Parteien, den uneingeschränkten Führungsanspruch in Staat und Gesellschaft.

Erstellen Sie ein Schaubild, in dem deutlich wird, wie die SED ihren uneingeschränkten Führungsanspruch bei den Staatsorganen (Volkskammer, Staatsrat, Ministerrat, Nationaler Verteidigungsrat, Oberstes Gericht, Generalstaatsanwalt) durchsetzte.

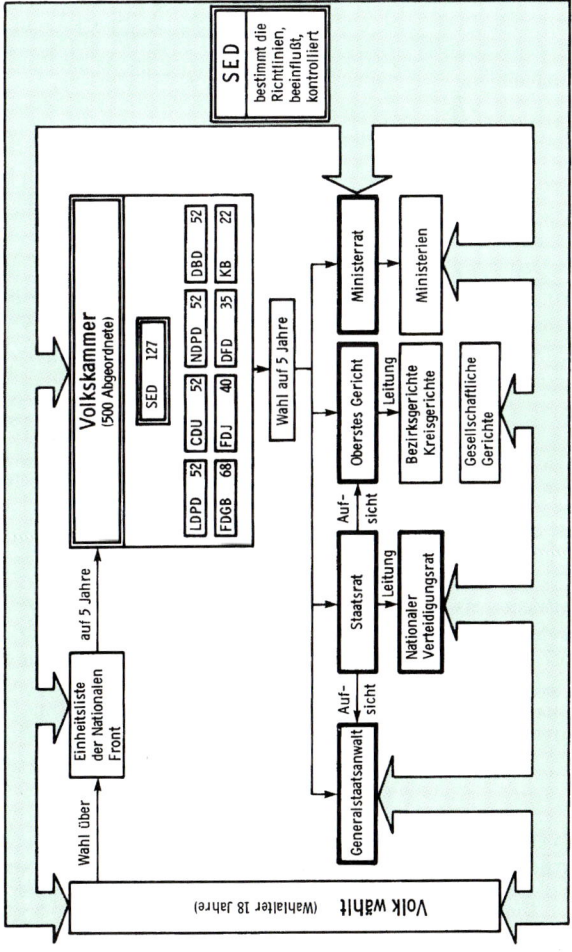

21 In der Bundesrepublik Deutschland und in der früheren DDR gab es zwei verschiedene Wirtschaftsordnungen.

Wie heißt die Wirtschaftsordnung

a) der früheren DDR,
b) der Bundesrepublik Deutschland?

a) **Frühere DDR:**
Sozialistische Planwirtschaft oder Zentralverwaltungswirtschaft
b) **Bundesrepublik Deutschland:**
Soziale Marktwirtschaft*)

---

*) Zu den Unterschieden Zentralverwaltungswirtschaft und Sozialer Martkwirtschaft vgl. Kap. 13 Wirtschaftsordnung.

■ Mittel der Herrschaftssicherung

22 Welcher grundlegende Unterschied besteht zwischen dem Rechtswesen der Bundesrepublik Deutschland und dem Rechtswesen der früheren DDR?

a) Das Rechtswesen der Bundesrepublik ist **überparteilich** und **unabhängig** von politischen Gegebenheiten. Es orientiert sich an der Menschenwürde (Art. 1 GG) und den sich daraus ergebenden Grundrechten sowie dem Anspruch, ein demokratischer Staat zu sein (Art. 20 GG).
b) Das Rechtswesen der früheren DDR hingegen diente dazu, die Politik der Arbeiterklasse und ihrer Partei (SED) durchzusetzen. Alles, was gegen diese Interessen verstieß, wurde bestraft. Das Rechtssystem der früheren DDR war deshalb **parteiisch.**

23 a) Welchen Hauptzweck verfolgt sozialistisches Recht?
b) Wie wirkt sich das für die betroffenen Bürger aus?

a) Das sozialistische Rechtswesen dient hauptsächlich dazu, die Ziele von Partei und Staat durchzusetzen.
b) Auswirkung auf die Bevölkerung durch eingeschränkte Grundrechte.
Zum Beispiel:
– keine freie Meinungsäußerung
– keine freien Wahlen

24 Gab es in der früheren DDR unabhängige Richter?

Nein, die Richter der DDR waren im Gegensatz zur Bundesrepublik den Organen, von denen sie gewählt wurden, verantwortlich und konnten auch von ihnen abberufen werden. So wählte →

▷ *Fortsetzung der Antwort* ▷

und überwachte z. B. die Volkskammer das Oberste Gericht. Um ihre Abberufung zu vermeiden, entschieden die Richter deshalb so, wie es von ihnen erwartet wurde.

25 **Aus welchen Gründen waren viele Bürger der früheren DDR mit ihrem staatlichen System unzufrieden?**

Nennen Sie drei Gründe.

a) Legitimationsprobleme des Systems, da das System nicht von der Bevölkerung errichtet, sondern von der Besatzungsmacht UdSSR (Sowjetunion) aufgezwungen wurde.
b) fehlendes Selbstbestimmungsrecht
c) Beschränkung der Reisemöglichkeiten
d) Abhängigkeit von der UdSSR (Sowjetunion)
e) eingeschränkte Grundrechte, z. B.: Pressefreiheit, freie Meinungsäußerung

26 **Womit musste ein DDR-Bürger rechnen, der die staatlichen oder gesellschaftlichen Verhältnisse seines Staates öffentlich kritisierte?**

a) Im Strafgesetzbuch der DDR gab es den Straftatbestand der „staatsfeindlichen Hetze". Wer nach diesem Straftatbestand angeklagt wurde, musste mit **Freiheitsstrafen** von 1 bis zu 8 Jahren rechnen.
b) Ausschluss aus der Partei und den Massenorganisationen
c) mit beruflichen Benachteiligungen
d) Einschüchterungen und Drohungen

27 **Welches Mittel kannte die DDR, um prominente Systemkritiker mundtot zu machen?**

Das Mittel der **Ausbürgerung**;
z. B. wurde dem Liedermacher Wolf Biermann 1976 das Recht auf weiteren Aufenthalt in der DDR entzogen.

28 **Das Erziehungssystem der früheren DDR sollte einen „sozialistischen Menschen" auf der Grundlage des Marxismus-Leninismus entwickeln.**

Welche Erziehungsziele wurden dabei angestrebt?

Nennen Sie zwei Erziehungsziele und erklären Sie deren Bedeutung.

Erziehungsziele der DDR:
a) **sozialistisch denken,**
    d. h., der DDR-Schüler sollte von der Gesetzmäßigkeit des Sozialismus überzeugt sein
b) **sich sozialistisch verhalten,**
    d. h., sich aktiv am Aufbau des Sozialismus beteiligen, z. B. durch den Eintritt in DDR-Massenorganisationen

→

▷ *Fortsetzung der Antwort* ▷

c) **eine optimistische Lebensauffassung besitzen,**
d. h., man sollte überzeugt sein, dass der Sozialismus zu einem besseren Leben für alle „Werktätigen" führt

29 Mit welchen Mitteln versuchte die Partei- und Staatsführung der früheren DDR ihre Ansichten durchzusetzen?

Durch
a) Propaganda
b) Beeinflussung der Bevölkerung
c) Einschüchterung der Bevölkerung
d) Abschirmung von westlichen Einflüssen

30 Wer war in der früheren DDR Eigentümer der Massenmedien?

a) Die Presse der DDR war fast ausschließlich in der Hand der SED, der Blockparteien CDU, LDPD, DBD, NDPD und der Massenorganisationen (FDGB, FDJ, DFD, KB).
b) Rundfunk und Fernsehen waren staatlich.

31 a) Wer kontrollierte in der früheren DDR Presse, Rundfunk, Fernsehen sowie Film- und Buchproduktionen?
b) Welche Auswirkungen hatte diese Kontrolle?

a) Die Medien wurden durch die **SED** kontrolliert.
Zuständig für Anleitung und Kontrolle war das Politbüro und der Sekretär für Agitation und Propaganda im Sekretariat des ZK*) der SED.
b) Es herrschte Zensur, d. h., Meinungen und Informationen, die der SED nicht genehm waren, konnten nicht erscheinen.

32 Welche Maßnahmen der DDR sollten ihre Bevölkerung gegen westliche Einflüsse abschirmen?
Nennen Sie drei Beispiele.

a) Reisebeschränkungen für DDR-Bürger bei Reisen ins westliche Ausland
b) Reisebeschränkungen für Bürger westlicher Staaten bei Reisen innerhalb der DDR
c) Zensur der Massenmedien

---

*) ZK = Zentralkomitee

5 Spannungen und Krisen im geteilten Deutschland

| 1 | **Welcher Konflikt wird mit dem Begriff „Kalter Krieg" bezeichnet?** | Die Gegensätze zwischen den westlichen Siegermächten (marktwirtschaftlich orientiert) und der UdSSR (kommunistisch regiert) brachen wieder auf, als es darum ging, die politischen und wirtschaftlichen Verhältnisse in den Besatzungszonen neu zu ordnen. |

1 **Welcher Konflikt wird mit dem Begriff „Kalter Krieg" bezeichnet?**

Die Gegensätze zwischen den westlichen Siegermächten (marktwirtschaftlich orientiert) und der UdSSR (kommunistisch regiert) brachen wieder auf, als es darum ging, die politischen und wirtschaftlichen Verhältnisse in den Besatzungszonen neu zu ordnen.

2 **Welche unterschiedlichen Ziele verfolgten dabei die Großmächte?**

a) **Westen:** Forderung nach Demokratie und freiem Welthandel

b) **Osten:** Expansionsstreben und Einsetzung kommunistischer Regierungen in Osteuropa

3 **Welcher Mittel bedienten sich die Großmächte während des Kalten Krieges?**

– Diplomatische Auseinandersetzungen
– Propaganda
– Bündnisse mit anderen Staaten
– wirtschaftliche Kampfmaßnahmen
– Wettrüsten
– Kriegsdrohungen

4 **Begründen Sie, warum es zwischen den beiden deutschen Staaten Spannungen und zahlreiche Krisen gab.**

Nennen Sie zusätzlich drei Krisenereignisse.

Begründung der Spannungen und Krisen:
Die beiden deutschen Staaten entfernten sich immer mehr voneinander, weil die Bundesrepublik Deutschland in das westlich-demokratische System eingegliedert wurde, während die DDR Bestandteil des östlich-kommunistischen Systems werden musste. Beide Systeme standen sich feindlich gegenüber, ihre Wirtschaftssysteme konkurrierten miteinander und es gab ein militärisches Wettrüsten.
Das führte zwangsläufig zu vielen Spannungen und Krisen.

Beispiele für Krisenereignisse:
a) Berlinblockade 1948/49
b) Volksaufstand in Ostberlin und der DDR am 17. Juni 1953
c) Berlinultimatum 1958
d) Mauerbau am 13. August 1961

5 **Aufgrund des Ost-West-Gegensatzes gab es mehrere Berlin-Krisen.**
Zählen Sie die wichtigsten Berlin-Krisen auf und nennen Sie die entsprechenden Jahreszahlen.

Berlin-Krisen:
a) Berliner Blockade (1948–1949)
b) Aufstand im sowjetischen Sektor Berlins und in der DDR am 16. und 17. Juni 1953
c) Berlin-Ultimatum der Sowjetunion (27.11.1958)
d) Bau der Berliner Mauer am 13. August 1961

6 **Erklären Sie den Begriff Berliner Blockade.**

Berliner Blockade (1948–1949):
= Sperrung aller Land- und Wasserwege zwischen Berlin und Westdeutschland

7 **a) Welches Ziel wollte die Sowjetunion durch die Berliner Blockade erreichen?**
b) Wie haben die Westmächte auf diese Herausforderung reagiert?

a) Abzug der Westmächte aus Berlin und Verhinderung der Währungsreform in den Westzonen
b) Zur Versorgung Berlins richteten die Westmächte eine Luftbrücke ein.

8 **Welche einschneidenden Ereignisse sind mit den folgenden Daten für Berlin verbunden?**
a) 17. Juni 1953
b) 13. August 1961

a) **17. Juni 1953:**
= Volksaufstand in Ostberlin und der DDR
b) **13. August 1961:**
= Bau der Berliner Mauer

9 **Welche Ziele wollte ein großer Teil der Bevölkerung der DDR durch den Volksaufstand vom 17. Juni 1953 durchsetzen?**
Nennen Sie drei Ziele.

Einige Forderungen der Streikenden waren:
a) Rücktritt der Regierung der DDR, die nicht durch freie Wahlen an die Macht kam
b) Einsetzung einer provisorischen Regierung
c) Zulassung der großen demokratischen Parteien der Bundesrepublik in der DDR

→

▷ *Fortsetzung der Antwort* ▷

d) Einführung von demokratischen Wahlen (frei, geheim, direkt) in vier Monaten
e) Abschaffung der Zonengrenze und Rückzug der Grenztruppen
f) Normalisierung des Lebensstandards
g) keine Bestrafung der Streikenden

---

10 Wie reagierte die DDR-Führung auf den Volksaufstand in der DDR und im sowjetischen Sektor Berlins am 16. und 17. Juni 1953?

Reaktionen der DDR-Führung:
a) Einsatz von sowjetischem Militär und Volkspolizei
b) verstärkte Propaganda
c) Druck gegenüber vielen Teilnehmern am Volksaufstand
d) Verurteilung (teilweise sogar Todesstrafe) zahlreicher Personen, die am Volksaufstand beteiligt waren

---

11 Welche Forderung verband die Sowjetunion mit ihrem Berlin-Ultimatum vom 27.11.1958?

Forderung der Sowjetunion war:
Berlin (West) sollte in eine entmilitarisierte „freie Stadt" umgewandelt werden.

---

12 Warum wurde die Berliner Mauer gebaut?
Nennen Sie zwei Gründe.

a) Vertiefung der Spaltung Deutschlands
b) Schwächung der Wirtschaft im Westteil Berlins
c) Verhinderung der Flucht von Bewohnern der DDR in den Westen
d) Stabilisierung des Systems in der DDR

---

13 Erklären Sie den Begriff „Schießbefehl" im Zusammenhang mit der Berliner Mauer.

Schießbefehl für die DDR-Grenztruppe:
Wer die frühere DDR ohne Erlaubnis der Behörden verlassen wollte, wurde von der Grenztruppe daran gehindert – auch durch gezielten Schusswaffengebrauch.

Berliner Mauer

6 Entspannungsbemühungen

1 Zur Entspannung der Situation Berlins wurden wichtige Verträge und Abkommen geschlossen.

Um welche Verträge und Abkommen handelt es sich?

a) Viermächteabkommen über Berlin
b) Abkommen über den Transitverkehr

2 Am 3. September 1971 wurde das Viermächteabkommen geschlossen.

a) Welche Mächte waren daran beteiligt?

b) Nennen Sie zwei Inhaltspunkte dieses Abkommens.

a) – UdSSR – Großbritannien
   – USA – Frankreich

b) – Die Bindungen zwischen Westberlin und Westdeutschland wurden von der UdSSR (Sowjetunion) anerkannt.
   – Die Bevölkerung Westberlins durfte wieder zu Besuchen in den Ostteil der Stadt.
   – Regelungen über den freien Zugang von und nach Berlin durch das Gebiet der ehemaligen DDR

3 Nennen Sie die Vertragspartner des Abkommens über den Transitverkehr.

a) Bundesrepublik Deutschland
b) DDR

4 Begründen Sie, warum das Abkommen über den Transitverkehr für Westberlin besonders wichtig war.

Bedingt durch seine geopolitische Lage (umgeben vom Staatsgebiet der früheren DDR), war Westberlin auf die Versorgung aus Westdeutschland und somit auf den Transitverkehr durch die ehemalige DDR angewiesen.

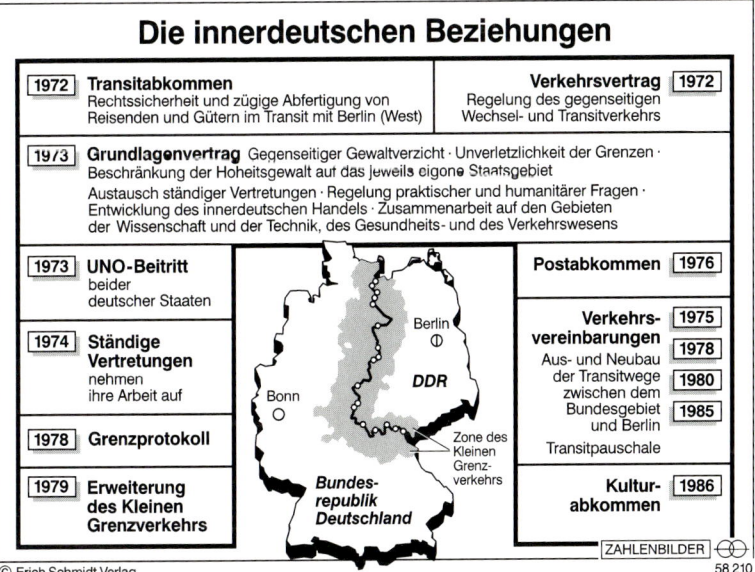

Die innerdeutschen Beziehungen

1972	**Transitabkommen** Rechtssicherheit und zügige Abfertigung von Reisenden und Gütern im Transit mit Berlin (West)	**Verkehrsvertrag** 1972 Regelung des gegenseitigen Wechsel- und Transitverkehrs

1973	**Grundlagenvertrag** Gegenseitiger Gewaltverzicht · Unverletzlichkeit der Grenzen · Beschränkung der Hoheitsgewalt auf das jeweils eigene Staatsgebiet Austausch ständiger Vertretungen · Regelung praktischer und humanitärer Fragen · Entwicklung des innerdeutschen Handels · Zusammenarbeit auf den Gebieten der Wissenschaft und der Technik, des Gesundheits- und des Verkehrswesens

1973 **UNO-Beitritt** beider deutscher Staaten	Berlin ①	**Postabkommen** 1976
1974 **Ständige Vertretungen** nehmen ihre Arbeit auf	Bonn ○ / DDR	**Verkehrs-** 1975 **vereinbarungen** 1978 Aus- und Neubau der Transitwege 1980 zwischen dem Bundesgebiet 1985 und Berlin Transitpauschale
1978 **Grenzprotokoll**	Zone des Kleinen Grenzverkehrs	
1979 **Erweiterung des Kleinen Grenzverkehrs**	**Bundes-republik Deutschland**	**Kultur-** 1986 **abkommen**

ZAHLENBILDER

© Erich Schmidt Verlag

58 210

5 Am 21. Dezember 1972 wurde der Grundvertrag (Grundlagenvertrag) abgeschlossen.

a) Nennen Sie die Vertragspartner.

b) Wozu verpflichteten sich die vertragsschließenden Parteien?

Nennen Sie drei Beispiele.

a) Bundesrepublik Deutschland und Deutsche Demokratische Republik

b) – Herstellung von gutnachbarlichen Beziehungen auf der Grundlage der Gleichberechtigung
– Achtung der Grenzen des anderen Staates
– Achtung gegenseitiger Selbstständigkeit und Unabhängigkeit
– gegenseitiger Austausch von ständigen Vertretungen
– Lösung von Streitfragen mit friedlichen Mitteln

6 Nach dem Abschluss des Grundlagenvertrags konnten die beiden deutschen Staaten in eine internationale Organisation aufgenommen werden. Wie heißt diese Organisation?

Am 18.9.1973 wurden die Bundesrepublik Deutschland und die Deutsche Demokratische Republik Mitglieder der Vereinten Nationen (UNO).

7 Welche Verträge hat die Bundesrepublik Deutschland im Rahmen ihrer Entspannungsbemühungen mit früheren Ostblockstaaten abgeschlossen?

Ostverträge:
a) UdSSR-Vertrag mit Brief zur deutschen Einheit – 12. August 1970
b) Polen-Vertrag – 7. Dezember 1970
c) ČSSR-Normalisierungsvertrag – 11. Dezember 1973

8 Warum übergab die Bundesregierung der sowjetischen Regierung anlässlich der Unterzeichnung des UdSSR-Vertrages am 12. August 1970 den Brief zur deutschen Einheit?

Durch den Brief zur deutschen Einheit sollte verdeutlicht werden, dass die Bundesregierung am Ziel der Einheit Deutschlands – trotz UdSSR-Vertrag – festhält.

7 Revolution und Einheit

■ Friedliche Revolution in der DDR

1 Weshalb war die friedliche Revolution 1989 in der DDR möglich?

1988 erklärte der sowjetische Staats- und Parteichef Gorbatschow, dass sich die UdSSR nicht mehr in die Angelegenheiten der Verbündeten einmischen werde. Die Folgen:
– Reformen in Polen und Ungarn
– Entstehung von Oppositionsgruppen in der DDR
– gewaltfreie Demonstrationen in der DDR

2 Wodurch wurde im Sommer bzw. Herbst des Jahres 1989 die friedliche Revolution in der DDR eingeleitet?

Durch die Massenflucht aus der DDR. Weit über 100 000 DDR-Bürger flohen über Ungarn, die Tschechoslowakei und Polen in den Westen.

3 Welche Ursachen hatte die Revolution in der DDR?

Nennen Sie fünf Ursachen.

a) Unterdrückung der Meinungsfreiheit
b) Einschränkung der Freizügigkeit
c) Bevormundung der Bevölkerung durch die SED
d) Bespitzelung durch die Stasi
e) Kriminalisierung Andersdenkender
f) mangelhafte Versorgung der Bevölkerung
g) Krise in der DDR-Wirtschaft

4 Auf welche Weise bekundeten große Teile der DDR-Bevölkerung ihre Unzufriedenheit mit dem DDR-Regime?

Ab dem 25. September 1989 fanden in vielen Städten der DDR immer häufiger Massendemonstrationen statt, an denen Zehntausende teilnahmen.

5 Durch die steigenden Flüchtlingszahlen und die andauernden Demonstrationen geriet die Staatsführung der DDR unter starken politischen Druck.

Wie reagierte die DDR-Führung auf diesen Druck?

Die DDR-Führung öffnete am 9. November 1989 die Grenzübergänge nach Westberlin und zur Bundesrepublik Deutschland.

6 Nennen Sie die wichtigsten Stationen auf dem Weg zur Wiedervereinigung.

– Öffnung der Berliner Mauer am 9. 11. 1989.
– Demonstrationen verfolgen das Ziel der Wiedervereinigung.
– Erstmals freie Wahlen in der DDR im März 1990.
– Das Wahlbündnis „Allianz für Deutschland" siegt und Ministerpräsident de Maizière setzt sich für den raschen Beitritt der DDR zur Bundesrepublik ein, den das Grundgesetz im Artikel 23 vorsah.
– Der Staatsvertrag über die Schaffung einer Wirtschafts-, Währungs- und Sozialunion tritt am 1. Juli 1990 in Kraft.
– Der Einigungsvertrag wird am 20. September 1990 von beiden Parlamenten verabschiedet.
– Erste gesamtdeutsche Wahl am 2. Dezember 1990.

7 Welche Ursachen führten ab Sommer 1989 zum Zusammenbruch des DDR-Systems? Finden Sie zwei Ursachen heraus.

a) Reformkurs des sowjetischen Staats- und Parteichefs Gorbatschow
b) Reformen in den Ostblockstaaten Polen und Ungarn
c) Fluchtwelle in der Bevölkerung
d) Massendemonstrationen in vielen Städten der DDR
e) Entstehung einer Opposition

8 Welche Umbenennungen des Parteinamens gab es bei der SED seit der Öffnung der Berliner Mauer?

a) ab 17. 12. 1989: SED – PDS*)
b) ab 4. 2. 1990: nur noch PDS

---

*) PDS = Partei des Demokratischen Sozialismus

9 a) Wann fanden in der früheren DDR die ersten freien Wahlen zur Volkskammer statt?
b) Wer wurde (am 12. 4. 1990) zum neuen Ministerpräsidenten gewählt?

a) Am 18. März 1990
b) Lothar de Maizière

10 Welche Parteien bildeten die Koalitionsregierung unter der Leitung von Ministerpräsident Lothar de Maizière?

Parteien der großen Koalition
(Zahl der Minister):
CDU (10), DSU (2), DA (1), Liberale (3), SPD (7)

11 Wann trat die Wirtschafts-, Währungs- und Sozialunion in Kraft?

am 1. Juli 1990

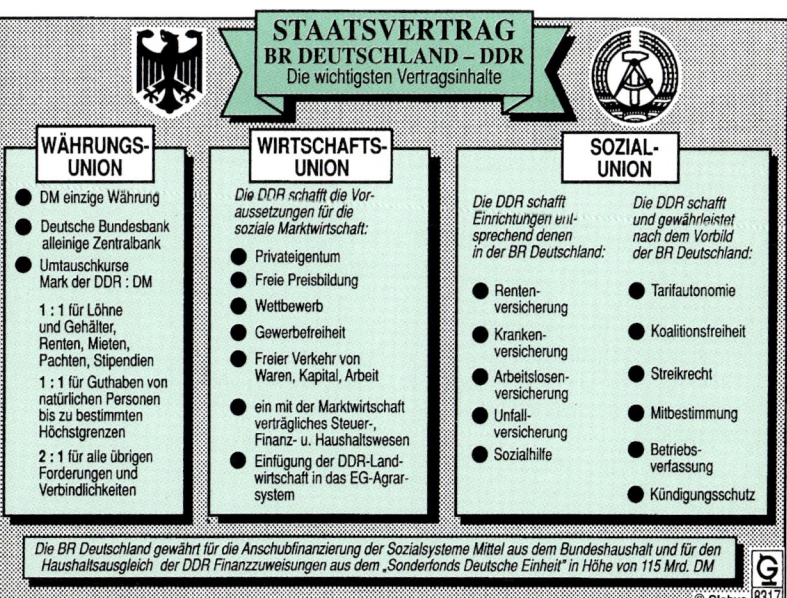

STAATSVERTRAG
BR DEUTSCHLAND – DDR
Die wichtigsten Vertragsinhalte

WÄHRUNGS-UNION
- DM einzige Währung
- Deutsche Bundesbank alleinige Zentralbank
- Umtauschkurse Mark der DDR : DM

1 : 1 für Löhne und Gehälter, Renten, Mieten, Pachten, Stipendien
1 : 1 für Guthaben von natürlichen Personen bis zu bestimmten Höchstgrenzen
2 : 1 für alle übrigen Forderungen und Verbindlichkeiten

WIRTSCHAFTS-UNION
Die DDR schafft die Voraussetzungen für die soziale Marktwirtschaft:
- Privateigentum
- Freie Preisbildung
- Wettbewerb
- Gewerbefreiheit
- Freier Verkehr von Waren, Kapital, Arbeit
- ein mit der Marktwirtschaft verträgliches Steuer-, Finanz- u. Haushaltswesen
- Einfügung der DDR-Landwirtschaft in das EG-Agrarsystem

SOZIAL-UNION

Die DDR schafft Einrichtungen entsprechend denen in der BR Deutschland:
- Rentenversicherung
- Krankenversicherung
- Arbeitslosenversicherung
- Unfallversicherung
- Sozialhilfe

Die DDR schafft und gewährleistet nach dem Vorbild der BR Deutschland:
- Tarifautonomie
- Koalitionsfreiheit
- Streikrecht
- Mitbestimmung
- Betriebsverfassung
- Kündigungsschutz

Die BR Deutschland gewährt für die Anschubfinanzierung der Sozialsysteme Mittel aus dem Bundeshaushalt und für den Haushaltsausgleich der DDR Finanzzuweisungen aus dem „Sonderfonds Deutsche Einheit" in Höhe von 115 Mrd. DM

© Globus 8317

12 Welche Umtauschkurse (DM : Mark) galten bei der Einführung der DM in Ostdeutschland für

a) Löhne, Gehälter, Mieten, ...,

b) Bankguthaben, die bestimmte Freigrenzen überstiegen?

a) 1 DM = 1 DDR-Mark
b) 1 DM = 2 DDR-Mark

13 Laut Staatsvertrag für die Wirtschaftsunion musste die DDR die Voraussetzungen für die soziale Marktwirtschaft schaffen.

Nennen Sie fünf Voraussetzungen für die soziale Marktwirtschaft.

Voraussetzungen für die soziale Marktwirtschaft:
a) Privateigentum an Produktionsmitteln
b) Wettbewerb
c) Gewerbefreiheit
d) freie Preisbildung am Markt
e) freier Warenverkehr
f) freier Kapitalverkehr
g) freie Wahl des Arbeitsplatzes
h) marktwirtschaftliches Steuer-, Finanz- und Haushaltswesen
i) Einbringung der DDR-Landwirtschaft in das EG-Agrarsystem

14 Welche sozialen Einrichtungen mussten, bedingt durch die Sozialunion, in der DDR neu geschaffen werden?

a) Rentenversicherung
b) Krankenversicherung
c) Arbeitslosenversicherung
d) Unfallversicherung
e) Sozialhilfe

15 Nennen Sie fünf arbeitsrechtliche Regelungen, die, bedingt durch die Sozialunion, in der DDR neu eingeführt werden mussten.

a) Streikrecht
b) Mitbestimmung
c) Betriebsverfassung
d) Kündigungsschutz
e) Koalitionsfreiheit
f) Tarifautonomie

16 Welche Einrichtung war für die früheren volkseigenen Betriebe und Kombinate verantwortlich?

die Treuhandanstalt in Berlin

17 Nennen Sie die drei wichtigsten Aufgaben der Treuhandanstalt.

Aufgaben der Treuhandanstalt:
a) Verkauf der ehemals volkseigenen Betriebe
b) Sanierung geeigneter Betriebe
c) Schließung nicht sanierungsfähiger Betriebe

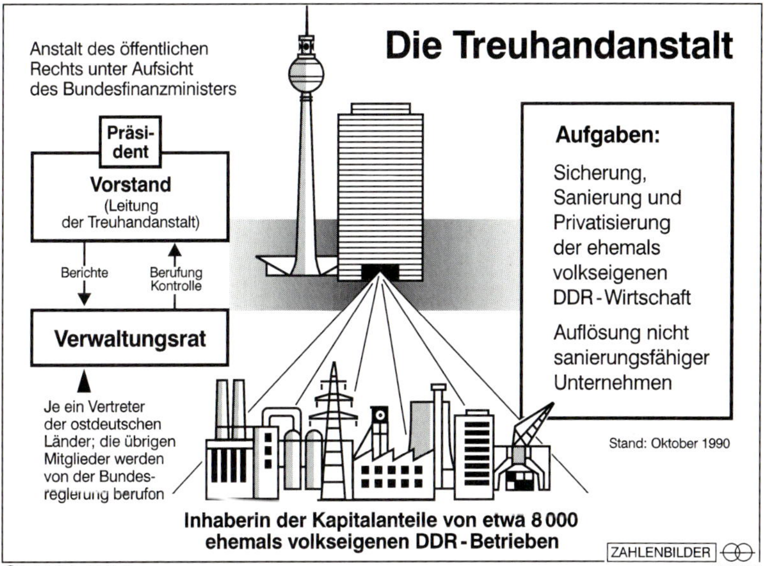

Anstalt des öffentlichen Rechts unter Aufsicht des Bundesfinanzministers

Die Treuhandanstalt

Präsident

Vorstand
(Leitung der Treuhandanstalt)

Berichte | Berufung Kontrolle

Verwaltungsrat

Je ein Vertreter der ostdeutschen Länder; die übrigen Mitglieder werden von der Bundesregierung berufen

Aufgaben:

Sicherung, Sanierung und Privatisierung der ehemals volkseigenen DDR-Wirtschaft

Auflösung nicht sanierungsfähiger Unternehmen

Stand: Oktober 1990

Inhaberin der Kapitalanteile von etwa 8 000 ehemals volkseigenen DDR-Betrieben

ZAHLENBILDER

© Erich Schmidt Verlag

568 080

---

18 Die frühere DDR und die alte Bundesrepublik Deutschland gehörten verschiedenen Bündnissystemen an. Außenpolitische Fragen mussten im Rahmen der „2+4-Gespräche" besprochen werden.

Welche sechs Staaten waren an den „2+4-Gesprächen" beteiligt?

Teilnehmer an den „2+4-Gesprächen"	
(2)	Bundesrepublik Deutschland DDR
+	
(4)	UdSSR USA Frankreich Großbritannien

19 **Wann und mit welchem Ergebnis wurden die „2 + 4-Gespräche" abgeschlossen?**

am 12. September 1990 mit dem Vertrag über die abschließende Regelung in Bezug auf Deutschland (abschließende Deutschlandregelung)

20 **Nennen Sie wichtige Punkte der abschließenden Deutschlandregelung.**

Abschließende Deutschlandregelung (= Ergebnisse der 2+4-Gespräche):
a) Deutschland verzichtet auf Gebietsansprüche.
b) Die polnische Westgrenze wird als völkerrechtlich verbindlich anerkannt.
c) Deutschland bekennt sich zu seiner Verantwortung für den Frieden und zum Gewaltverzicht.
d) Die deutschen Streitkräfte werden mittelfristig (bis 1995) auf 370 000 Mann begrenzt.
e) Deutschland bekräftigt seinen Verzicht auf Atomwaffen.
f) Die sowjetischen Truppen in Ostdeutschland werden bis Ende 1994 abgezogen.
g) Deutschland bleibt in der NATO.
h) Deutschland erhält die uneingeschränkte Souveränität.

21 **Mit welcher Siegermacht des 2. Weltkrieges musste sich die Bundesregierung zunächst verständigen, um den Erfolg der „2 + 4-Gespräche" abzusichern?**

mit der Sowjetunion (UdSSR)

22 **Welche grundlegende Bedeutung hat der 2+4-Vertrag für Deutschland?**

Dieser Vertrag hat die Bedeutung eines Friedensvertrages mit den Siegermächten des 2. Weltkrieges und zieht einen Schlussstrich unter die Nachkriegszeit. Deutschland erhielt die volle Souveränität zuerkannt.

23 In welchem Vertrag haben die beiden deutschen Staaten die Bedingungen der endgültigen Wiedervereinigung festgelegt?

Im Vertrag zwischen der Bundesrepublik Deutschland und der DDR über die Herstellung der Einheit Deutschlands (**Einigungsvertrag**)

24 Nennen Sie fünf grundlegende Bestimmungen des Einigungsvertrages.

Einigungsvertrag

- **Beitritt** der DDR zur Bundesrepublik Deutschland am 3. Oktober 1990
- **3. Oktober** wird Tag der Deutschen Einheit
- Das **Grundgesetz** (GG) und die Gesetze der Bundesrepublik Deutschland gelten für das gesamte deutsche Volk
- **Hauptstadt** Deutschlands ist Berlin
- Die Volkskammer entsendet 144 Abgeordnete in den **Bundestag**
- Die Stimmenverteilung im **Bundesrat** wird neu geregelt
- Die Verträge über die **Europäische Gemeinschaft** gelten für ganz Deutschland
- **Stasi-Akten** müssen auf dem Gebiet der ehemaligen DDR verbleiben

■ **Auswirkungen der Einigung**

[25] **Wie haben sich**
a) **Fläche und**
b) **Bevölkerungszahl**
der Bundesrepublik Deutschland durch die Wiedervereinigung verändert?

a) Fläche	
alte Länder	249 000 km²
+ neue Länder	108 000 km²
= gesamt	**357 000 km²**

b) Bevölkerungszahl	
alte Länder	64,1 Mio
+ neue Länder	15,9 Mio
= gesamt	**80,0 Mio**

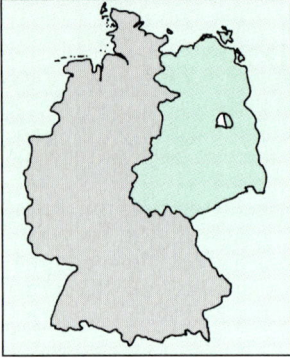

[26] **Das Deutschlandlied ist die Nationalhymne der Bundesrepublik Deutschland. Seine dritte Strophe wird bei offiziellen Anlässen gesungen.**

Von wem stammen
a) **der Text und**
b) **die Musik**
des Deutschlandliedes?

Deutschlandlied:
a) Text von August Heinrich Hoffmann (genannt Hoffmann von Fallersleben)
b) Musik von Joseph Haydn

Globalisierung und Friedenssicherung

1 Friedenssicherung

■ Ursachen zwischenstaatlicher Konflikte

1 Nennen Sie drei Gründe für die Entstehung internationaler Konflikte.

Internationale Konflikte können entstehen durch
a) unterschiedliche Weltanschauung
b) Anstrebung militärischer Überlegenheit
c) Wohlstandsgefälle
d) Eroberungsabsichten eines Diktators
e) Vorurteile gegenüber anderen Nationen, Völkern, Rassen und Religionen
f) den Aufbau von Feindbildern

2 Was versteht man unter Vorurteilen?

Vorurteile sind Einstellungen gegenüber Menschen und Dingen, die sachlich unbegründet sind und nicht durch eigene Erfahrungen belegt werden können.

3 Welches Ziel verfolgen manche Staaten mit der Verbreitung von Feindbildern?

Ziel von Feindbildern:
– Herbeiführung von Einigkeit in den eigenen Reihen
– Ablenkung von innenpolitischen Problemen

4 Nennen Sie drei Beispiele für aktuelle internationale Konflikte.

a) **Nord-Süd-Konflikt** zwischen wohlhabenden Industriestaaten und armen Entwicklungsländern
b) **Kosovokonflikt** zwischen Serben und Albanern
c) **Palästina-Konflikt** zwischen Israelis und Arabern
d) **Eritrea-Äthiopien-Konflikt** wegen Grenzstreitigkeiten und Unabhängigkeitsbestrebungen seitens Eritreas.
e) **Konflikte zwischen EU*)-Mitgliedsstaaten** wegen unterschiedlicher Interessen

---

*) siehe Hinweise auf Seite 2

5 Warum kommt es in unserer Zeit immer wieder zu militärischen Konflikten?

Beschreiben Sie drei mögliche Ursachen.

a) **Imperialistische Ursachen, z. B.:**
   – Machtausweitung
   – Gebietseroberungen

b) **Wirtschaftliche Ursachen, z. B.:**
   – Besitz von Bodenschätzen und Produktionsanlagen
   – Eroberung von Absatzmärkten und Arbeitskräften

c) **Religiöse Ursachen**
   – Kriege zwischen verschiedenen religiösen Gruppen

d) **Ideologische Ursachen**
   – Kriege zur Durchsetzung eines politischen Weges

6 Nennen Sie fünf Kriege, die in den letzten Jahren stattgefunden haben und geben Sie die Ursache an.

a) Afghanistan: Bekämpfung des bestehenden Regimes

b) Algerien: Islamische Fundamentalisten wollen Regierung stürzen

c) Ruanda: Rassismus (Krieg verfeindeter Stämme)

d) Kosovo: Nationalismus, religiöse Gründe, ethnische Säuberung

e) Türkei: Nichtanerkennung des kurdischen Volkes

f) Indonesien: Unabhängigkeitsbestrebungen

g) Golfkrieg: Gebietseroberungen, Erdölvorkommen

7 Durch welche Maßnahmen kann die Kriegsgefahr verringert werden?

Möglichkeiten für die Verringerung der Kriegsgefahr:

a) **Völkerverständigung** und Friedenserziehung

b) **Entspannungspolitik** durch politische Verhandlungen zwischen Gegnern

c) **Sicherheitspolitik** durch Militärbündnisse und Abschreckungsstrategien

d) **Rüstungskontrolle** durch zweiseitige Abrüstungsverträge

■ **Allgemeine Friedenssicherung**

8 Im 20. Jahrhundert gab es zwei Weltkriege. Millionen Kriegstote und das Leid der Überlebenden ließen die Forderung aufkommen: „Nie wieder Krieg."

Mithilfe welcher Organisationen wollten die Politiker dieses Ziel

a) nach dem 1. Weltkrieg,
b) nach dem 2. Weltkrieg

erreichen?

a) **Völkerbund**
b) **UNO** (Vereinte Nationen), derzeit 189 Mitglieder*)

UNO-Flagge

9 Wie heißt der UN-Generalsekretär?

Kofi Annan

*) Stand: 2. März 2001

Die Struktur der UNO

Sicherheitsrat

(5 Ständige Mitglieder
mit Veto-Recht:
*China, Frankreich, Groß-
britannien, Russland, USA*)

(10 nichtständige Mitglieder
ohne Veto-Recht)

Generalsekretär

(Kofi Annan)

Wahl auf
Vorschlag
des Sicher-
heitsrates

**Internationaler
Gerichtshof**
(15 Richter)

*(von Generalversammlung
und Sicherheitsrat gewählt)*

Generalversammlung
(Vollversammlung)

Wahl   Wahl

REUTERS

Hauptorgan der 189 Mitgliedsstaaten, jedes Mitglied hat eine Stimme

---

10 Wozu haben sich alle
Staaten, die Mitglied der UNO
sind, verpflichtet?

Friedliche Schlichtung internationaler
Streitigkeiten

11 Welche Ziele haben sich
die Vereinten Nationen (UNO)
gesetzt?
Nennen Sie zwei Ziele.

a) Bewahrung des Weltfriedens
b) Durchsetzung der Menschenrechte
c) Verbesserung der Lebensbedingungen aller Menschen

12 Nennen Sie die wichtigsten Organe der Vereinten
Nationen.

a) **Vollversammlung**
b) **Sicherheitsrat**
c) Internationaler Gerichtshof
d) Generalsekretariat
e) Wirtschafts- und Sozialrat
f) Treuhandschaftsrat

13 Die Vereinten Nationen unterhalten mehrere Sonderorganisationen.
Nennen Sie drei Beispiele.

a) **UNESCO**
= Erziehungs-, Wissenschafts- und Kulturorganisation
b) **IMF**
= Internationaler Währungsfonds
c) **WHO**
= Welt-Gesundheitsorganisation
d) **FAO**
= Welt-Ernährungsorganisation
e) **UNICEF**
= Weltkinderhilfswerk

14 Welche Maßnahmen kann die UNO ergreifen, um den Frieden zu sichern oder wieder herzustellen.
Nennen Sie zwei Maßnahmen.

Zum Beispiel:
a) Wirtschaftliche und politische Sanktionen
b) Politische Verurteilung
c) Einsatz von Waffengewalt

15 Welche Sonder- und Hilfsorganisationen der Vereinten Nationen sind schwerpunktmäßig auf dem Gebiet der Entwicklungshilfe tätig?
Nennen Sie drei Beispiele.

a) UNCTAD
= Welthandels- und Entwicklungskonferenz
b) UNIDO
= Organisation für industrielle Entwicklung
c) WHO
= Weltgesundheitsorganisation
d) IBRD
= Weltbank
e) UNICEF
= Kinderhilfswerk
f) WTO
= Welthandelsorganisation

16 Nennen Sie zwei Aufgaben der Welthandels- und Entwicklungskonferenz UNCTAD.

Die UNCTAD
a) ist Hauptforum der Dritten Welt zur Durchsetzung ihrer wirtschaftlichen Vorstellungen
b) fördert den Nord-Süd-Dialog
c) fördert den Handel mit Entwicklungsländern

17 Welche Hauptaufgabe hat die Internationale Bank für Wiederaufbau und Entwicklung (Weltbank)?

Ihre Hauptaufgabe ist die Reduzierung der Armut, daneben die Finanzierung von Umwelt- und Entwicklungsprojekten.

18 Für welche Projekte können Regierungen der Entwicklungsländer Kredite bei der Weltbank beantragen?

Solche Projekte können sein
a) Verbesserung der Infrastrukturmaßnahmen wie z. B. Wasserversorgung, Abfallbeseitigung
b) Hilfen für die Familienplanung
c) Aufbau eines Gesundheitsdienstes
d) Nahrungsmittelhilfen

19 Wie heißt die Sonderorganisation der UN, die sich mit der Förderung der weltweiten (globalen) Zusammenarbeit in Umweltfragen beschäftigt?

Es ist die 1972 von der Vollversammlung der UN gegründete **UNEP** (United Nations Environment Programme).

20 Nicht nur Kriege, sondern auch Umweltkatastrophen haben globale Auswirkungen.
Zählen Sie drei Aufgaben auf, die sich die UNEP gestellt hat.

a) Verbreitung von Informationen zum Umweltschutz
b) Erstellen von Richtlinien zum globalen Umweltschutz
c) Maßnahmen zum Schutz der Ozonschicht
d) Maßnahmen zum Schutz des Bodens und des Waldes
e) Erstellen von Programmen zur Förderung der Energieeinsparung

21 Zunehmende Bedeutung bekommen so genannte Nichtstaatliche Organisationen (Non-Government-Organizations).
Erklären Sie diesen Begriff.

Die NGO sind überparteiliche Organisationen zum Nutzen der Allgemeinheit ohne Abhängigkeit von irgendwelchen staatlichen Stellen.

22 Nennen Sie drei bekannte NGO (Nichtstaatliche Organisationen).

a) BUND (Bund für Umwelt und Naturschutz
b) Greenpeace
c) Amnesty International   →

▷ *Fortsetzung der Antwort* ▷

d) Deutsches Notärzte-Komitee
   Cap Anamur
e) NABU (Naturschutzbund Deutschland)

23 Nennen Sie drei Aufgaben von NGO.

a) Erhaltung der Artenvielfalt auf unserem Globus (z. B. Walfangverbot)
b) Schutz des tropischen Regenwaldes
c) Maßnahmen zur Senkung des CO_2-Ausstoßes
d) Maßnahmen zur Erhöhung des Umweltbewusstseins bei den nationalen Regierungen
e) Maßnahmen zur Einhaltung der Menschenrechte bei den nationalen Regierungen
f) Maßnahmen zum Schutz der Frauen in Afrika
g) Maßnahmen zur Einstellung von Atomwaffentests
h) Aufnahme und Versorgung von Flüchtlingen weltweit (Bootsflüchtlinge)

24 Zählen Sie drei Möglichkeiten auf, wie NGO auf ihre Ziele aufmerksam machen.

a) Friedliche Demonstrationen
b) Friedliche medienwirksame Protestaktionen
c) Strafanzeigen und Klage bei Verstößen gegen geltendes nationales und internationales Recht
d) Öffentliche Auftritte in den Medien
e) Darstellung im Internet

25 Mindestens einmal im Jahr treffen sich die Staats- und Regierungschefs der führenden Wirtschaftsnationen zum so genannten Weltwirtschaftsgipfel.

Welche Staaten nehmen daran teil?

Bei den Verhandlungen der Großen Sieben (**G-7**) nehmen die USA, Kanada, Japan, Deutschland, Frankreich, Italien und Großbritannien teil.

26 Nimmt die EU an diesem Weltwirtschaftsgipfel auch teil?

Bei den Verhandlungen der G-7-Staaten ist die EU als einheitlicher Wirtschaftsraum durch den Präsidenten der EU-Kommission vertreten.

27 Welche Ziele haben sich die G-7-Staaten gesteckt?

a) Die Entwicklung der Weltwirtschaft gemeinsam zu beurteilen.
b) Bei Krisen der Weltwirtschaft nach gemeinsamen Lösungen zu suchen.
c) Ihre Wirtschafts- und Währungspolitik aufeinander abzustimmen.
d) Ihre Außen- und Sicherheitspolitik aufeinander abzustimmen.
e) Ihre Entwicklungs- und Umweltpolitik aufeinander abzustimmen.

28 Welche Bedeutung haben diese sieben Staaten in der Weltwirtschaft?

a) Rund zwei Drittel aller wirtschaftlichen Leistungen weltweit werden in diesen Staaten erbracht.
b) Mehr als die Hälfte des gesamten Welthandels geht von diesen Staaten aus.

■ **Militärische Friedenssicherung**

Militärbündnisse

29 In welchen Militärbündnissen ist die Bundesrepublik Deutschland Mitglied?

a) **WEU** (Westeuropäische Union)
b) **NATO** (Nordatlantische Verteidigungsgemeinschaft)

30 a) Warum wurde die NATO gegründet?
b) Nennen Sie das Gründungsdatum und die Zahl der Gründungsmitglieder.

a) Der Gegensatz zwischen den westlichen Staaten und der UdSSR verstärkte sich nach dem Ende des 2. Weltkriegs wieder. Die aggressive Politik der UdSSR bei der Einsetzung kommunistischer Regierungen in den Staaten Osteuropas, bei der Berliner Blockade und bei der Annexion*) der baltischen Staaten (Lettland, →

---

*) Annexion
= gewaltsame Aneignung

▷ *Fortsetzung der Antwort* ▷

Estland, Litauen) verstärkten die Verteidigungsbereitschaft der westlichen Staaten. Das führte zur Gründung der NATO.

b) Der Nordatlantikvertrag wurde am 4. April 1949 von 12 westlichen Staaten unterzeichnet.

---

31 **Wie wurde die Gründung des Warschauer Pakts am 14. Mai 1955 begründet und welche Staaten waren bis zu seiner Auflösung am 1. 7. 1991 Mitglieder?**

Die Bundesrepublik Deutschland trat am 5. Mai 1955 der NATO und am 6. Mai 1955 der WEU bei; zuvor war die Wiederbewaffnung der Bundesrepublik Deutschland beschlossen worden. Diese Tatsachen wurden von der UdSSR dazu benutzt, eine Erklärung für die Gründung des Warschauer Pakts zu liefern.

Mitgliedsstaaten des früheren Warschauer Pakts:

⑰ Bulgarien
⑱ DDR (bis 24. 9. 1990)
⑲ Polen
⑳ Rumänien
㉑ ehem. Sowjetunion
㉒ ehem. Tschechoslowakei
㉓ Ungarn

---

32 **Suchen Sie auf der auf Seite 214 abgebildeten Landkarte**

a) **die Mitgliedsstaaten der NATO heraus.**

b) **Unterstreichen Sie die NATO-Staaten, die zusätzlich Mitglieder der WEU sind.**

a) **Mitgliedsstaaten der NATO:**

① Belgien	⑪ Niederlande
② Deutschland	⑫ Norwegen
③ Dänemark	⑬ Portugal
④ Frankreich	⑭ Spanien
⑤ Griechenland	⑮ Türkei
⑥ Großbritannien	⑯ USA
⑦ Island	⑰ Polen
⑧ Italien	⑱ Tschechien
⑨ Kanada	⑲ Ungarn
⑩ Luxemburg	

b) **Mitgliedsstaaten der WEU:**
siehe Mitgliedsstaaten der NATO, die unterstrichen sind.

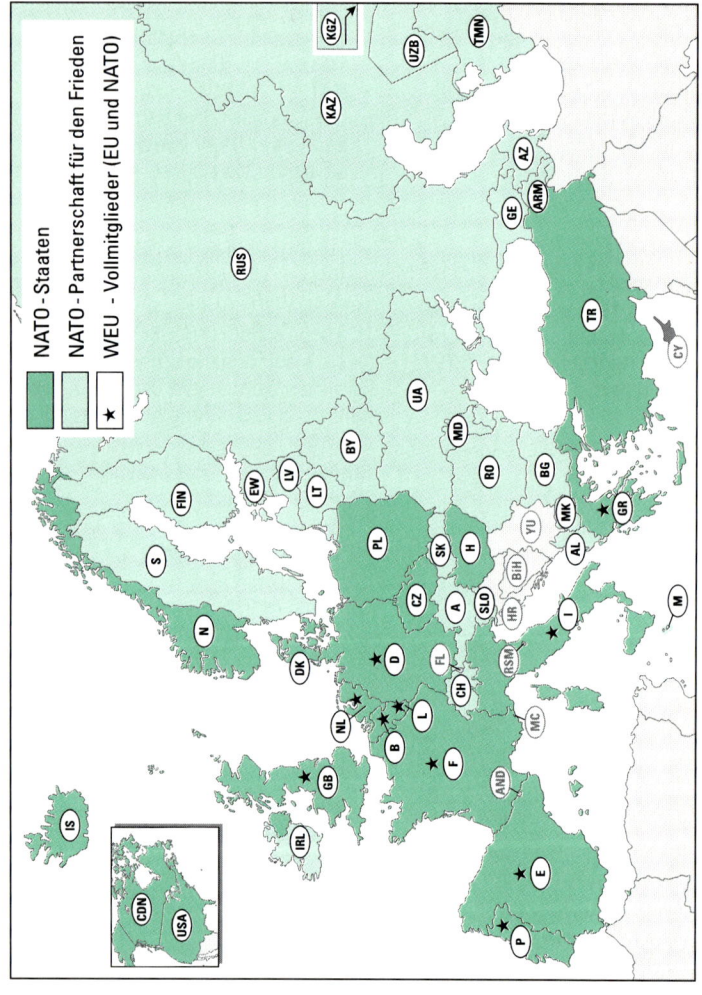

NATO - Staaten

NATO - Partnerschaft für den Frieden

WEU - Vollmitglieder (EU und NATO) ★

© Holland + Josenhans

33 Welche Besonderheiten kann man bei den Mitgliedsstaaten der NATO hinsichtlich des Umfangs ihrer Mitgliedschaft feststellen?

a) **Island** unterhält keine eigenen Truppen.
b) **Frankreich** zog 1966 seine Truppen aus dem militärischen Teil der NATO zurück, blieb jedoch weiterhin Mitglied des politischen Teils der NATO.
c) **Spanien**, das seit 30. Mai 1982 Mitglied ist, hat bis jetzt der NATO noch keine Truppen unterstellt.
d) **Griechenland** zog sich 1985 aus Teilbereichen der NATO zurück.

34 Zur Friedenssicherung stehen zwei verschiedene Ansichten zur Diskussion:

a) Frieden durch <u>Abschreckung</u>,
b) Frieden durch <u>Entspannung</u>.

Nennen Sie zwei wesentliche Gedanken zu jeder Ansicht.

a) **Frieden durch Abschreckung:**
– militärisches Gleichgewicht
– ständiges Wettrüsten
– hohe Verteidigungskosten
b) **Frieden durch Entspannung:**
– Abrüstungsverträge
– Nichtverbreitung von Kernwaffen
– Beschränkung von militärischen Atomtests
– Begrenzung von Raketensystemen

■ **Neues sicherheitspolitisches Konzept für Europa**

35 Am 1. Juli 1991 hat sich der Warschauer Pakt in Prag selbst aufgelöst.
Welche Folgen hat die Auflösung des Warschauer Pakts
a) für seine ehemaligen Mitglieder?
b) für die NATO?

a) • Die gegenseitige Beistandsverpflichtung der ehemaligen Mitglieder ist durch die Auflösung des Warschauer Pakts erloschen.
• Im Auflösungsvertrag wurde den ehemaligen Staaten des Warschauer Pakts das Recht eingeräumt, sich für ein Sicherheitsbündnis ihrer Wahl zu entscheiden.
b) • Die NATO hat keinen Feind mehr.

36 Welche Bedrohungen stehen heute aus der Sicht der NATO im Vordergrund?

a) Die unstabile Lage in vielen Ländern, z. B. im ehemaligen Jugoslawien.
b) Gefahren durch internationalen Terrorismus, z. B. Afghanistankrieg 2001.

37 Wie will die NATO diesen Bedrohungen begegnen?

Durch Einsätze in Krisengebieten (z. B. im Auftrag der UN) zur Wahrung des Friedens, so genanntes Krisenmanagement.

38 Im November 1991 tagte in Rom die NATO-Gipfelkonferenz, um über die neue Lage für die NATO zu beraten.

Welche Ergebnisse hat diese Gipfelkonferenz für die NATO gebracht?

Ergebnisse des NATO-Gipfeltreffens 1991:

a) Die NATO hat keinen Feind mehr.
b) Die NATO versteht sich als Garant der Stabilität, des Friedens und Förderer des friedlichen Wandels in Europa.
c) Die NATO gewährleistet weiterhin die Sicherheit ihrer Mitglieder.
d) Die NATO strebt nach dem Ende des Ost-West-Konflikts eine neue Sicherheitsordnung für Europa an.

39 Seit 1994 bietet die NATO den Staaten Mittel- und Osteuropas eine „Partnerschaft für den Frieden" (PFP) an.

Was versteht man darunter?

NATO-Partnerschaft für den Frieden
= engere Zusammenarbeit in militärischen und sicherheitspolitischen Fragen mit der Möglichkeit einer späteren Mitgliedschaft in der NATO. Die Partnerschaftsländer können Verbindungsoffiziere zum NATO-Hauptquartier in Brüssel entsenden.

40 **Suchen Sie auf der Landkarte (s. S. 214) alle Staaten heraus, die den „NATO-Partnerschaftsvertrag für den Frieden" unterzeichnet haben.**

Den „NATO-Partnerschaftsvertrag für den Frieden" haben folgende Staaten unterzeichnet.

① Albanien
② Armenien
③ Aserbaidschan
④ Bulgarien
⑤ Estland
⑥ Finnland
⑦ Georgien
⑧ Irland
⑨ Kasachstan
⑩ Kirgistan
⑪ Lettland
⑫ Litauen
⑬ Malta
⑭ Moldau
⑮ Polen
⑯ Rumänien
⑰ Russland
⑱ Schweden
⑲ Schweiz
⑳ Slowakei
㉑ Slowenien
㉒ Tschechische Republik
㉓ Republik Mazedonien
㉔ Turkmenistan
㉕ Ukraine
㉖ Ungarn
㉗ Weißrussland
㉘ Usbekistan
㉙ Österreich

41 Der NATO-Gipfel zum 50-jährigen Bestehen des Bündnisses im Aprill 1999 in Washington hat grundsätzliche Entscheidungen über die Rolle der NATO getroffen.
Wie lautet das neue strategische Konzept der NATO?

Neben der kollektiven Verteidigung richtet sich die NATO auf neue Aufgaben aus:
– auf Partnerschaft und Kooperation
– Konfliktverhütung und Krisenbewältigung
– Erhöhung von Sicherheit und Stabilität des euro-atlantischen Raums

■ Bundeswehr

42 Seit wann gibt es die Bundeswehr?

Nach der Aufnahme der Bundesrepublik Deutschland in die NATO am 5.5.1955 begann Anfang 1956 der Aufbau der Bundeswehr.

43 Welche Aufgaben hat die Bundeswehr?

– Deutschland schützen und verteidigen
– Stabilität Europas fördern
– Verbündete Deutschlands in Europa und der NATO verteidigen
– im UN-Auftrag der internationalen Sicherheit dienen (Krisenreaktionskräfte)
– humanitäre Einsätze im In- und Ausland durchführen (z. B. Hilfe bei Katastrophen)

44 Nennen Sie drei Beispiele von Auslandseinsätzen der Bundeswehr in den letzten Jahren.

– KFOR: Absicherung der Friedensregelung für das Kosovo
– SFOR: Aufbauarbeiten in Bosnien-Herzegowina
– Somalia (1993–94): medizinische Versorgung
– Persischer Golf (1991): Minenräumung
– Griechenland (1993): Waldbrandbekämpfung

45 Welche wichtigen Grundsätze sind in der Wehrverfassung geregelt?

Die Wehrverfassung regelt:
a) die politische Führung ist der militärischen übergeordnet
b) die Rechte des Soldaten als Staatsbürger in Uniform

46 Wer übt die Kommandogewalt über die Bundeswehr aus?

a) **Friedenszeiten:**
Bundesverteidigungsminister
b) **Verteidigungsfall:**
Bundeskanzler

47 Beschreiben Sie, wie die demokratische Kontrolle der Bundeswehr sichergestellt wird.

Der Bundeswehrsoldat ist Bürger in Uniform mit allen Rechten und Pflichten. Parlamentarisch wird er durch den Verteidigungsausschuss des Bundestages kontrolliert.
Beschwerden über Probleme und Missstände bei den Soldaten nimmt der Wehrbeauftragte des Bundestages entgegen und sorgt für Abhilfe.

48 Wann darf ein Bundeswehrsoldat den Befehl verweigern?

Wenn durch den Befehl
a) die Menschenwürde verletzt wird
b) eine Straftat verursacht wird
c) der dienstliche Bereich verlassen wird

Allgemeine Wehrpflicht und Kriegsdienstverweigerung als individuelle Gewissensentscheidung

49 Was versteht man unter Wehrpflicht?

Wehrpflicht (Art. 12 a Abs. 1 GG):
Männer können vom vollendeten 18. Lebensjahr an zum Dienst in den Streitkräften, im Bundesgrenzschutz oder in einem Zivilschutzverband verpflichtet werden.

50 Im Dezember 2000 änderte der Bundesgesetzgeber den Art. 12 a GG aufgrund eines Urteils des Europäischen Gerichtshofs.
Welche Möglichkeit steht Frauen nun erstmals in der Bundeswehr offen?

Frauen in der Bundeswehr ist es seit dem 1. Januar 2001 erlaubt, freiwilligen Dienst mit der Waffe zu leisten. Damit stehen Frauen erstmals ohne Einschränkung die gleichen Ausbildungs- und Berufsmöglichkeiten wie Männern zu.

51 Warum wurde 1990 der Grundwehrdienst von 15 auf 12 und 1995 von 12 auf 10 Monate verkürzt?

Nennen Sie zwei Gründe.

Zum Beispiel:
a) Ende des Kalten Krieges durch die Wiedervereinigung
b) Verringerung der Stärke der Bundeswehr auf 340 000 Soldaten
c) Auswirkung von internationalen Verträgen

52 Welche Gründe sprechen dafür oder dagegen, die Bundeswehr zu einer Berufsarmee umzubauen?

Nennen Sie jeweils zwei Gründe.

a) **Gründe für eine Berufsarmee sind z. B.:**
   – Durch die Verringerung der Truppenstärke der Bundeswehr auf 340 000 Soldaten können nicht alle Wehrpflichtigen eingezogen werden (Wehrgerechtigkeit)
   – Moderne Waffen müssen von gut ausgebildeten Spezialisten bedient werden
b) **Gründe gegen eine Berufsarmee sind z. B.:**
   – Die Landesverteidigung sollte ein Anliegen aller Bürger sein, nicht nur das von Berufssoldaten
   – Eine Wehrpflichtarmee verursacht geringere Kosten

53 Aus welchem Grund kann man als Kriegsdienstverweigerer anerkannt werden?

Der Wehrdienst kann aus Gewissensgründen verweigert werden.

54 Welchen Dienst muss ein anerkannter Kriegsdienstverweigerer anstelle des Wehrdienstes ableisten?

zivilen Ersatzdienst

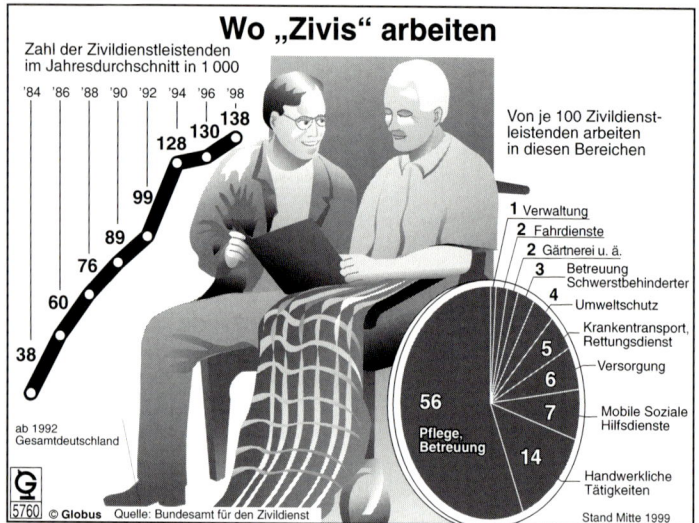

Wo „Zivis" arbeiten

Zahl der Zivildienstleistenden
im Jahresdurchschnitt in 1 000

'84 '86 '88 '90 '92 '94 '96 '98

138
130
128
99
89
76
60
38

ab 1992
Gesamtdeutschland

G
5760 © Globus Quelle: Bundesamt für den Zivildienst

Von je 100 Zivildienst-
leistenden arbeiten
in diesen Bereichen

1 Verwaltung
2 Fahrdienste
2 Gärtnerei u. ä.
3 Betreuung
Schwerstbehinderter
4 Umweltschutz
5 Krankentransport,
Rettungsdienst
6 Versorgung
7 Mobile Soziale
Hilfsdienste
14 Handwerkliche
Tätigkeiten

56
Pflege,
Betreuung

Stand Mitte 1999

■ Politische Friedenssicherung

55 Erklären Sie die Begriffe
a) Abrüstung
b) Rüstungskontrolle

a) **Abrüstung** = Verminderung oder Beseitigung von Truppen und/oder Waffen-
systemen und/oder Rüstungsindustrien
durch einen Staat oder eine Gruppe von
Staaten

b) **Rüstungskontrolle** = Schaffung eines
Gleichgewichts hinsichtlich der vorhan-
denen Waffensysteme, ihrer Menge und
Zerstörungskraft zwischen einigen Staaten

56 Nennen Sie zwei wichtige
Vereinbarungen bzw. Konferenzen, die der Friedenssicherung dienen bzw. dienten.

a) **SALT I–III** = Gespräche über die
Begrenzung strategischer Waffen

b) **MBFR** = Verhandlungen über ausge-
wogenen Abbau von Truppen und
konventionellen Waffen

c) **OSZE** = Organisation für Sicherheit
und Zusammenarbeit in Europa

d) **Ostverträge**: Grundlagenvertrag,
Moskauer Vertrag, Prager Vertrag,
Warschauer Vertrag

57 **Erklären Sie die Bedeutung folgender Abkürzungen:**
a) START
b) INF
c) KVAE
d) VKSE
e) VSBM

a) **START** = Verhandlungen über die **Reduzierung** strategischer Atomwaffen

b) **INF** = Verhandlungen über **Reduzierung** nuklearer Mittelstreckenwaffen. Die Verhandlungen führten im Dezember 1987 zum Abschluss eines Vertrages, in dem die Verschrottung aller nuklearen Mittelstreckenwaffen beschlossen wurde.

c) **KVAE** = Konferenz über Vertrauensbildung und Abrüstung in Europa Fortführung der KVAE als:

d) **VKSE** = Verhandlungen über konventionelle Streitkräfte in Europa

e) **VSBM** = Verhandlungen über vertrauens- und sicherheitsbildende Maßnahmen

2 Die europäische Integration – EU*)

1 **Aus welchen Finzelgemeinschaften besteht die EU (Europäische Union)?**

a) **EGKS (Montanunion)** = Europäische Gemeinschaft für Kohle und Stahl seit 1952

b) **EAG (EURATOM)** = Europäische Atomgemeinschaft seit 1957

c) **EWG** = Europäische Wirtschaftsgemeinschaft seit 1957

2 **Nennen Sie zwei Ziele der EWG.**

a) Errichtung eines gemeinsamen Marktes durch völlige Abschaffung der Zölle

b) Schaffung eines gemeinsamen Außenzolltarifs

c) Schaffung eines Wirtschaftsgebietes, in dem die gleichen Wettbewerbsbedingungen herrschen

---

*) siehe Hinweise auf Seite 2

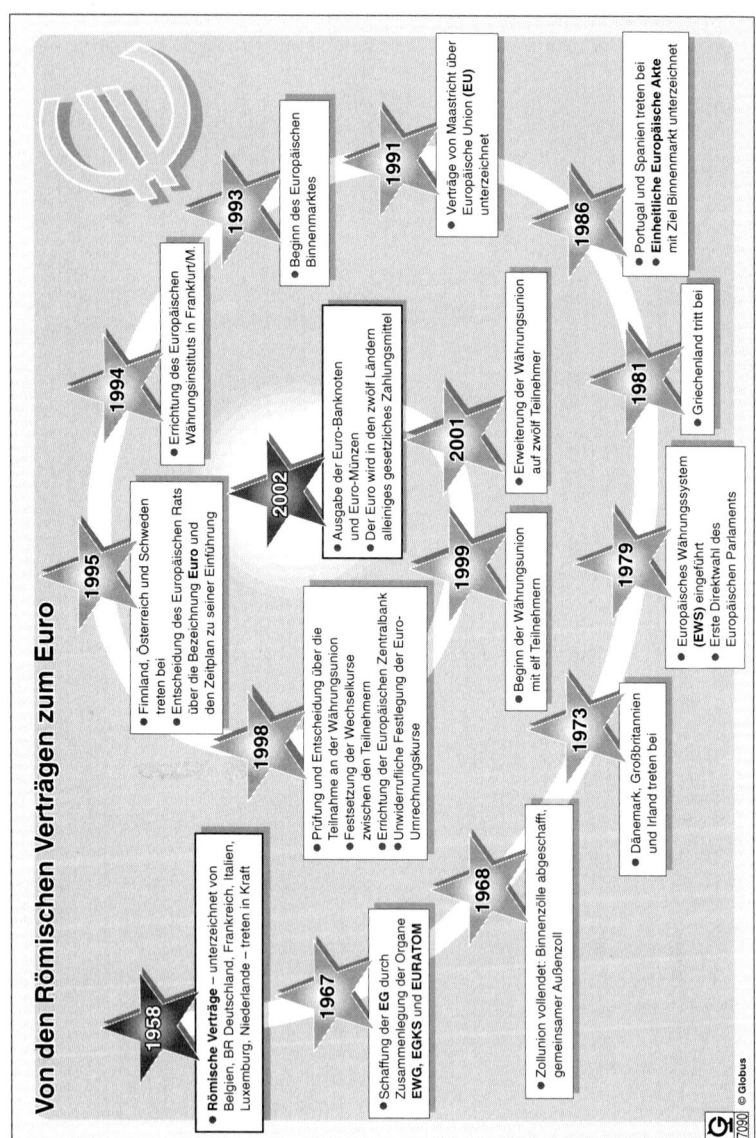

Von den Römischen Verträgen zum Euro

1958
- **Römische Verträge** – unterzeichnet von Belgien, BR Deutschland, Frankreich, Italien, Luxemburg, Niederlande – treten in Kraft

1967
- Schaffung der **EG** durch Zusammenlegung der Organe **EWG, EGKS** und **EURATOM**

1968
- Zollunion vollendet: Binnenzölle abgeschafft, gemeinsamer Außenzoll

1973
- Dänemark, Großbritannien und Irland treten bei

1979
- Europäisches Währungssystem **(EWS)** eingeführt
- Erste Direktwahl des Europäischen Parlaments

1981
- Griechenland tritt bei

1986
- Portugal und Spanien treten bei
- **Einheitliche Europäische Akte** mit Ziel Binnenmarkt unterzeichnet

1991
- Verträge von Maastricht über Europäische Union **(EU)** unterzeichnet

1993
- Beginn des Europäischen Binnenmarktes

1994
- Errichtung des Europäischen Währungsinstituts in Frankfurt/M.

1995
- Finnland, Österreich und Schweden treten bei
- Entscheidung des Europäischen Rats über die Bezeichnung **Euro** und den Zeitplan zu seiner Einführung

1998
- Prüfung und Entscheidung über die Teilnahme an der Währungsunion
- Festsetzung der Wechselkurse zwischen den Teilnehmern
- Errichtung der Europäischen Zentralbank
- Unwiderrufliche Festlegung der Euro-Umrechnungskurse

1999
- Beginn der Währungsunion mit elf Teilnehmern

2001
- Erweiterung der Währungsunion auf zwölf Teilnehmer

2002
- Ausgabe der Euro-Banknoten und Euro-Münzen
- Der Euro wird in den zwölf Ländern alleiniges gesetzliches Zahlungsmittel

7090 © Globus

3 Nennen Sie die Hauptaufgaben der EAG.

Entwicklung und Erforschung der Atomenergie für friedliche Zwecke

4 Durch welchen Vorgang wurde aus den zunächst getrennt geführten Einzelgemeinschaften EGKS, EWG und EAG die EG mit gemeinsamen Organen?

Am 8.4.1965 wurde ein **Fusionsvertrag** abgeschlossen, der 1967 in Kraft trat. Aus den drei Einzelgemeinschaften wurde die EG („Europäische Gemeinschaft"), die seitdem gemeinsame Organe unterhält, so zum Beispiel eine gemeinsame Kommission sowie einen gemeinsamen Rat.

5 Die EU hat seit 1.1.1995 15 Mitglieder. Die Mitgliedsstaaten sind auf der nachfolgenden Karte (siehe Seite 226) mit den Zahlen ① bis ⑮ gekennzeichnet.

Suchen Sie zu den Zahlen ① bis ⑮ die entsprechenden Mitgliedsstaaten heraus und unterscheiden Sie dabei in
a) Gründungsmitglieder und
b) später eingetretene Mitglieder.

Geben Sie zusätzlich bei den später eingetretenen Mitgliedern das Jahr des Beitritts zur EU an.

a) **Gründungsmitglieder**
   ① Bundesrepublik Deutschland
   ② Frankreich
   ③ Italien
   ④ Niederlande
   ⑤ Belgien
   ⑥ Luxemburg
b) **später eingetretene Mitglieder:**
   In Klammern das Beitrittsjahr
   ⑦ Großbritannien (1973)
   ⑧ Dänemark – ohne Faröer-Inseln und ohne Grönland (1973)
   ⑨ Irland (1973)
   ⑩ Griechenland (1981)
   ⑪ Spanien (1986)
   ⑫ Portugal (1986)
   ⑬ Finnland (1995)
   ⑭ Schweden (1995)
   ⑮ Österreich (1995)

6 Am 1. November 1993 trat der Vertrag über die Europäische Union (Maastrichter Vertrag) in Kraft.

Nennen Sie die wichtigsten Bestimmungen dieses Vertrages.

Der Vertrag über die Europäische Union (EU-Vertrag) enthält:
1. die Grundlagen für die Vollendung der Wirtschafts- und Währungsunion (WWU) bis spätestens 1999
2. Bestimmungen für eine gemeinsame Außen- und Sicherheitspolitik (GASP)
3. Bestimmungen für die Zusammenarbeit der Innen- und Rechtspolitik

7 Auf welchen drei Säulen baut die Europäische Union seit dem Maastricher Vertrag auf?

Europäische Union

EG (Europäische Gemeinschaft)	GASP (gemeinsame Außen- und Sicherheitspolitik)	Innen- und Rechtspolitik
z. B.: – Binnenmarkt – Währungsunion – Außenhandel – Landwirtschaft u. a. Mehrheitsbeschlüsse sind möglich	Beschlüsse über gemeinsame Aktionen können nur einstimmig gefasst werden	z. B. über: – Einwanderungs-, – Drogen-, – Asylpolitik Beschlüsse können nur einstimmig gefasst werden

8 1998 trat der Vertrag von Amsterdam in Kraft.

Nennen Sie die wichtigsten Bestimmungen dieses Vertrages.

Durch den **Vertrag von Amsterdam** werden der EU Befugnisse für eine gemeinsame Außen- und Sicherheitspolitik übertragen, die früher den Einzelstaaten oder der Zusammenarbeit der Regierungen vorbehalten waren.
Die EU kann nun Bestimmungen erlassen über:
– Kontrollen an den Außengrenzen
– Visa, Asyl und Einwanderung
– Verhütung und Bekämpfung internationaler Kriminalität
– Zusammenarbeit der Justizbehörden (Eurojust)
– Schaffung eines Europäischen Polizeiamtes (Europol)

9 Warum wurde der Amsterdamer Vertrag als nicht weitreichend genug kritisiert?

Durch Reformen in der Organisation sollte die Aufnahme neuer Mitglieder in die EU ermöglicht werden. Viele wichtige Reformbemühungen wurden aber von einzelnen Mitgliedstaaten verhindert, →

▷ *Fortsetzung der Antwort* ▷

z. B. die Neufestsetzung der Zahl der Kommissionsmitglieder oder eine neue Gewichtung der Stimmen im Rat

10 Im Dezember 2000 haben die Staats- und Regierungschefs der EU-Mitgliedsstaaten den Vertrag von Nizza*) ausgehandelt.
Welche Ziele verfolgte der Vertrag?

---

*) Der Vertrag von Nizza ist noch nicht von allen Mitgliedsstaaten ratifiziert. Irland hat im Juni 2001 in einem Referendum den Vertrag abgelehnt. Dies könnte aufgrund des Einstimmigkeitsprinzips zum vorzeitigen Scheitern des gesamten Vertrags führen.

Durch Reformen soll die Erweiterungsfähigkeit der EU gesichert werden.
Der Vertrag sieht z. B. vor:
– eine Stärkung des Stimmengewichts der bevölkerungsreichen Mitgliedsstaaten gegenüber kleineren Ländern
– einen weiteren Ausbau des Mehrheitsprinzips (bisher: Einstimmigkeitsprinzip mit Vetorecht jedes einzelnen Mitgliedsstaates)
– eine Begrenzung der Anzahl der Kommissare und Mitglieder des Europaparlaments
– die Ausarbeitung einer EU-Grundrechtscharta.

11 Welche Hymne hat die Europäische Union?

Beethovens „Freude schöner Götterfunken"

12 Beschreiben Sie die Flagge der Europäischen Union.

Flagge der EU (seit 1986): zwölf goldene Sterne im Kreis auf blauem Grund

13 Welche Staaten haben derzeit offiziell den Beitritt zur EU beantragt?

a) Türkei
b) Malta
c) Zypern
d) Bulgarien
e) Estland
f) Lettland
g) Litauen
h) Polen
i) Rumänien
j) Slowakei
k) Slowenien
l) Tschechien
m) Ungarn

14 Mit welchen dieser Staaten führt die EU konkrete Beitrittsverhandlungen?

Seit März 1998 mit Estland, Polen, Slowenien, Tschechische Republik, Ungarn und Zypern.
(Beitritt frühestens 2003/04 möglich.)
Seit Februar 2000 mit der Slowakei, Bulgarien und Malta.
(Beitritt frühestens 2008.)

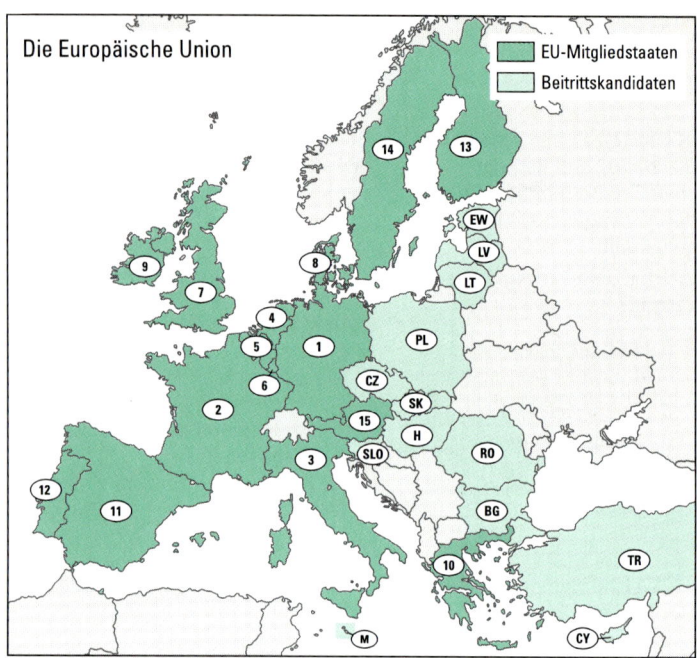

Die Europäische Union

EU-Mitgliedstaaten
Beitrittskandidaten

14 13 EW LV LT 8 9 7 4 5 1 PL 6 CZ SK 2 15 H RO 3 SLO BG 12 11 TR 10 M CY

15 Welche Vorteile erwarten beitrittswillige Staaten von einer Mitgliedschaft in der EU? Nennen Sie zwei Vorteile.

a) Unterstützung durch die wirtschaftlich stärkeren Mitglieder
b) Abbau eventuell vorhandener Arbeitslosigkeit
c) neue Absatzmärkte
d) höherer Lebensstandard
e) Teilhabe an Wachstum und Wohlstand der EU

16 In der nebenstehenden Karte sind die AKP-Staaten eingezeichnet.

Was verbirgt sich hinter dem Begriff AKP-Staaten?

*) Lomé ist die Hauptstadt von Togo (Westafrika)

Die AKP-Staaten sind 71 Staaten Afrikas, der Karibik und des Pazifiks, die 1975 mit der EG das Lomé*)-Abkommen unterzeichneten. Aufgrund dieses Abkommens können die AKP-Staaten größtenteils zollfrei in die EG-Staaten exportieren. Die Zollfreiheit gilt nicht für die Exporte der EG in die AKP-Staaten.   →

▷ *Fortsetzung der Antwort* ▷

Im Jahr 2000 wurde ein Nachfolgeabkommen abgeschlossen zur Verstärkung des politischen Dialogs unter Betonung der Menschenrechte sowie der Grundsätze der Demokratie und des Rechtsstaats.

Die 71 AKP-Staaten

Kap Verde
Mauretanien
Mali
Niger
Tschad
Sudan
Eritrea
Senegal
Gambia
Guinea-Bissau
Guinea
Burkina Faso
Benin
Afrika
Dschibuti
Somalia
Sierra Leone
Elfenbeinküste
Ghana
Nigeria
Zentralafrian. Rep.
Äthiopien
Liberia
Togo
Kamerun
São Tomé u. Príncipe
Äquatorial-Guinea
Rep. Kongo
Gabun
Dem. Rep. Kongo
Uganda
Kenia
Ruanda
Burundi
Tansania
Seychellen
Angola
Malawi
Komoren
Sambia
Madagaskar
Namibia
Simbabwe
Mosambik
Botsuana
Mauritius
Rep. Südafrika
Swasiland
Lesotho

Karibik

Bahamas
Dominikanische Republik
Belize
Antigua u. Barbuda
St. Kitts u. Nevis
Dominica
St. Lucia
Jamaika
Haiti
Barbados
St. Vincent u. Grenadinen
Grenada
Trinidad u. Tobago
Guyana
Suriname

Pazifik

Papua-Neuguinea
Kiribati
Salomonen
Tuvalu
Vanuatu
Samoa
Tonga
Fidschi

17 Welche Probleme belasten die EG besonders stark? Nennen Sie drei Beispiele.

a) **Agrarpolitik:**
 – BSE
 – Überschüsse, z. B. „Fleischberge", „Weinseen"
 – Umstellung auf umweltverträglichere Landwirtschaft
b) **Nationale Interessen stehen oft im Vordergrund**
c) Angleichung unterschiedlicher technischer Normen
d) Anpassung unterschiedlicher Steuer- und Sozialsysteme
e) Anerkennung verschiedener Berufs- und Schulabschlüsse
f) arme und reiche Mitgliedsstaaten

18 Nennen Sie die Organe der EU.

Organe der EU:
- Europäischer Rat
- Rat der Minister = Ministerrat
- Kommission
- Europäisches Parlament
- Europäischer Gerichtshof
- Europäischer Rechnungshof

Die politisch wichtigste Instanz der EU:

EUROPÄISCHER RAT
Staats- und Regierungschefs aller Mitgliedsstaaten und der Präsident der Kommission

Die Europäische Union und die drei Europäischen Gemeinschaften haben gemeinsame Organe:

Europäisches Parlament	Rat der Europäischen Union	Europäische Kommission	Europäischer Gerichtshof	Europäischer Rechnungshof
626 Abgeordnete	Minister aller Mitgliedsstaaten	20 Mitglieder	15 Richter 9 Generalanwälte	15 Mitglieder

Die Organe werden beraten von Ausschüssen, in denen Vertreter aller Mitgliedsstaaten sitzen:

Wirtschafts- und Sozialausschuss	Ausschuss der Regionen	Wirtschafts- und Finanzausschuss	Beratender Ausschuss (EGKS)

19 Welche weiteren wichtigen Institutionen der EU gibt es?

- Wirtschafts- und Sozialausschuss der Europäischen Gemeinschaft (WSA)
- Ausschuss der Regionen der EU
- Europäische Investitionsbank
- Europäisches Währungsinstitut

20 Welche Personen sind Kraft Amtes Mitglieder im Europäischen Rat?

Die 15 Staats- und Regierungschefs der EG-Mitgliedsstaaten und der Präsident der EU-Kommission

21 Welche Funktion hat der Europäische Rat?

Der Europäische Rat ist die höchste Instanz der Europäischen Gemeinschaften (EGKS, EWG, EAG) und der Europäischen Politischen Zusammenarbeit (EPZ). Er legt die Grundrichtung der EU-Entwicklung fest.

22 Welche Gründe sprechen für eine europäische Einigung?

Nennen Sie zwei wirtschaftliche bzw. politische Gründe für eine europäische Einigung.

a) Niederlassungsfreiheit für Unternehmer
b) Freizügigkeit für Arbeitnehmer
c) freier Warenverkehr
d) Zollabbau
e) gleichgewichtiges Auftreten gegenüber den Großmächten USA und Japan

23 Wie setzt sich der Rat der Minister zusammen?

Rat der Minister = Ministerrat:
Mitglieder sind die Fachminister der einzelnen Mitgliedsstaaten (z. B. alle Agrarminister oder alle Wirtschaftsminister). Seine Hauptaufgabe ist der Beschluss *„Europäischer Gesetze"*.

24 Die EU hat 15 Mitglieder. Die Europäische Kommission besteht jedoch aus 20 Kommissaren.

Erklären Sie diesen Unterschied und nennen Sie die Hauptaufgaben der Europäischen Kommission.

Die bevölkerungsreichen EU-Mitglieder
- Bundesrepublik Deutschland
- Frankreich
- Italien
- Großbritannien und
- Spanien
sind in der Kommission mit jeweils zwei EU-Kommissaren vertreten, die anderen Mitglieder jeweils mit nur einem.
Ihre Hauptaufgaben:
- Durchführung der Beschlüsse des Rats der Minister
- Verwaltung des EU-Haushalts
- Vorschläge an den Rat der Minister
- Initiative zu neuen Gemeinschaftsrechtsakten

25 In welcher Stadt hat der Europäische Gerichtshof seinen Sitz und wie ist er zusammengesetzt?

Europäischer Gerichtshof:
a) Sitz: Luxemburg
b) Zusammensetzung:
   15 Richter und 9 Generalanwälte

26 Welche Aufgaben hat der Europäische Gerichtshof?

Der **Europäische Gerichtshof** schlichtet Streitigkeiten zwischen Mitgliedsstaaten, wenn es um EU-Recht geht. Er urteilt über Vertragsverletzungen zwischen Mitgliedern und EU-Organen sowie zwischen EU-Organen untereinander.

27 Im Jahr 1979 wurde das Europaparlament von allen Bürgern erstmals direkt gewählt.

Nennen Sie zwei Gründe für diese Direktwahl.

a) Wahlkampf und Wahl wecken „Europainteresse"
b) Legitimation des Parlaments durch die Bürger
c) Ein von den Bürgern gewähltes Parlament kann sich mehr Rechte erkämpfen.

28 Welche Anzahl Abgeordnete darf jedes EU-Mitgliedsland ins Europäische Parlament entsenden?

Fraktionen	Belgien	Dänemark	Deutschland	Griechenland	Spanien	Frankreich	Irland	Italien	Luxemburg	Niederlande	Österreich	Portugal	Finnland	Schweden	Großbritannien	Insgesamt
EVP	6	1	53	9	28	21	5	34	2	9	7	9	5	7	37	233
SPE	5	3	33	9	24	22	1	17	2	6	7	12	3	6	30	180
LIBE	5	6	–	–	3	–	1	8	1	8	–	–	5	4	10	51
GRÜNE/EFA	7	–	7	–	4	9	2	2	1	4	2	–	2	2	6	48
KVEL/NGL	–	1	6	7	4	11	–	6	–	1	–	2	1	3	–	42
UEN	–	1	–	–	–	12	6	9	–	–	–	2	–	–	–	30
TDI	2	–	–	–	–	5	–	11	–	–	–	–	–	–	–	18
EDU	–	4	–	–	–	6	–	–	–	3	–	–	–	–	3	16
FL	–	–	–	–	1	1	–	–	–	–	–	5	–	–	1	8
Insgesamt	25	16	99	25	64	87	15	87	6	31	21	25	16	22	87	626

Fraktion der Europäischen Volkspartei (Christlich-demokratische Fraktion) und Europäische Demokraten (**EVP**); Fraktion der Sozialdemokratischen Partei Europas (**SPE**); Fraktion der Liberalen, Demokraten und Reformer (**LIBE**); Fraktion DIE GRÜNEN im Europäischen Parlament/ Europäische Freie Allianz (**GRÜNE/EFA**); Konföderale Fraktion der Vereinigten Europäischen Linken/Nordische Grüne Linke (**KVEL/NGL**); Fraktion der Unabhängigen für das Europa der Nationen (**UEN**); Technische Fraktion der unabhängigen Abgeordneten – Gemischte Fraktion (**TDI**); Fraktion Europa der Demokratien und Unterschiede (**EDU**); fraktionslose Mitglieder (**FL**)

29 Welche drei grundlegenden Befugnisse hat das Europäische Parlament?

– Recht auf Mitentscheidung bei der Gesetzgebung
– beteiligt bei der Haushaltsaufstellung
– politische Kontrolle über sämtliche Tätigkeiten der EU

■ **Europäische Währungsunion**

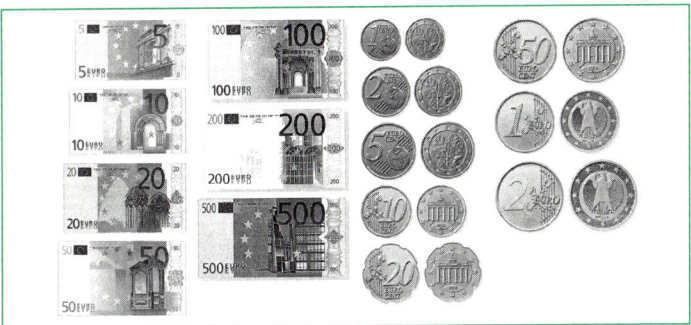

30 Zählen Sie die Mitgliedsstaaten der EU auf, die seit dem 1. Januar 2001 dem Euro-Währungsgebiet angehören.

1. Belgien
2. Deutschland
3. Finnland
4. Frankreich
5. Griechenland
6. Italien
7. Irland
8. Luxemburg
9. Niederlande
10. Spanien
11. Portugal

31 Zählen Sie die Mitgliedsstaaten der EU auf, die dem Euro-Währungsgebiet <u>nicht</u> angehören.

1. Dänemark
2. Großbritannien
3. Schweden

32 Wie lautet die offizielle Abkürzung für den Euro?

Die offizielle Abkürzung lautet EUR.

33 Welche Euromünzen gibt es und wie sind die zwei Seiten jeder Euro-Münze gestaltet?

a) Es gibt acht Münzen, nämlich: 1, 2, 5, 10, 20, 50 Cent, 1 EUR und 2 EUR.
b) Die Seite mit der Wertangabe der Euro-Münzen ist in allen Ländern des Währungsgebietes gleich, die andere Seite zeigt jeweils nationale Symbole, die von Land zu Land verschieden sind.

34 Kann man mit einer „deutschen" Euro-Münze auch in den anderen Euro-Ländern bezahlen?

Ja, man kann mit allen Euro-Münzen und Eurobanknoten überall im Euro-Währungsgebiet bezahlen.

35 Wie viele Banknoten gibt es und wie sind sie grafisch gestaltet?

a) Es gibt sieben Banknoten, nämlich: 5, 10, 20, 50, 100, 200 und 500 Euro.

b) Alle Banknoten haben die gleiche Vorder- und Rückseite (ohne nationale Symbole). Sie zeigen Fenster, Portale und Brücken aus sieben Epochen der europäischen Kulturgeschichte, nämlich: (antike) Klassik, Romanik, Gotik, Renaissance, Barock, Rokoko und die Moderne des 20. Jahrhunderts.
Die Fenster und Portale auf der Vorderseite stehen für Offenheit und Zusammenarbeit in der EU.
Die Brücke auf der Rückseite symbolisiert die Verbindung zwischen den Völkern Europas und der übrigen Welt.

36 Nennen Sie zwei Gründe, die gegen die Einführung des Euro sprechen.

– Die Umstellung auf Euro ist schwierig und teuer, sie kostet mehrere Hundert Milliarden DM. Bezahlt wird sie letztlich von den Verbrauchern.

– In der Umstellungsphase kann es zu Preissteigerungen kommen, wenn Preise aufgerundet werden.

– Lohnunterschiede werden sofort deutlich, Arbeitsplätze können in Billiglohnländer verlegt werden. Arbeitnehmer dagegen wollen in Länder mit hohem Lohnniveau.

– Einzelne Staaten können bei Krisen nicht mehr auf- oder abwerten.

37 Nennen Sie zwei Gründe, die für die Einführung des Euro sprechen.

– Bei Reisen innerhalb der Eurozone entfällt das lästige und kostenpflichtige Umtauschen von Währungen.

– Preise werden leichter vergleichbar. →

▷ *Fortsetzung der Antwort* ▷

– Unmittelbar vergleichbare Preise führen zu mehr Wettbewerb und evtl. zu Preissenkungen.
– Unternehmen müssen keine Kursschwankungen mehr absichern.
– Der Euro als zweitwichtigste Währung der Welt (nach dem US-Dollar) lockt Investoren an.

38 Die Teilnehmer der Währungsunion sind verpflichtet, ein „Stabilitätsprogramm" einzuhalten, das heißt die Konvergenz-Kriterien auch zukünftig nicht zu verletzen.

Wie werden Verstöße geahndet?

Bei groben Verstößen, z. B. bei Übersteigung des Haushaltsdefizitgrenzwerts können hohe Geldbußen verhängt werden.

39 Von wem soll die Währungspolitik der Europäischen Wirtschafts- und Währungsunion (EWWU) gestaltet werden?

Die Währungspolitik soll vom Europäischen System der Zentralbanken (ESZB) gestaltet werden.

40 Welche Banken sollen das ESZB bilden?

ESZB = Europäische Zentralbank (EZB) + nationale Notenbanken der Mitgliedsstaaten

41 Seit wann hat die Europäische Zentralbank (EZB) die Arbeit aufgenommen und wo ist ihr Sitz?

Seit dem 1. 1. 1999 (Beginn der Stufe III der Europäischen Wirtschafts- und Währungsunion) trägt die EZB die Verantwortung für die europäische Geldpolitik. Ihr Sitz ist in Frankfurt am Main.

42 Welche Aufgaben hat die EZB zu erfüllen?

Durch Satzung ist die EZB ausdrücklich verpflichtet:
• zur Wahrung der Preisstabilität
• zur Unabhängigkeit von Weisungen politischer Instanzen
• öffentliche Haushaltsdefizite nicht zu finanzieren

Der Euro-Kalender

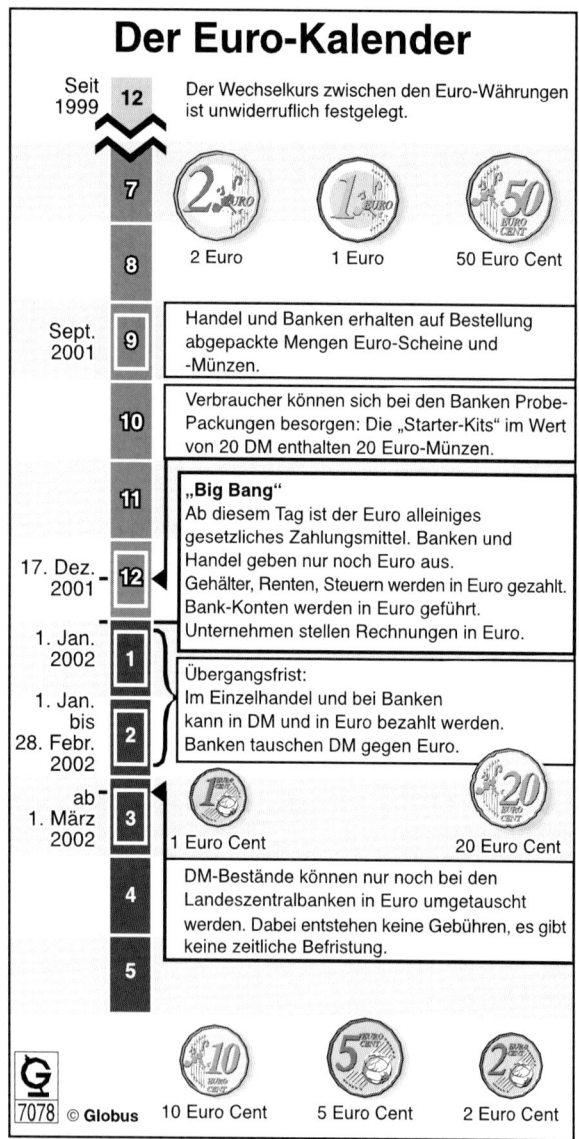

Seit 1999	**12**	Der Wechselkurs zwischen den Euro-Währungen ist unwiderruflich festgelegt.

2 Euro   1 Euro   50 Euro Cent

Sept. 2001	**9**	Handel und Banken erhalten auf Bestellung abgepackte Mengen Euro-Scheine und -Münzen.
	10	Verbraucher können sich bei den Banken Probe-Packungen besorgen: Die „Starter-Kits" im Wert von 20 DM enthalten 20 Euro-Münzen.

„Big Bang"
Ab diesem Tag ist der Euro alleiniges gesetzliches Zahlungsmittel. Banken und Handel geben nur noch Euro aus. Gehälter, Renten, Steuern werden in Euro gezahlt. Bank-Konten werden in Euro geführt. Unternehmen stellen Rechnungen in Euro.

17. Dez. 2001

1. Jan. 2002

Übergangsfrist:
Im Einzelhandel und bei Banken kann in DM und in Euro bezahlt werden. Banken tauschen DM gegen Euro.

1. Jan. bis 28. Febr. 2002

ab 1. März 2002

1 Euro Cent   20 Euro Cent

DM-Bestände können nur noch bei den Landeszentralbanken in Euro umgetauscht werden. Dabei entstehen keine Gebühren, es gibt keine zeitliche Befristung.

10 Euro Cent   5 Euro Cent   2 Euro Cent

7078 © **Globus**

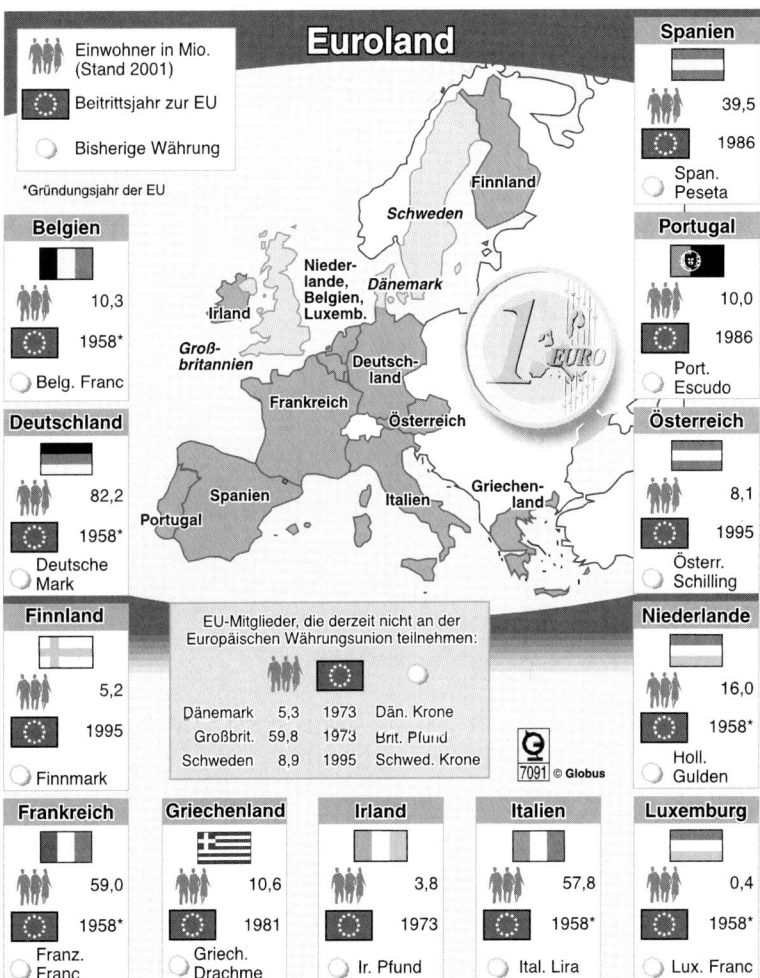

Euroland

Einwohner in Mio. (Stand 2001)

Beitrittsjahr zur EU

Bisherige Währung

*Gründungsjahr der EU

Belgien
10,3
1958*
Belg. Franc

Deutschland
82,2
1958*
Deutsche Mark

Finnland
5,2
1995
Finnmark

Spanien
39,5
1986
Span. Peseta

Portugal
10,0
1986
Port. Escudo

Österreich
8,1
1995
Österr. Schilling

Niederlande
16,0
1958*
Holl. Gulden

EU-Mitglieder, die derzeit nicht an der Europäischen Währungsunion teilnehmen:

Dänemark	5,3	1973	Dän. Krone
Großbrit.	59,8	1973	Brit. Pfund
Schweden	8,9	1995	Schwed. Krone

7091 © Globus

Frankreich
59,0
1958*
Franz. Franc

Griechenland
10,6
1981
Griech. Drachme

Irland
3,8
1973
Ir. Pfund

Italien
57,8
1958*
Ital. Lira

Luxemburg
0,4
1958*
Lux. Franc

43 Erklären Sie den Begriff „Konvergenz" im Zusammenhang mit der Einführung der Europäischen Wirtschafts- und Währungsunion (EWWU).

Unter **Konvergenz** versteht man die wirtschaftliche Annäherung der Teilnehmerländer.

44 Welche Konvergenzkriterien müssen von den Teilnehmerländern an der EWWU erfüllt werden?

Die 4 Konvergenzkriterien

Inflation:
Die Inflationsrate darf nicht mehr als 1,5 %-Punkte über dem Durchschnitt der drei stabilsten Mitgliederstaaten liegen.

Staatsfinanzen:
Das jährliche Haushaltsdefizit darf höchstens 3 %, die gesamte Staatsverschuldung höchstens 60 % des Bruttoinlandsprodukts erreichen.

Wechselkurse:
Teilnahme am Wechselkursverbund des Europäischen Währungssystems seit zwei Jahren. Es dürfen keine großen Kursschwankungen eingetreten sein (Einhaltung der Bandbreite).

Zinsen:
Die langfristigsten Zinsen dürfen höchstens 2 %-Punkte über dem Durchschnitt der drei stabilsten Mitgliedsstaaten liegen.

3 Nord-Süd-Gefälle

■ **Probleme der Entwicklungsländer und Ursachen der Unterentwicklung**

1 Erklären Sie den Begriff Nord-Süd-Konflikt.

Auf der nördlichen Erdhalbkugel liegen fast alle reichen Industriestaaten. Auf der südlichen Erdhalbkugel liegen die Entwicklungsländer. Zwischen beiden Weltregionen bestehen aufgrund der herrschenden Gegebenheiten Spannungen, also Konflikte.

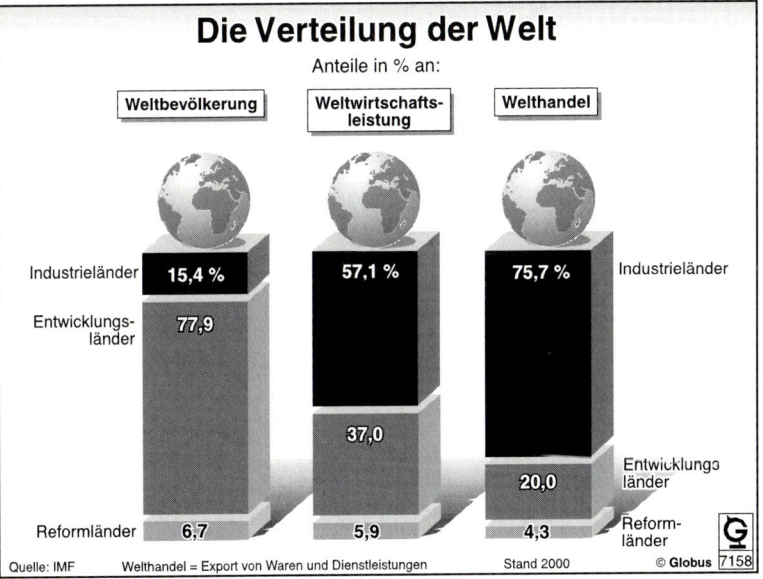

Die Verteilung der Welt

Anteile in % an:

| Weltbevölkerung | Weltwirtschafts-leistung | Welthandel |

Industrieländer	15,4 %	57,1 %	75,7 %	Industrieländer
Entwicklungs-länder	77,9	37,0	20,0	Entwicklungs-länder
Reformländer	6,7	5,9	4,3	Reform-länder

Quelle: IMF   Welthandel = Export von Waren und Dienstleistungen   Stand 2000   © Globus 7158

2 Erklären Sie die Begriffe
a) 1. Welt
b) 2. Welt
c) 3. Welt
d) 4. Welt

a) **1. Welt**
= westliche Industrieländer, z. B.
  – Bundesrepublik Deutschland
  – USA
  – Schweiz
b) **2. Welt**
= östliche Industrieländer, z. B.
  – Tschechische Republik
  – Polen
  – Ungarn   →

▷ *Fortsetzung der Antwort* ▷

c) **3. Welt**
  = Schwellenländer
  = Entwicklungsländer, die an der
    Schwelle zum Industrieland stehen,
    z. B.
    – Chile
    – Mexiko
    – Brasilien
d) **4. Welt**
  = am wenigsten entwickelte Länder
    (LDC)*), also die ärmsten Entwick-
    lungsländer ohne Rohstoffvorkom-
    men, z. B.
    – Afghanistan
    – Sudan
    – Äthiopien
    – Haiti

3 Wie wird der Wohlstand (Lebensstandard) eines Staates gemessen?

Der relative Wohlstand eines Staates wird dadurch ermittelt, dass die Gesamtsumme des Bruttoinlandsprodukts**) dieses Staates durch seine Bevölkerungszahl geteilt wird. Man erhält dann das Bruttosozialprodukt pro Kopf der Bevölkerung.

4 Woran erkennt man Entwicklungsländer?

Nennen Sie drei Merkmale.

a) historische Entwicklung (fast alle Entwicklungsländer sind ehemalige Kolonien)
b) großes Bevölkerungswachstum
c) Bevölkerungsschichten (kleine Oberschicht, fehlende Mittelschicht, große Unterschicht) →

---

*) engl. Least Developed Countries
**) Bruttoinlandsprodukt (BIP) = erfasst den Wert aller Güter (Sachgüter und Dienstleistungen), die von den Einwohnern eines Landes nur im Inland geschaffen wurden.

▷ *Fortsetzung der Antwort* ▷

d) mangelhafte Ernährung großer Teile der Bevölkerung
e) Analphabetentum
f) Kapitalmangel
g) einfache Technologien
h) hohe Staatsverschuldung
i) im Produktionsbereich überwiegt der Primärsektor (z. B. Landwirtschaft, Bergbau, Fischerei)

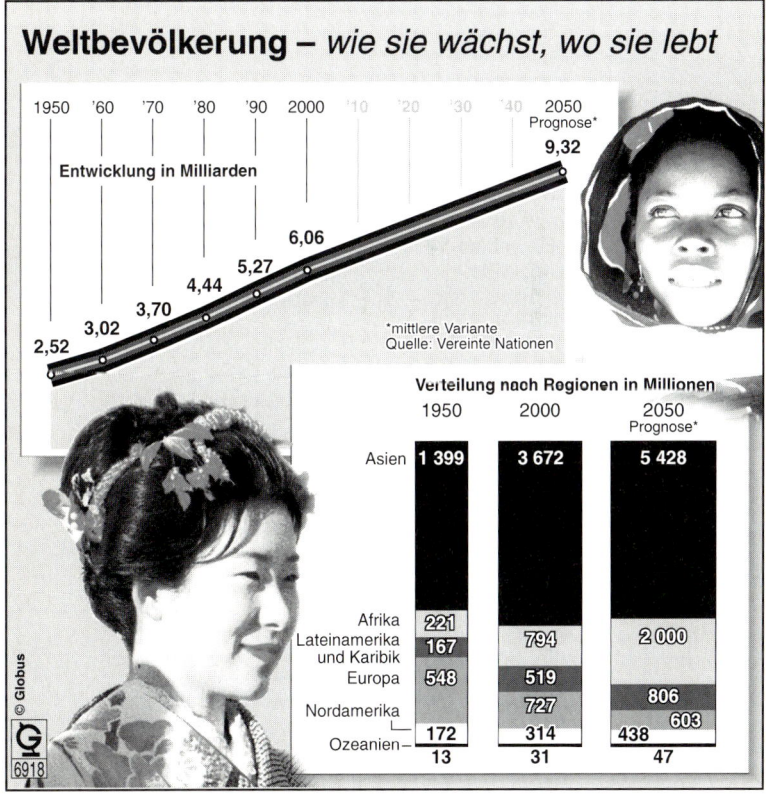

Weltbevölkerung – *wie sie wächst, wo sie lebt*

1950 '60 '70 '80 '90 2000 '10 '20 '30 '40 2050 Prognose*

Entwicklung in Milliarden

9,32

6,06

5,27

4,44

3,70

3,02

2,52

*mittlere Variante
Quelle: Vereinte Nationen

Verteilung nach Regionen in Millionen

	1950	2000	2050 Prognose*
Asien	1 399	3 672	5 428
Afrika	221	794	2 000
Lateinamerika und Karibik	167	519	806
Europa	548	727	603
Nordamerika	172	314	438
Ozeanien	13	31	47

© Globus
6918

5 Nach einer Einteilung der Vereinten Nationen zählen Staaten mit einem Bruttoinlandsprodukt je Einwohner bis zu 420 US-Dollar zu den ärmsten und mit mehr als 5000 US-Dollar zu den reichsten Ländern der Erde.

In der oben abgebildeten Weltkarte sind zehn der reichsten Industriestaaten mit den Zahlen ① bis ⑩ und zehn der ärmsten Entwicklungsländer mit den Zahlen ⑪ bis ⑳ gekennzeichnet.

Benennen Sie die mit den Zahlen ① bis ⑳ bezeichneten Staaten.

a) **Zu den reichsten Industriestaaten gehören z. B.:**
① Schweiz
② USA
③ Norwegen
④ Schweden
⑤ Kanada
⑥ Dänemark
⑦ Deutschland
⑧ Australien
⑨ Finnland
⑩ Frankreich

b) **Zu den ärmsten Entwicklungsländern gehören z. B.:**
⑪ Tschad
⑫ Bangladesch
⑬ Äthiopien
⑭ Mali
⑮ Sudan
⑯ Nepal
⑰ Myanmar (bis Mai 1989 Birma)
⑱ Burkina Faso
⑲ Afghanistan
⑳ Somalia

6 Warum ist das Bevölkerungswachstum in den Entwicklungsländern so groß? Nennen Sie zwei Gründe.

a) medizinische Fortschritte
b) hygienische Fortschritte
c) sinkende Sterbezahlen
d) fehlende Geburtenkontrolle
e) Da es selten eine staatliche Sozialversicherung gibt, gelten viele Kinder oft als Sozialversicherung der Eltern.

7 Erklären Sie den Unterschied zwischen
a) quantitativer und
b) qualitativer
Unterernährung.

a) **Quantitative Unterernährung:**
   = Die Nahrungsmenge reicht nicht aus.
b) **Qualitative Unterernährung:**
   = Einseitige Ernährung, d. h., die Güte (Qualität) der Nahrung ist mangelhaft; es fehlen Vitamine, Eiweiß usw.

8 Warum sind die Entwicklungsländer besonders von der Entwicklung der Rohstoffpreise abhängig?

Für viele Entwicklungsländer ist der Verkauf von Rohstoffen die einzige Einnahmequelle. Sie besitzen keine oder nur eine gering entwickelte weiterverarbeitende Industrie im Land selbst.

9 Nennen Sie zwei Entwicklungsländer und deren wichtigsten Rohstoff.

a) Ägypten = Baumwolle + Baumwollerzeugnisse über 44 %
b) Sambia = Kupfer über 80 %
c) Kolumbien = Kaffee bis 70 %
d) Iran = Rohöl + Rohölprodukte um 95 %

10 Wie wirkt sich ein Sinken der Rohstoffpreise für die Entwicklungsländer aus?

Sinkende Rohstoffpreise
= sinkende Einnahmen der Entwicklungsländer
= sinkende Fähigkeit der Entwicklungsländer, bei den Industrieländern technische Ausrüstungen zu kaufen
= Verzögerung der Entwicklung der Entwicklungsländer
= immer höhere Schulden bei den Industrieländern

■ **Entwicklungshilfe**

11 Warum leisten Industrieländer Entwicklungshilfe?
Nennen Sie drei Gründe.

a) Entwicklungshilfe ist ein Gebot der
   Menschlichkeit.
b) Entwicklungshilfe hat wirtschaftliche
   Gründe (Sicherung von Arbeits-
   plätzen, Absatzmärkten und
   Rohstoffquellen).
c) Der Abbau des Nord-Süd-Gefälles
   durch Entwicklungshilfe liegt im
   politischen Interesse der Industrieländer.
d) Entwicklungshilfe dient der Friedenssicherung.

12 Nennen Sie drei
Möglichkeiten einer sinnvollen
Entwicklungshilfe.

a) **Hilfe zur Selbsthilfe:**
   = oberster Grundsatz
b) **Handelspolitische Hilfe:**
   = Zollvergünstigungen, Garantie der
     Rohstoffpreise usw.
c) **Finanzhilfe:**
   = Investitionskapital zu günstigen
     Konditionen, Schuldenerlass
d) **Technische Hilfe:**
   = Zusammenarbeit von Betrieben,
     gemeinsame Forschung, Ausbil-
     dung von Spezialisten durch die
     Industrieländer
e) **Agrarhilfe:**
   = Hilfe zur Steigerung der Nahrungs-
     produktion

13 Warum haben die Vereinten Nationen die Industrieländer aufgerufen, mindestens
0,7 % ihres BIP für die
Entwicklungshilfe zu veran-
schlagen?

Trotz gestiegenen Bedarfs ist die Entwicklungshilfe auf einem sehr niedrigen
Stand. Die USA bildet mit 0,2 % ihres BIP
für Entwicklungshilfezwecke das Schluss-
licht der Industrieländer.

14 Suchen Sie aus der auf Seite 244 abgebildeten Karte für die Kontinente

a) Asien,
b) Afrika,
c) Südamerika

jeweils drei Schwerpunkt-länder deutscher Entwicklungshilfe heraus.

Schwerpunktländer deutscher Entwicklungshilfe sind z. B.

a) in Asien
  ● Indien
  ● Indonesien
  ● Pakistan
  ● Jordanien
b) in Afrika
  ● Ägypten
  ● Sudan
  ● Tunesien
  ● Tansania
c) in Südamerika
  ● Brasilien
  ● Bolivien
  ● Peru
  ● Kolumbien

15 Welche Sonder- und Hilfsorganisationen der Vereinten Nationen sind schwerpunktmäßig auf dem Gebiet der Entwicklungshilfe tätig?

Nennen Sie drei Beispiele.

a) UNCTAD
  = Welthandels- und Entwicklungskonferenz
b) UNIDO
  = Organisation für industrielle Entwicklung
c) WHO
  = Weltgesundheitsorganisation
d) IBRD
  = Weltbank
e) UNICEF
  = Kinderhilfswerk

16 Nennen Sie zwei Aufgaben der Welthandels- und Entwicklungskonferenz UNCTAD.

Die UNCTAD
a) ist Hauptforum der Dritten Welt zur Durchsetzung ihrer wirtschaftlichen Vorstellungen
b) fördert den Nord-Süd-Dialog
c) fördert den Handel mit Entwicklungsländern

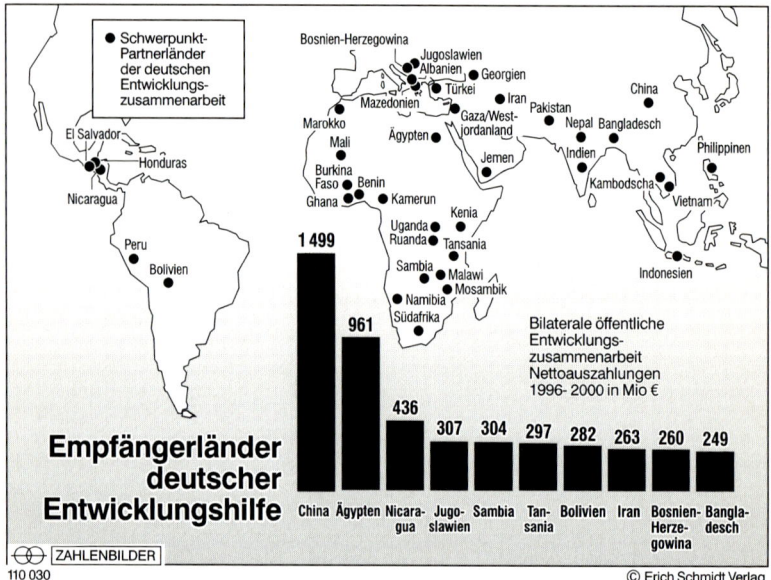

Empfängerländer deutscher Entwicklungshilfe

ZAHLENBILDER
110 030
© Erich Schmidt Verlag

■ Globalisierung

17 „Die Welt ist ein globales Dorf."

Belegen Sie diese Aussage durch Beispiele aus

a) der Wirtschaft,
b) der modernen Kommunikation,
c) der Umwelt und Sicherheit.

a) *Wirtschaft:*
   – Die Verflechtung der Finanzmärkte und freier Kapitalverkehr führen dazu, dass weltweit täglich mehr als 1,2 Billionen Dollar gehandelt werden.
   – Handelshemmnisse werden zunehmend abgebaut.
   – Direktinvestitionen und Firmenaufkäufe im Ausland nehmen ständig zu.

b) *Moderne Kommunikation:*
   – vernetzte Welt durch moderne Kommunikationstechniken wie Fax, Internet, Glasfaserkabel, Laptop, Mobiltelefon, Satellitentechnik
   – Informationen sind so gut wie an jedem Punkt der Erde in „real time" verfügbar   →

▷ *Fortsetzung der Antwort* ▷

c) *Umwelt und Sicherheit:*
Globale Gefährdungen mit weltweiten Auswirkungen auf die Ernährungslage und die Gesundheit, z. B.
– Ozonloch,
– CO_2-Ausstoß,
– BSE,
– Nachfrage nach Edelhölzern.

18 **Welche Auswirkungen hat die Globalisierung auf die Unternehmen?**

Unternehmen können sich den optimalen Standort suchen. Dies kann beispielsweise bedeuten: Forschen in den USA, Entwickeln in Indien, Einkaufen in Malaysia, Produzieren in Taiwan, Finanzieren in Deutschland und Vertrieb im Internet. Die Herstellung von Gütern durch nur eine Nation verliert immer mehr an Bedeutung. Selbst dort, wo „Made in Germany" steht, wie z. B. bei Autos aus Stuttgart, wurden zuvor Einzelteile aus aller Welt geliefert.

19 **Welche Auswirkungen hat die Globalisierung auf die Arbeitswelt und wie kann der einzelne Arbeitnehmer darauf reagieren?**

a) – In vielen Branchen werden Arbeitsplätze ins Ausland verlagert.
– Die Arbeitslosigkeit nimmt zu.
b) Anforderungen an den Einzelnen:
– verbesserte Ausbildung
– mehr Mobilität und Flexibilität
– Sprachkenntnisse, vor allem Englisch

20 **Welche Folgen der Globalisierung sehen Sie im Bereich der sozialen Absicherung?**

– Das hohe Maß sozialer Absicherung vieler Industriestaaten wird auf Dauer nicht zu halten sein.
– Jeder Einzelne wird sich zusätzlich privat absichern müssen, z. B. in Deutschland zusätzlich zur Rentenversicherung.

Abkürzungsverzeichnis

A	Österreich	DK	Dänemark
ADN	Allgemeiner Deutscher Nachrichtendienst	DM	Deutsche Mark
		DNVP	Deutsch-Nationale Volkspartei
AG	Aktiengesellschaft	DSU	Deutsche Soziale Union
AKP-Staaten		DVP	Deutsche Volkspartei
	71 Staaten Afrikas, der Karibik und des Pazifik, die mit der EU ein Zollabkommen geschlossen haben	DZ	Algerien
		E	Spanien
AL	Albanien	EAG	Europäische Atomgemeinschaft
ALV	gesetzliche Arbeitslosenversicherung	ECU	European Currency Unit (Europäische Währungseinheit)
AND	Andorra	EEA	Einheitliche Europäische Akte
APD	Autofahrer- und Bürgerinteressenpartei Deutschlands	EFTA	Europäische Freihandelszone
		EG	Europäische Gemeinschaft
ARM	Armenien	EGKS	Europäische Gemeinschaft für Kohle und Stahl
AZ	Aserbaidschan		
B	Belgien	EOS	Erweiterte Oberschule
BAföG	Bundesausbildungsförderungsgesetz	ESZB	Europäisches System der Zentralbanken
BBiG	Berufsbildungsgesetz	EU	Europäische Union
BDM	Bund Deutscher Mädchen	EW	Estland
BfA	Bundesversicherungsanstalt für Angestellte	EWG	Europäische Wirtschaftsgemeinschaft
BG	Bulgarien	EWR	Europäischer Wirtschaftsraum
BGB	Bürgerliches Gesetzbuch	EWWU	Europäische Wirtschafts- und Währungsunion
BIH	Bosnien-Herzegowina		
BIP	Bruttoinlandsprodukt	EZB	Europäische Zentralbank
BR	Bundesrepublik	F	Frankreich
BVerfGG	Bundesverfassungsgerichtsgesetz	F.D.P.	Freie Demokratische Partei
BY	Weißrussland	FAO	Welternährungsorganisation
CDN	Kanada	FDGB	Freier Deutscher Gewerkschaftsbund
CDU	Christlich-Demokratische Union Deutschlands	FDJ	Freie Deutsche Jugend
		FIN	Finnland
CH	Schweiz	FL	Fürstentum Liechtenstein
CM	Christliche Mitte	FVP	Freie Volkspartei
CSSR	Ceskoslovenska Socialisticka Republika = frühere Tschechoslowakei	GASP	Gemeinsame Außen- und Sicherheitspolitik
CSU	Christlich-Soziale Union in Bayern	GB	Großbritannien
CY	Zypern	GE	Georgien
CZ	Tschechien	GG	Grundgesetz
D	Deutschland	GR	Griechenland
DA	Demokratischer Aufbruch	H	Ungarn
DAF	Deutsche Arbeitsfront	HJ	Hitlerjugend
DAG	Deutsche Angestellten-Gewerkschaft	HR	Kroatien
DBD	Demokratische Bauernpartei Deutschlands	I	Italien
		IBRD	Weltbank
DDP	Deutsche Demokratische Partei	IG	Industriegewerkschaft
DDR	Deutsche Demokratische Republik		
DFD	Demokratischer Frauenbund Deutschlands		

IMF	Internationaler Währungsfonds		PL	Polen
INF	Verhandlungen über die Reduzierung nuklearer Mittelstreckenwaffen		POS	Polytechnische Oberschule
			PV	gesetzliche Pflegeversicherung
IR	Iran		REP	Die Republikaner
IRL	Irland		RL	Libanon
IRQ	Irak		RM	Reichsmark
IS	Island		RO	Rumänien
JAV	Jugend- und Auszubildendenvertretung		RSM	Republik San Marino
			RUS	Russland
KAZ	Kasachstan		RV	gesetzliche Rentenversicherung
KB	Kulturbund		S	Schweden
KGZ	Kirgisistan		SA	Sturmabteilung
KSZE	Konferenz über Sicherheit und Zusammenarbeit in Europa (heute OSZE)		SAG	sowjetische Aktiengesellschaften
			SALT	Gespräche über die Begrenzung strategischer Waffen
KV	gesetzliche Krankenversicherung		SBZ	sowjetische Besatzungszone
KVAE	Konferenz über Vertrauensbildung und Abrüstung in Europa		SD	Sicherheitsdienst
			SED	Sozialistische Einheitspartei Deutschlands
L	Luxemburg			
LDPD	Liberal-Demokratische Partei Deutschlands		SED-PDS	Bezeichnung der heutigen PDS vom 17. 12. 1989 bis zum 4. 2. 1990
LPG	landwirtschaftliche Produktionsgenossenschaft		SK	Slowakien
			SLO	Slowenien
LSD	Lysergsäurediäthylamid (Droge)		SMAD	Sowjetische Militäradministration in Deutschland
LT	Litauen			
LV	Lettland		SPD	Sozialdemokratische Partei Deutschlands
M	Malta			
MA	Marokko		SS	Schutzstaffel
MBFR	beiderseitige ausgewogene Truppenreduzierung		START	Verhandlungen über die Reduzierung strategischer Waffen
MC	Monaco		SYR	Syrien
MD	Moldawien		TMN	Turkmenistan
Min.	Minuten		TN	Tunesien
Mio.	Millionen		TR	Türkei
MK	Makedonien		UA	Ukraine
Mrd.	Milliarden		UdSSR	Union der Sozialistischen Sowjetrepubliken
N	Norwegen			
NDPD	National-Demokratische Partei Deutschlands		UN	United Nations = Vereinte Nationen
NGO	Non-Government Organizations (Nichtstaatliche Organisationen)		UNESCO	Erziehungs-, Wissenschafts- und Kulturorganisation
			UNICEF	Weltkinderhilfswerk
NL	Niederlande		UNIDO	Organisation für industrielle Entwicklung
NSDAP	Nationalsozialistische Arbeiterpartei Deutschlands		UNO	United Nations Organization = Vereinte Nationen
ÖDP	Ökologisch-Demokratische Partei			
OSZE	Organisation für Sicherheit und Zusammenarbeit in Europa		USA	Vereinigte Staaten von Amerika
			USPD	Unabhängige Sozialistische Partei Deutschlands
P	Portugal			
PBC	Partei Bibeltreuer Christen		UV	gesetzliche Unfallversicherung
PDS	Partei des Demokratischen Sozialismus		UWG	Gesetz gegen den unlauteren Wettbewerb
			UZB	Usbekistan
PGH	Produktionsgenossenschaft der Handwerker		VEB	volkseigener Betrieb

VKSE	Verhandlungen über konventionelle Streitkräfte in Europa
VSBM	Verhandlungen über vertrauens- und sicherheitsbildende Maßnahmen
WEU	Westeuropäische Union
WHO	Weltgesundheitsorganisation
WWU	Wirtschafts- und Währungsunion
YU	Jugoslawien
ZK	Zentralkomitee

Sachwortverzeichnis